图一　2017年5月31日和考古与博物馆专业毕业生合影

图二　2018年9月30日在宁夏彭阳姚河塬遗址识读甲骨文

图三　2018年11月13日与胡嘉麟博士在英国布里斯托尔博物馆考察青铜器（李孔融摄）

图四　2019年7月29日在黑龙江省漠河市北红村（杨大伟摄）

古文字与青铜器论集
（第六辑）

张懋镕 著

科学出版社
北京

内 容 简 介

本书是作者的第六本论文集，与前五本论文集性质相同，仍然是研究中国古代的青铜器及其铭文。共收入论文18篇，主要是作者近三年来的新作。书中既有关于新出青铜器意义价值的探讨，也有结合其他青铜器，对某一类、某一地区、某一时段的青铜器做综合研究的文章，并通过对青铜器形制、纹饰、铭文的多方面研究，做比较深入的理论探索。

本书可供青铜器、古文字、先秦史方面的研究者及大专院校相关专业的师生参考、阅读。

图书在版编目（CIP）数据

古文字与青铜器论集. 第六辑 / 张懋镕著. —北京：科学出版社，2019.12
ISBN 978-7-03-062842-8

Ⅰ.①古… Ⅱ.①张… Ⅲ.①汉字-古文字学-文集 ②青铜器（考古）-中国-文集 Ⅳ.①H121-53 ②K876.414-53

中国版本图书馆CIP数据核字（2019）第240428号

责任编辑：王琳玮 / 责任校对：王晓茜
责任印制：肖 兴 / 封面设计：陈 敬

科学出版社 出版
北京东黄城根北街16号
邮政编码：100717
http://www.sciencep.com

中国科学院印刷厂 印刷
科学出版社发行　各地新华书店经销

*

2019年12月第 一 版　开本：787×1092　1/16
2019年12月第一次印刷　印张：15 3/4　插页：1
字数：380 000

定价：168.00元
（如有印装质量问题，我社负责调换）

陕西师范大学优秀著作
出版基金资助出版

目　录

古文字研究

关于西周金文字形书体与断代研究的几点思考……………………………（3）
《商周青铜器族徽文字综合研究》序………………………………………（13）
中国古代金文著录书的新硕果——评《陕西金文集成》…………………（15）

新出青铜器研究

中国国家博物馆所藏西周青铜器选粹………………………………………（19）
关于欧宗易收藏的中国早期青铜器…………………………………………（43）

青铜器综合研究

中西铜器差异论…………………………………………………………………（51）
关于商周用鼎制度的几点思考——从特殊鼎类谈起………………………（62）
青铜瓿琐谈………………………………………………………………………（76）
关于青铜卮产生与发展的几点思考…………………………………………（85）
西周姬姓诸侯国青铜礼容器的比较研究……………………………………（94）

理论与方法探微

青铜簋：仿陶青铜器器类演进的典型代表…………………………………（109）
青铜敦：非仿陶青铜器产生、演进的典型代表……………………………（124）
叶家山墓地出土非主流青铜礼容器研究……………………………………（137）
再论青铜器组合关系定名法——以尊、罍、瓿的区分为例………………（149）
试论纹饰对青铜器定名的意义………………………………………………（163）
青铜器轻重论——从诸侯国青铜器的轻重谈起……………………………（178）
试论商周盛食器的兴衰………………………………………………………（220）
青铜器谱系研究的新成果——读《东周青铜容器谱系研究》有感………（237）

后记………………………………………………………………………………（246）

古文字研究

关于西周金文字形书体与断代研究的几点思考

王帅博士的书稿《中国古代青铜器整理与研究·西周金文字体卷》（以下简称《金文卷》）即将出版[1]，这是第一部用考古类型学方法分析西周金文字形书体的著作，很有意思，我想顺便谈几点看法。

首先想谈谈做这件事的必要性，或者说有什么意义。

利用金文字形书体为青铜器分期断代，可谓历史久远，至少能追溯到一千年前。不过，从宋代到清代，金文字形书体的研究并未进入科学的轨道。20世纪30年代，郭沫若先生创立标准器断代法，金文字形书体的研究才开始自成体系。毛公鼎年代的考定是郭沫若先生关于西周青铜器断代的一个范例，而其中字形书体风格的判断是推定其为宣王时器的重要证据之一，显现出金文字形书体研究在青铜器断代中的地位与作用。随后，陈梦家、唐兰、容庚、李学勤等专家，均善于运用这一方法来推定西周青铜器的年代。

诚然，20世纪金文字形书体的研究对西周青铜器断代发挥了重要的作用，但必须看到，这方面的研究还远远落后于形制、纹饰的研究，迄今类型学的研究方法尚未在文字形体的分析中得到充分运用。轻视文字断代功能的倾向依然存在。西周青铜器断代中出现的一些纷争不已的问题，其原因在一定程度上与研究者对文字字形书体特点的驾驭不熟练有关[2]。

出现上述情况的原因是多方面的。第一，从青铜器断代研究的方法和步骤来说，首先看器物的形制和纹饰，其次看铭文。在形制与纹饰研究水准较低的情况下，字形书体的研究很难有所成效。第二，从学术发展史的角度来看，从北宋到清代，虽然研究者重视铭文的功效，但由于西周青铜器的断代体系尚未建立，铭文字形书体的研究很零碎。从民国到现在，西周青铜器的研究日益科学化，但铭文的研究相对滞后。毕竟中国的考古学是从西方引进的，西方考古学告诉我们如何用类型学分析器物的形制与纹饰，可惜没有告诉我们如何分析铭文的字形书体。虽然金石学研究铭文的字形书体，但是金石学并不是考古学的前身[3]，从国外传来的考古学要和中国本土的金石学相互借鉴和融合，需要很长的时间，成效显现也比较缓慢。第三，从青铜器研究者的出身来看，最先接触出土青铜器铭文的人是考古工作者。绝大部分考古工作者不懂金文，但凭借考古类型学的分析，照样可以从形制与纹饰两方面给有铭文的青铜器分期断代，这在客观上造成对金文字形书体的断代作用估价不足。而一部分熟悉金文字形书体的古文字学者却未必懂青铜器，在不了解青铜器形制断代的情况下，他们的判断往往很难为考古工作者采信，其学识自然难有用武之地。第四，缘于金文本身的特殊性。甲骨文主要是指商代晚期殷墟出土的甲骨文，流行时间不长，地域狭窄，而金文不同，从商代早期到汉代，分布地域广，数量要比甲骨文多得多，异构也多得多，所以甲骨文的型式分析比较容易做，而金文很难做。

如今用考古类型学研究西周金文字形书体不仅必要，而且可行。首先，有比较多的金文资料。80年前，当《三代吉金文存》出版时，收罗的金文仅有4800多篇，而今《商周青铜器铭文暨图像集成》（以下简称《商周》）及《商周青铜器铭文暨图像集成续编》（以下简称《续编》）收集的金文就有18000多篇[4]。青铜器断代研究的三大方面：形制、纹饰、铭文。铭文具有很重要的断代价值，如果没有像形制与纹饰那样通过类型学分析发挥更大的作用，岂不可惜。

其次，金文字形书体的断代研究也可以如形制与纹饰的断代研究那样做得细致一点。譬如我们曾经将1976年陕西扶风庄白一号窖藏出土的三年㝬壶（《商周》12441、12442）与十三年㝬壶（《商周》12436、12437）做比较研究。两器的制作年代相隔仅仅十年，我们在仔细分析了两者的铭文字形书体之后，还是发现了两者的不同点。首先后者较前者行款更为整齐，其次后者字形更接近西周晚期写法。这说明仅仅过了十年，字形书体就开始有所变化了。根据这十年间文字变化的频率，我们推算出缺少纪年的㝬爵、㝬鼎、㝬簋、㝬盨、㝬钟诸器的年代。最后结论是：按年代排列㝬器的先后顺序大约是㝬爵、㝬盨、㝬鼎、㝬簋、三年㝬壶、㝬钟、十三年㝬壶[5]。

先前关于用字形书体的办法来推定青铜器的年代，也只限于较少的一部分西周有铭青铜器，而《金文卷》要用类型学方法推定所有西周有铭青铜器的年代，这是很有意义的工作。

再次谈谈我们做这件事的设想。

（1）早在写作《金文字形书体与20世纪的西周铜器断代研究》一文时，我就有个想法，将西周金文字形做类型学分析，但限于时间和精力，只挑了几个典型的字例来分析。其时王帅正在准备硕士研究生的开题报告，鉴于他的研究方向是古文字，我们商量之后决定做西周金文字形书体的断代研究。后来发现这个题目对于硕士研究生来说还是大了点，于是将研究时段缩小在西周早期范围内。但问题是西周早期金文的字形书体的变化幅度不是那么大，作为类型学研究的例证不是那么典型，很难达到预设的目的，所以王帅的硕士学位论文完成后我们还是感到遗憾。又过了几年，王帅再来读博士，就想弥补这一遗憾，他在硕士学位论文的基础上继续延伸，做整个西周时期的金文字形书体的断代研究。

（2）题目形成之后，第一步是收集资料。金文资料比十年前丰富多了，这有利于型式分析，但是资料多，对作者的驾驭能力是一个严峻的考验。驾驭不好，资料再多也没有用。

（3）研究的第一步工作是将资料不断地解析，再不断地综合。当然，关键是分型分式。为了更好地区分型式，先将字形书体相同的字例打包归档。譬如宝字就有1000多个形态，数量庞大，不适合一开始就分型式，故而先将形态相似或相同的宝字打成一包，算作一式，暂时放在一边。形态不同的字例就是不同的型式。属于同一时期不同的字例，它们之间的关系就是型与型或者亚型与亚型之间的关系。属于不同时期的字例，可能是式与式之间的关系。这两部分初步整理好的资料就是用来分型式的基本材料。之后，试从不同的角度来区分型式，并列出多个方案，最后选取比较可靠的方案。

（4）如上所说，我们将形态属于同一式的所有字例汇总在一起，打成一包。我们有很多个字例包，每一个字例包都标有年代，很有用处。鉴于这些字例来自不同的青铜器，当我们要判断其中某一件器物或者新发现的某一件青铜器的年代的时候，就可以将这个包打开，看看与这件器物相似的字例，从相似程度来判断其年代。以往我们根据铭文字形书体判断青铜器的年代时，除非很熟悉铭文的专家，其他研究者很难快速找到可以与之对照的青铜器及其铭文。即便是熟悉铭文的专家，也往往只记得住几件字例相似的青铜器，要马上提供更多的字例相似的青铜器也很难。由于篇幅所限，《金文卷》无法将这些字例包放在书稿中。如果我们能建立一个金文字例库，就能比较好地解决这个问题了。

（5）在上述基础上，进一步分析同一个字在不同时期的形体特点，某一形体（或者是式）向另一形体（或者是式）转变时需要花费多少时间，换言之，就是每一式存在时间有多久。看看字形的型式转换与器物形制、纹饰的型式转换是不是大致相近，想以此来证明：金文字形书体的类型学研究是必要的，也是可行的。

（6）找一些有争议的青铜器来讨论，检验我们的成果达到了什么样的程度。《金文卷》中运用字形书体断代法对觉公簋等20件青铜器进行断代，其结论符合目前学术界的主流看法，说明有一定的成效。当然如果有问题，就要分析是哪一方面的问题（下详）。

最后，谈谈对《金文卷》的意见。

这是第一部从西周青铜器断代的角度用考古类型学方法整理研究西周金文字形书体的专著。作为王帅博士学位论文的指导教师，我不敢说有多少进步，但我想，这至少是一次有益的尝试。王帅博士去做这项研究工作，也有几个原因。

从主观上来说，王帅博士初步具备做好这项研究工作的知识结构。前几年应邀到复旦大学古文字和出土文献研究中心讲西周青铜器断代，裘锡圭先生告诉我，他原本打算让他的一位博士生做西周金文字形书体的断代研究，后来放弃了。原因是他听说王帅在做这个题目，他认为王帅更合适，因为王帅本科读的是考古，研究生读的是古文字，两方面都比较熟悉。承蒙裘先生嘉许和鼓励，我很感动。只是我们所做的工作达不到裘先生的要求，可能有负先生的厚望。

历史的经验告诉我们，做西周青铜器断代的学者，从郭沫若、陈梦家到李学勤先生，他们虽然是古文字学家，但无一不是青铜器研究的行家里手，而比较纯粹的古文字学者一般是做不了西周青铜器断代的，如果做，可能会犯常识性错误。同时，迄今为止很少有考古学家能利用金文资料来做西周青铜器断代研究，除非他兼修古文字，如董作宾、林沄、严志斌、何景成诸位学者，但毕竟是凤毛麟角。有例子可以说明问题。关于商周青铜器上的族徽文字，以前由文字学家研究，基本上没有逃出识字的窠臼，而如今由具有考古背景的学者来做（如何景成博士的专著《商周青铜器族氏铭文研究》[6]），就会将文字与青铜器联系在一起，讨论商周族氏的分布和迁徙等问题，从而大大拓展了商周族徽的研究范围。还有严志斌博士的著作《商代青铜器铭文研究》[7]，先将青铜器做分期断代研究，再关注铭文的形式与内容研究，从而大大加强了观点的立论基础，很有说服力。

从客观上来说，必须拥有足够的资料储备和新的研究手段。大量青铜器和金文资料的发表、整理为研究提供了良好的条件，计算机的使用大大提高了工作效率。很难设想在二三十年前我们能做这项工作，这一点书稿中已经谈得很详细，兹不赘述。

至于《金文卷》使用考古类型学方法是否有效的问题，王帅博士在该书的第七章第三节"西周部分争议青铜器的时代推定"中已经做了回答。在这里，我想举几个例子，做一点补充。

关于觐簋的年代，近年来争议很多。起初以李学勤先生为代表，学者多认为此乃穆王时器。后来韩巍、王占奎先生分别撰文提出不同意见，指其为共王二十四年器。共王在位年数能否达到24年暂且不说，《金文卷》在分析字形书体后指出：从我们对西周字形书体的梳理可以看出，穆王时期的型式是非常多样化的，与其他王世有着比较明显的差异。字形书体的这种转变并非一朝一夕完成的，从前几章的论述可知，转变过程大约从昭、穆之际开始至穆、共之际仍未完全稳定。这种持续的震荡恐怕也会影响研究者的判断，导致将一些新因素扩大化而得出某一器铭时代偏晚的结论。我们将觐簋置于西周完整的字形书体发展谱系中对比，其结论仍旧是该器字形书体的时代特征契合穆王世而远于之后的共、懿等王世。我赞成王帅博士的看法，这恐怕就是建立字形书体发展谱系的用处。

庚嬴卣也很重要。关于此器的时代，郭沫若、陈梦家、马承源先生均置于康王世，王世民等先生认为在早期偏晚，白川静先生提出是昭王时器，唐兰、刘启益先生以及我们认为是穆王时器。庚嬴卣之所以重要，在于它和庚嬴鼎的关系，两器为同一人所作。庚嬴鼎曾经是夏商周断代工程为西周王年研究推定的七个支点之一。问题是《夏商周断代工程1996—2000年阶段成果报告（简本）》将二十二年庚嬴鼎的铭文"唯廿又二年"改作"二十三年"，以适应金文排谱的需要[8]。庚嬴鼎如果按原本铭文"二十二年"排入金文历谱的康王时段，显然不行，但放弃又可惜，所以《夏商周断代工程1996—2000年阶段成果报告（简本）》做了改动，但是改动纪年总是一件让人诟病的事情。关于庚嬴鼎的年代，后来我也写过文章，无论从形制还是铭文字形书体来观察，它都不是康王时期的青铜器，它与庚嬴卣是同人之器，要晚到穆王时期。迄今所见的四要素俱全的西周青铜器，还没有早于穆王时期的[9]。《金文卷》也认为庚嬴卣年代在穆王世。庚嬴卣年代的推定对于重新认识庚嬴鼎很重要。

师至父鼎大多数学者认为是共、懿时器，彭裕商先生认为在夷王前后，《金文卷》认为在懿、孝时。考虑到共、懿、孝、夷四王在位年数较短，以上说法差别不大。不妨与十五年趞曹鼎再做比较，无论形制还是纹饰、字形书体，非常相似，所以年代一定距离十五年趞曹鼎不远。

其他如将井鼎定在共王时期，师望鼎、利鼎定在懿、孝时期，伊簋、室叔簋定在厉王时期，康鼎定在厉、宣之际，《金文卷》都和主流意见相同或相近。

前面已经提到，《金文卷》第一次较为系统地用类型学方法分析西周金文字形书体，是一种探索，所以不足在所难免，在此我想谈谈对该书的几点建议。

（1）该书的第六章是"西周金文书体研究的新思考"。按型式划分为A、B、C三型共14式。窃以为还可以分得更细一点。我还是同意朱凤瀚先生的做法，先分期再分型式[10]，因为西周早、中、晚三期书体有很大变化，年代的差异要胜过型式的差异。

（2）根据《金文卷》的统计，年代有争议的西周青铜器有110件（组），但是书中只对其中的20件（组）青铜器进行了辩解，数量不足五分之一，这显然是不够的。可能例子在50%左右，才有比较充分的说服力。

（3）我特别强调在做金文字形书体的类型学研究的同时，一定不要忘了金石学的传统，断代的时候，一定要关注标准器的利用问题。前面已经说了中国金石学不是中国考古学的前身，虽然两者有关系。郭沫若先生创立标准器断代法，研究的对象是有铭文的青铜器，这些青铜器多是传世器，与考古发掘的出土品没有什么关联。他的研究方法主要是根据铭文中的人物（如周公）与事件（如周初东征）对照文献，来确定哪件是标准器。尽管他也注意到器物的形制与纹饰对断代的意义，但那不是首要的证据。这是金石学的研究方法在新时代的光大。近年来，李学勤先生特别告诫我们："中国的现代考古学，是在久远深厚的金石古物之学的传统基础上面建立起来的。考古学的研究，有必要从传统积累中取得凭藉和借鉴。""忘记这方面的传统，会给今后的文物考古工作带来损失。"[11]在青铜器断代研究方面，如何充分发挥考古学与金石学的优长之处，我想大概就是将类型学的相对年代分析与标准器的绝对年代分析结合起来。

以往在西周青铜器断代中，凡是充分运用标准器的做法，往往都很有成效，证据可靠，令人信服，而没有运用标准器的做法，人云亦云，很难说服人。所以要尽可能地用标准器来断代。当然这也存在一个问题：现存的标准器很少，有很多王世缺乏标准器，有很多器类中没有标准器，这给断代工作带来很大困难。我们曾经设想以标准器为基础，再推导出一大批年代比较清楚、学术界比较认可的青铜器作为今后断代的重要依据。为此，我们制定了一份表格。左边第二列是标准器。第三列是"次标准器"。所谓次标准器是直接由标准器推导出来的，年代相对可靠、学术界对此比较认可的青铜器。第四列是由标准器和次标准器推导出的一批年代虽有争议，但诸家分歧意见不大的青铜器（表一）。

表一十年前做过[12]，这次补充了一些新资料。

表一　以标准器推导出的年代比较清楚的青铜器

王世	标准器（第一层次）	次标准器（第二层次）	参考器（第三层次）
武王	大丰簋	利簋	
成王	周公方鼎，康侯丰方鼎，德方鼎，王奠新邑鼎，臣卿鼎，禽鼎，禽簋，臣卿簋，鸣士卿尊，克罍，克盉，何尊，小臣单觯	作册䚄鼎，德鼎，沫司徒簋（包括同人之器），德簋，叔德簋，大保簋	小臣𤔲鼎，董鼎，保尊，刚劫尊，保卣，刚劫卣，延盘
康王	成王方鼎，献侯鼎，作册大鼎，二十三祀盂鼎，二十五祀盂鼎，宜侯夨簋，鲁侯熙鬲，内史亳觚	敕鼎，太史友甗	大保方鼎，宪鼎，㬎鼎，燕侯旨鼎，楷簋，𩵦爵，伯宪盉
昭王	京师畯尊	中方鼎，䜌鼎，中甗，过伯簋，夨馭簋，䜌簋，𢽦簋，夨馭觥盖，小子生方尊	雪鼎，厚趠方鼎，𪔀鼎，师旅鼎，静方鼎，小臣谜簋，小臣宅簋，御正卫簋，吕行壶，召尊，召卣，中觯
穆王	刺鼎，䛗应姬鼎，鲜簋，班簋	绅鼎，虎簋盖，倗伯禹簋，𤼈簋，親簋，二十七年卫簋，折觥，折罍，折方彝，折尊，眉尊，丰尊，趞尊，眉卣，趞卣，墙爵，倗叔壶	戎方鼎，𢆶鼎，二十二年庚嬴鼎，伯戎簋，戎簋，趞簋，相侯簋，遇甗，彔伯戎卣，稻卣，庚嬴卣，臤尊，盠驹尊，驹尊，盠方彝，吴盉，伯雍父盘
共王	师訊鼎，墙盘	七年趞曹鼎，通簋，服簋，长由盉，长由盘，懋尊，懋卣	师汤父鼎，五祀卫鼎，九祀卫鼎，师遽簋盖，师遽方彝，卫盉
懿王	畯簋	十五年趞曹鼎	痶簋，走簋，豆闭簋，即簋，宰兽簋，谏簋，师旋簋，痶盨，三年痶壶，十三年痶壶，𪉗马壶
孝王		匡卣	
夷王			
厉王	㝬簋，㝬钟，五祀㝬钟		散伯车父器，南宫柳鼎，多友鼎，伯寛父盨，䣄妥从器，师丞钟
宣王	四十二年逨鼎，四十三年逨鼎，吴虎鼎	毛公鼎，趠鼎，逨盘等	此鼎，善夫山鼎，伊簋，不娶簋，师寰簋，南宫乎钟，兮甲盘，虢季子白盘，梁其器，克器，函皇父器，晋侯邦父器
幽王			颂鼎，颂壶

参照表一，对《金文卷》提到的有年代争议的青铜器再做一点分析研究。西周青铜器断代分歧严重者集中在两个方面：一是在西周早期，究竟为成王（或成康、康王）还是昭王（甚至穆王）时器；二是在西周中晚期，究竟是西周中期（主要指中期偏晚）还是西周晚期（主要指晚期偏早）器物。

先谈西周早期，最著名的案例是作册矢令器组。20世纪30年代，郭沫若先生在其名著《两周金文辞大系》中将作册矢令器组定为成王时器，唐兰先生不同意，认为要晚到昭王时。而后陈梦家先生力挺郭说，而唐兰先生一直坚持己说，并不断举出新的证据。鉴于郭、陈、唐诸位先生在学界的巨大影响力，至今对这组器的年代依然存在两种意见：成王或者昭王。刘启益先生折中放在康王世，但不是主流意见。

虽然意见有分歧，但多数学者支持昭王说。作册矢令簋铭文笔画转折处方折多，捺笔肥大，所以纹饰与字形书体给人年代较早的感觉。如果看形制，就能较好地做出判断，因为簋的下腹有点倾垂，显然是西周早期晚段的特征，不会早到西周早期早段。这一点与我们所列的次标准器过伯簋（《商周》04771）、諆簋（《商周》04866、04867）、繭簋（《商周》04585）很相似，就簋体下的方座有缺口而言，作册矢令簋和过伯簋都属于同一做派。和成王时的次标准器德簋比较，相去甚远。

需要补充的一点是，凡是关于作册矢令簋图录的说明，都说口沿下的纹饰是"圆涡纹间简化夔纹"。由于锈蚀严重，纹饰不清楚。最近我们仔细查看图片，不像夔纹像是鸟纹，而且鸟身与鸟尾要分开。这种鸟纹的年代在昭穆时期[13]。其实文字书体方面也有很强的证据，如作册矢令簋中的鄩字的酉部上已有两小竖夹一横，这种写法不见于成王时器，主要见于昭穆时期的青铜器上。

矢令方彝装饰风格有浓郁的晚商韵味，三层满花，极其华丽，所饰兽面纹、龙纹又十分传统，主纹浮雕感强，扉棱众多。当1976年作册折方彝（《商周》13542）问世，李学勤先生就敏锐地指出它与传世的矢令方彝非常相似，形体已与晚商到周初的方彝不同，由高大向横宽发展，腹壁也不是殷商常见的直壁，腹部外鼓，做曲壁状，且圈足下有高阶，这些都是年代较晚的特征。唐兰、李学勤、王世民等先生都将矢令方彝断在昭王时期，是正确的判断。如表一所示，将矢令方彝与作册折方彝比较是明智的做法，因为后者是一件次标准器。根据铭文内容可知器主作册折从昭王南征，时在十九年。昭王南征不返，在位只有19年，考虑到当时战事正酣，作册折无暇制作，器物极可能作于穆王初年。将两者比较，不仅形制、纹饰很接近，字形书体也很相似，譬如隹、月、王、易、宝、父等字。当然从令、尊等字及整体书风来看，矢令方彝要略早一点。

与此有关的还有叔䟒方彝的年代，《金文卷》指出"宝"字属于Ba型Ⅱ式，"尊"字属于Bb型Ⅰ式，认为在康昭之际。其实比较好的方式就是和同一器类的标准器做比较。和叔䟒方彝最接近的就是上述的矢令方彝和作册折方彝。首先是形制、纹饰（兽面纹的细部结构）非常相似，其次是铭文如"作""尊""宝"的字形也很接近。上述作册折方彝作于穆王初年，矢令方彝的年代在昭世，叔龂方彝的年代即使早一点，也大致在昭王时。

与作册矢令器组相似的案例还有士上器组。自1929年士上器组从洛阳马坡出土以来，对其年代就有不同的看法。早先郭沫若等学者将其放在成王时期，而唐兰等先生认为是昭王时器。《金文卷》经过类型学分析，认为它是昭王时器，与我们通过形制分析得出的结论是一致的。为了证明这一点，还可以与标准器做对比。士上器组包括士上尊、士上卣两件及士上盉。这四件器中，士上卣最有特点，颈部收缩，腹部倾垂，与丰卣接近，当然不如丰卣矮胖，是知其年代要稍早于丰卣，丰卣是穆王时器，所以将士上卣置于昭世是稳妥的。士上卣的主人是殷遗民，铭文字形书体风格有商末周初韵味，所以并不奇怪。

以上几组青铜器年代相近，它们之间可以相互印证。如果将它们提前到成王时期，违反类型学的方法论，势必造成混乱。考古学的类型学虽然不能给出器物的绝对年代，但可以给出相对年代，即这些器物与德簋等成王时器差别较大，无论如何不能排到成王时。

关于臣谏簋的年代（《商周》05288），分歧意见也很大，李学勤先生认为在成康之际，马承源、刘启益先生置于康世，王世民等先生放在西周早期，彭裕商先生认为在昭穆之际，吴镇烽先生则认为是西周中期前段器，《金文卷》放在穆世。从成康之际到穆王，中间至少隔了50年。究竟如何看待这种分歧，还是要和标准器、次标准器做对比。从形制来看，主要特征在腹部，下腹有一点倾垂，和以上提到的諌簋（《商周》04866、04867）、鬲簋（《商周》04585）很相似，说明它离昭世不远。就字形书体而言，諌簋行文比较整齐，字与字、行与行之间的距离较为一致，而臣谏簋行款较諌簋保留更多殷商遗韵，"文""尊""考"等字笔画粗，有波磔体意味，"宝"字上的宝盖头像屋顶，显然比諌簋古旧些。也就是说它不会晚于昭世。再说四耳簋也没有晚到西周中期的。所以臣谏簋既不在成康之际，也不在昭穆之际，而是在康昭之际，大致在康王后期到昭王前期。

再谈西周中晚期青铜器的断代。近年来发现的晙簋是懿王时期的标准器，鉴于西周中期偏晚阶段缺乏标准器，晙簋对于区分西周中晚期青铜器具有重要意义。在此之前，西周中期偏晚的次标准器只有作于懿王初年的十五年趞曹鼎和孝王四年的匡卣两件了。一件57字，一件51字，且存世拓片字迹不甚清楚，所能发挥的断代作用有限。晙簋有150字，对于用字形书体来断代有优势。晙簋作于懿王十年，可能比匡卣稍早，又稍晚于十五年趞曹鼎。虽然不知道懿王在位多少年，但总之不长，所以十年晙簋距四年匡卣应该不远。将这三件标准器放在一起，可以看出西周中期偏晚（懿孝时期）金文字形书体的一些特征。譬如字形接近正方形，这一点与穆共时期的金文近，而与厉宣时期的金文远。字与字之间，行与行之间的距离不够整齐，这一点既不同于穆共时期的主流金文，也不同于厉宣时期的主流金文，似乎是懿孝时期王室衰落的一种反映。具体而言，拿"宝"字来说，宝盖头的形态，转角处不像西周晚期那样浑圆。贝字下部开口处有两小竖,这一点在较早的十五年趞曹鼎上还没有,在十年痶簋和四年匡卣上已经显现出来。

依据对以上三器特征的理解,可以对某些有争议的中晚期青铜器有进一步的认识。关于利鼎的年代,郭沫若、唐兰等先生认为是共王时器,彭裕商先生放在夷厉时期,分歧较大。利鼎的形态不可能早到共王时,而铭文字形书体也与十五年趞曹鼎不同,较后者晚,但也不会晚到夷厉时,与匡卣、痶簋的字形书体近,置于中期偏晚的懿孝时期可能比较稳妥。《金文卷》的判断与我们一样。关于谏簋的年代,郭沫若先生认为是厉王时器,陈梦家、唐兰等先生置于懿世,李学勤先生放在孝世,分歧也很大。这种圈三足簋流行于西周中晚期,年代跨度比较大,不易从形制上判断。盖上的窃曲纹有特点,通常见于西周中期,到晚期的可能性很小。铭文字形书体与十五年趞曹鼎近。综合判断,谏簋放在懿孝时比较合适,可能比利鼎稍早一点。《金文卷》也持相同看法。利用痶簋等标准器还可以推定疾器大致在懿孝时期,而无畀簋(《商周》05244)则不可能早到懿孝时期。

以上事例说明两点:第一,类型学的断代,无论对于形制、纹饰还是铭文的字形书体,主要是给出一个相对年代,而绝对年代的判定,还是要靠标准器。在断代时,应尽可能就近利用某一王世的标准器(最好找同一类别的器物),如果缺乏,也要间接使用上下王世的标准器,这样做才能立论有据,增强说服力。第二,金文字形书体的断代与形制、纹饰的断代一样,是有弹性的,即某种型式的字的存在有一个稍长的时段,因此在依据字形书体断代时,必须综合考虑形制与纹饰方面的因素。我们已经写了几篇文章阐述一个观点:西周青铜器的演变是非均衡的[14]。朝代的更替,政治文化背景的差异,青铜器主人族属的不同,造成在同一时期内,青铜器形制、纹饰、铭文的非同步演进呈现出不同的面貌:某件青铜器从形制看年代似乎比较早,但铭文字形书体已晚,或者铭文字形书体的年代看似尚早,但纹饰则显现出较晚的特征。近年来,韩巍博士也表达了类似的观点,虽然他使用了不同的词汇如"延滞""超前",但也认为西周青铜器的发展是不均衡的[15]。

总而言之,《金文卷》的出版,只是说明用考古类型学方法系统研究西周金文字形书体的工作刚刚开始,很多现象还没有揭示,内在规律还没有掌握,还有不少问题需要思考。

本文权作抛砖引玉之举,希望得到有识之士的批评指正。

附注:本文系国家社科基金项目"夏商周青铜礼器的兴衰及其原因"(立项号:15BKG007)的阶段性研究成果。

注　释

[1]　本文中凡引用王帅博士的说法,请阅读《金文卷》,不再一一注明。

[2] 张懋镕：《金文字形书体与20世纪的西周铜器断代研究》，《古文字与青铜器论集》（第二辑），科学出版社，2006年，第30、31页。

[3] 张懋镕：《漫谈文物学建立的必要性》，《光明日报》2000年9月7日。

[4] 吴镇烽：《商周青铜器铭文暨图像集成》，上海古籍出版社，2012年；《商周青铜器铭文暨图像集成续编》，上海古籍出版社，2016年。

[5] 张懋镕：《同人同铭金文字形书体的差异性研究》，《古文字与青铜器论集》（第五辑），科学出版社，2016年，第3、4页。

[6] 何景成：《商周青铜器族氏铭文研究》，齐鲁书社，2009年。

[7] 严志斌：《商代青铜器铭文研究》，上海古籍出版社，2013年。

[8] 夏商周断代工程专家组：《夏商周断代工程1996—2000年阶段成果报告（简本）》，世界图书出版公司北京公司，2000年。

[9] 张懋镕：《回顾夏商周断代工程——以西周王年研究为例》，《古文字与青铜器论集》（第四辑），科学出版社，2014年，第169页。

[10] 朱凤瀚：《中国青铜器综论》，上海古籍出版社，2009年，第627～636页。

[11] 李学勤：《贾氏文物修复之家·序》，《重写学术史》，河北教育出版社，2002年，第21、22页。

[12] 张懋镕：《周原出土西周青铜器分期断代研究》，《古文字与青铜器论集》（第二辑），科学出版社，2006年，第226页。

[13] 张懋镕：《再论西周青铜器演变的非均衡性问题》，《古文字与青铜器论集》（第五辑），科学出版社，2016年，第259页。

[14] 张懋镕：《西周青铜器断代两系说刍议》，《古文字与青铜器论集》（第二辑），科学出版社，2006年，第177～203页；《试论西周青铜器演变的非均衡性问题》，《古文字与青铜器论集》（第三辑），科学出版社，2010年，第107～127页；《再论西周青铜器演变的非均衡性问题》，《古文字与青铜器论集》（第五辑），科学出版社，2016年，第251～292页。

[15] 韩巍：《"延滞"与"超前"——西周青铜器演变中的特殊现象及其对断代研究的影响》，"铭于吉金：中国古代青铜器及其铭文的新研究"国际学术研讨会论文，2016年。

（原载王帅：《中国古代青铜器整理与研究·西周金文字体卷》，科学出版社，2018年）

《商周青铜器族徽文字综合研究》序

雒有仓博士的《商周青铜器族徽文字综合研究》一书即将出版，他要我写一篇序言，我很高兴借此书一角谈一点感想。

《商周青铜器族徽文字综合研究》一书是有仓在他的博士学位论文基础上修订而成的。记得六年前当有仓就论文题目征询我的意见时，我建议他去研究商周青铜器族徽文字。这是一个魅力无穷且研究难度很大的领域。我在上大学本科一年级时就开始着迷于商周族徽文字，曾与同窗秦建明君合作写出处女作。我在20年前曾开出计划，做了一大堆卡片，准备写一部关于商周族徽文字研究的专著，后因资料不足（如当时《殷周金文集成》尚未出齐），加之教学工作繁重，遂不得不放弃。当时放弃写书的原因还有一个，就是研究商周族徽文字很不容易，难解的谜太多，我常常苦思冥想，踌躇再三，却无法决断，没有进展，又遑论写什么书。

进入21世纪，商周族徽文字研究迎来了它的勃发期。《殷周金文集成》及《引得》等书的出版为商周族徽文字的资料整理工作铺平了道路，随之研究成果也接二连三地问世了。情况比十几年前好多了，所以我赞成有仓去研究商周族徽文字。当有仓的博士学位论文临近开题时，获知吉林大学何景成博士也在做这方面的工作，我告诉有仓，商周族徽文字研究中的问题很多，一篇博士学位论文做不完，你不用换题目，继续做。有仓是个非常实在的人，第一学期还在上课，他就问学位论文怎么办，以后每次见面他都要问，很着急的样子，这时我心里反倒踏实了，因为烦琐的商周族徽文字也正需要有仓这样的有心人去做。有仓毕业不到3年，他的博士学位论文就要计划出版了，事实证明了他的执着与勤奋。按说有仓研究商周族徽文字的自身条件并不很理想，他既不是考古科班出身，也没有经过系统的古文字训练。族徽文字既是古文字，又因为附丽于青铜器上，所以研究者必须懂得青铜器，并进而了解青铜器所属的考古学。半个世纪以来，学界越来越认识到，不能从纯文字的角度，应从考古学的角度来研究族徽文字。可喜的是，经过3年努力，有仓在这一方面有了长足的进步，并因此成为他的博士学位论文的特色之一。书稿的第二章是谈族徽文字的出现及渊源，涉及众多史前考古资料，第四章是谈族徽文字的分期与断代，又涉及大量青铜器的断代问题，做起来很不容易，但有仓做了，而且有一定的分量，这是出乎我意料的地方。

该书对族徽文字的研究颇有裨益。例如，在绪论中，有仓对一千年来尤其是近30年来族徽文字的研究做了总结，比较全面。在讨论如何确定族徽文字时，有仓在大家提出的6条标准的基础上，又增加了4条，这4条主要是通过与甲骨文的比较得出的，这将有助于进一步完善我们的认识。有仓指出：族徽的本质为族氏名称，它不是图腾、祭名，而是由人名、地名、国名转化而来的族氏名，有些在用法上与甲骨文记载的族名一致，说明族徽不仅是文字，而且是当时使用的族名。有仓对单一族徽与复合族徽的界定问题进行了较为深入的讨论。有仓特别注意到同一墓葬出土几种族徽铭文青铜器的现象，认为这些青铜器是彼此有亲属关系的族氏互赠的助祭之器，是当时族氏之间存在联姻、联盟及从属关系的一种反映，这将有益于对商周历史的深入研究。凡此种种，均有新意。

21世纪商周族徽文字研究的一个亮点是一批硕博士学位论文的写作和出版。例如，台湾逢甲大学中国文学研究所姚志豪的硕士学位论文《商金文族氏徽号研究》（2002年）、吉林大学何景成的博士学位论文《商周青铜器族氏铭文研究》（2005年）、郑州大学王长丰的博士学位论文《殷周金文族徽整理与研究》（2006年）、中山大学刘晓晖的博士学位论文《商周族徽铭文研究》（2007年）。他们朝气蓬勃，思想敏锐，直言不讳，同时又经过严格的专业训练，行为规范，较少猜测，这对于商周族徽文字的研究尤为重要。一批青年研究者的加盟，为商周族徽文字的研究增添了活力，也因此可以展望更有成就的明天。

最后要强调的一点是：研究商周族徽文字尤其需要耐心，解开谜团既有待于我们的深思，更有待于新的考古资料的出现，甚至研究的停滞不前也往往不可避免。希望有仓等青年学者继续努力，我愿与诸位共勉。

（原载雒有仓：《商周青铜器族徽文字综合研究》，黄山书社，2017年）

中国古代金文著录书的新硕果
——评《陕西金文集成》

2016年，由陕西省古籍整理办公室和陕西省考古研究院编写、张天恩主编的皇皇巨著《陕西金文集成》出版，这是陕西古代文化整理与研究领域的一件大事。作为有"青铜器之乡"美誉的陕西省，终于有了与其身份、地位相符的一部金文著录书。

中国古代金文的整理与著录，从北宋算起，已有一千多年的历史。不过用现代科学技术和理念来整理与著录金文资料，还不到百年时间。尤其是改革开放以来，金文及其载体——青铜器的研究日益成为考古学的重要组成部分，因此如何用考古学的理论与方法来整理与研究金文资料，成为衡量一部金文著录书品质的标准。窃以为，《陕西金文集成》是迄今为止编写最为成功的一部金文著录书。具体而言，该书有三大特色。

第一，资料详尽，收罗宏富。该书共收录了陕西地区自商代中期到三国时期的有铭青铜器1973件，是迄今搜集陕西金文资料最全的著录书。据该书前言介绍，收录陕西商周至秦代的铭文1800余篇，大约是《商周青铜器铭文暨图像集成》（吴镇烽编著，上海古籍出版社，2012年出版）所收全国同时期金文数量16000余篇的十分之一多，显示出陕西金文资料之丰富，在全国占有举足轻重的地位。需要强调的是，陕西金文不仅以数量取胜，更以质量闻名遐迩，蜚声海内外。金文中尤以西周金文篇幅长、文字多，而大部分西周长篇金文出土于陕西。最著名的西周金文资料莫过于毛公鼎、大小盂鼎、大小克鼎、散氏盘、虢季子白盘、何尊、墙盘、逨盘等，它们无一不来自陕西。可以肯定，著录这些古代名作的《陕西金文集成》也将因此而大放光彩。

值得一提的是，书中收录了150多件两汉三国有铭青铜器，引人注目。相比商周青铜器铭文，这些资料以往没有得到足够的重视。从考古学的角度来看，不应厚此薄彼。其铭文涉及地名、官名、人名等，是研究两汉三国历史文化的重要资料，也是研究中国文字从商周大篆到秦汉小篆、隶书嬗变的绝好资料。该书对陕西出土两汉三国金文的著录，无疑有填补空白的价值。

第二，《陕西金文集成》摈弃了多数金文著录书只录入金文拓片的做法，增加了金文的载体——青铜器的图像资料，从而体现出青铜器及其铭文作为中国考古学的重要组成部分应有的著录方式，从而达到21世纪金文著录的新高度，值得点赞。《陕西金文集成》将每件青铜器的铭文拓片、照片和器物图像一并著录，以便读者能相互参酌，更好地观察青铜器及其铭文的细微部分，包括它们的制作工艺、技术和形式，以及字形书体的微妙变化。在这方面，《陕西金文集成》有可能成为一个范例，代表了金文著录的一个新方向。

第三，编排合理，便于阅读。以往的金文著录书的编排形式是以器类为序，优点是查找方便，缺点是将同出的成组铭文资料人为地割裂，不利于综合研究。《陕西金文集成》则以地域为序，宝鸡地区8卷，咸阳地区2卷，西安地区4卷，渭南、铜川、商洛、汉中、安康、延安为1卷，最后1卷包括榆林、陕西历史博物馆藏、传世铜器以及其他收藏。以宝鸡地区为例，第一卷是岐山县，首列贺家村，以下再按出土年份顺序，条分缕析，一目了然。这样做的好处有三点：一是从金文分布的多寡，可以明了出土地的重要性，譬如作为西周故都的岐邑、丰镐，自然出土的金文最多；二是有利于了解同一个考古单位出土金文资料之间的相互关系，便于做综合研究；三是有利于将原本从一个考古单位流散出去的金文资料重新编排，做新的研究。这对今后的考古工作将产生积极的意义。正如前言所指出的："金文资料发现的多寡也可表明某些聚落的特殊地位，很明显具有聚落考古的指导意义。后来的考古发掘使学界认识到岐山周公庙遗址的重要性，而在本书中就可发现周公庙遗址范围的不少地点，实际上在很久以来就出土过有重要铭文（及无铭）的青铜器，其价值早有显示只是没有引起足够的重视罢了。有了这些基本认识，再进一步以单位、组合来研读每件铭文及其器形本体的形制、纹饰与铭文的特点，所产生的认知水平想必就会大不相同。"可谓真知灼见。

很明显，以上三大特色的形成，与该书主编张天恩博士的经历与学养紧密相关，该书的编写理念也只能出自像张博士这样的考古学家。张博士是我国著名考古学家邹衡先生的高足，论著丰厚，识见犀利，在商周考古领域很有声誉。他长期在陕西做田野考古发掘，熟悉器物的形态与存在环境，深知研究金文不能脱离金文的载体——青铜器，一定要将青铜器器形、纹饰、组合、工艺与铭文做综合研究，方能全面、准确地了解铭文的内涵（如时代的推定）。据我所知，此次承担主编工作之后，张博士亲临第一线，带领课题组成员，经常去北京、上海，并多次奔赴欧美，对每一件器物、每一篇铭文的出处、真伪、年代、价值细加考察，其敬业精神令人赞叹。高屋建瓴的思想，再加上细致入微的求真精神，保证了这套书具有很好的学术价值与实用价值。《陕西金文集成》虽然著录的是陕西金文，但其意义已经超出自身范围，对今后其他金文著录书也有很好的参考价值，所以我乐意将这套书推荐给大家。

（原载《中国文物报》2017年1月24日第6版）

新出青铜器研究

中国国家博物馆所藏西周青铜器选粹

中国国家博物馆是中国古代青铜器最重要的几所藏馆之一，所藏西周青铜器尤其引人注目。晚清陕西出土的毛公鼎、大盂鼎、散氏盘、虢季子白盘号称"四大国宝"，名扬海内外，而其中的大盂鼎和虢季子白盘就展陈于此。中国国家博物馆收藏的著名西周青铜器还有南宫柳鼎、禹鼎、柞伯鼎、觉公簋、利簋、宜侯夨簋、天亡簋、琱生簋、颂壶、康侯爵、盠方彝、召卣、作册吴盉、土山盘、燕侯盂、逨钟等，件件都有很高的历史研究和艺术欣赏价值。由此可见中国国家博物馆的实力和声望。下面主要就中国国家博物馆近年来新入藏的几件青铜器谈一点认识，亦可窥见其不同凡响的意义与价值。

一、士 尊

士尊，通高24、口径19.1厘米，是一件觚形尊。其与商代晚期的觚形尊略有不同，个头不高，给人矮胖的感觉。敞口，颈部较长，腰部微鼓，最大腹径不在器身的中部，而是略微向下移，圈足底沿略向外撇。腰部饰一对凤鸟纹，凤鸟的造型很特殊，眼睛像颗珠子滴溜溜圆，凸出于器表；凤冠极长，呈羽状带平伸向后，作飘动状，其上的羽毛朝两侧散开，末端向上内卷，尤其是在鸟体两侧上下伸出许多歧齿来，象征正在绽放的羽毛，仿佛孔雀开屏，在向人们展示它的华美。凤鸟的勾喙用粗线直角表示，其刚健恰与羽毛的柔软形成对照，主纹的大气与作为云雷纹的细腻相互映衬，显得瑰丽多姿。有铭文8字："册荔竹，士午（作）父癸彝。"（图一）这是一件颇有科学研究和艺术欣赏价值的青铜器。田率先生已经对其做过很好的考释[1]，我们拟在此基础上谈几点看法。

田文将此尊的时代定为西周初年是正确的。田文也注意到尊上的纹饰很特殊。关于这种歧羽大鸟纹，我们专门写过文章[2]。为了与一般的凤鸟纹区别，我们称其为散羽凤鸟纹。迄今为止，装饰这种纹饰的青铜器有以下十多件。

（1）𢧜方鼎（《商周》00359）[3]，通耳高22.7、通高18.8、口横18.5、口纵14.2厘米。有铭文1字"𢧜"。口沿下饰一周长尾鸟纹，腹部饰相向的一对散羽凤鸟纹，以云雷纹衬地，四足外侧饰阴线云纹与垂叶纹，鼎腹一周等距离装饰8条扉棱。传1927年陕西宝鸡戴家湾出土。现藏宝鸡青铜器博物院[4]。

（2）散羽凤鸟纹方鼎，通耳高23、通高19、口横18.2、口纵14厘米。岐山罗家河出土，现藏宝鸡青铜器博物院（图二）。资料没有正式发表，现据任雪莉博士提供的图片来看，该鼎锈蚀严重，只有一面的纹饰能够辨析，故推知其他三面也有相同的纹饰。这一面的纹饰也不够清晰，怀疑可能成型后被人为处理过。从残存的纹饰来看，线条仍然很有力度。纹饰布局和细节都与彔方鼎接近，口沿下饰一周长尾鸟纹，腹部饰相向的一对散羽凤鸟纹，鼎腹等距离装饰8条扉棱，只是四足上好像没有纹饰。无论从尺寸大小还是装饰风格来看，这两件方鼎都非常接近。

图一　士尊及铭文　　　　　　　　　　　　图二　散羽凤鸟纹方鼎

（3）散羽凤鸟纹圆鼎（《综览》鼎154）[5]，器高26.7厘米。口沿下饰一周散羽凤鸟纹，云雷纹衬地，四足外侧饰阴线云纹与垂叶纹。构形与上述两件方鼎上的散羽凤鸟纹几乎一致，由于空间较大，鸟身与羽毛更显得修长而飘逸。现藏大英博物馆。

（4）散羽凤鸟纹簋1件（《夏商周》编号为240）[6]，高15.6、口径18.4厘米，重2.15千克。口沿下饰一周弯角垂尾鸟纹，与方鼎口沿下的鸟纹略有不同，后者鸟喙作方折；腹部饰散羽凤鸟纹，与散羽凤鸟纹圆鼎（《综览》鼎154）的纹饰更接近；圈足饰夔龙纹。均以云雷纹衬地。现藏上海博物馆。

（5）散羽凤鸟纹球腹簋1件，2013年宝鸡石鼓山M4出土[7]。通高21.7、口径16厘米，重4.65千克。腹部饰散羽凤鸟纹，这一点与散羽凤鸟纹簋同。盖面也装饰散羽凤鸟纹。与散羽凤鸟纹簋不同的是口沿下装饰夔龙纹，圈足装饰长尾鸟纹。均以云雷纹衬地。现藏宝鸡青铜器博物院。这是少数几件经科学发掘的散羽凤鸟纹青铜器。

（6）散羽凤鸟纹方簋1件，山西临汾庞杜M002出土。高21.5、口横23.7、口纵19.5厘米。口沿下饰长尾鸟纹，腹部饰散羽凤鸟纹，圈足饰夔纹。其他信息缺失，图片也不够清楚[8]。

（7）散羽凤鸟纹方座簋1件，1998年陕西陇县博物馆征集[9]。器高27、口径20.5

厘米，比上海博物馆藏散羽凤鸟纹簋高大、挺拔。盖上、腹部、方座上均装饰散羽凤鸟纹，颈部与圈足均饰一周长尾鸟纹。方座更宽侈些，所以鸟身显得更为修长、舒展。

（8）散羽凤鸟纹方座簋1件（《综览》簋122），通盖高35厘米。盖上、腹部、方座上均装饰散羽凤鸟纹。颈部与圈足均饰一周长尾鸟纹，与陇县散羽凤鸟纹方座簋上的纹饰最为接近。陕西宝鸡戴家湾出土。现藏美国华盛顿赛克勒美术馆[10]。

（9）中子𩰬汙觥1件（《商周》13659），通盖高31、器高22.4、总长32.5厘米。有铭文12字："中子𩰬汙乍文父丁尊彝，钺𠭯。"（图三）这件觥的盖面、颈部、腹部及圈足上都装饰散羽凤鸟纹，与以上诸器均不同。陕西宝鸡戴家湾出土。现藏美国旧金山亚洲艺术博物馆[11]。

图三　中子𩰬汙觥

（10）冀文父丁觥（《商周》13643），通高31厘米，重5.28千克。器、盖同铭，各4字："冀，文父丁。"此器装饰风格与中子𩰬汙觥最为相似，盖面、颈部、腹部及圈足上都装饰散羽凤鸟纹。陕西宝鸡戴家湾出土。现藏美国普林斯顿大学艺术博物馆[12]。

（11）散羽凤鸟纹卣1件，江西南昌海昏侯墓出土[13]。盖面与腹部饰散羽凤鸟纹，盖缘饰长尾鸟纹，颈部饰夔纹，圈足饰龙纹，均以云雷纹衬地。器底有铭文4字："子畯，父乙。"西周早期器。

（12）散羽凤鸟纹卣1件，陕西韩城梁带村M27出土。高25.4、口长12.8、口宽10.5厘米。盖面与腹部饰散羽凤鸟纹，盖缘饰长尾鸟纹，颈部饰夔纹，圈足饰龙纹。局部有云雷纹衬地。已有论文指出此器纹饰虽然与上器相似，但铸造技术和装饰风格不同，乃两周之际仿西周早期的器物，所论甚是[14]。至于为何到了两周之际，作为芮国的国君偏偏对西周早期这种少见的散羽凤鸟纹还如此青睐，合乎情理的解释是芮国原本迁徙自散羽凤鸟纹的家乡——宝鸡及其附近地区[15]。

通过以上介绍，我们可以得到如下认识。

第一，就散羽凤鸟纹装饰的器类而言，有鼎、簋、觥、卣四类。鼎与簋是西周早期最重要的饪食器。3件鼎中有两件是方鼎，3件簋中有两件是方座簋，已经有很多文章指出，方鼎和方座簋的使用者都是中级以上的贵族[16]。宝鸡石鼓山M4出土的散羽凤鸟纹球腹簋形制特别，无论大小和重量都值得关注。临汾庞杜M002出土的散羽凤鸟纹方簋更是簋中珍品，很稀见。觥的数量很少，不过一百多件，主要流行于商代晚期，到了西周早期觥的数量更少。两件觥的体量比较大，都不是一般贵族所能拥有的[17]。卣是西周早期一类重要的酒器，与尊相配置，往往出现在中型及其以上的墓葬中[18]。由此可见，西周早期散羽凤鸟纹装饰在何种载体上是有选择性的，只有比较特殊的和规格较高的青铜器上才能装饰这种特殊的纹饰。这也从一个侧面说明了器类、器形与纹饰之间的相互适应关系。

第二，散羽凤鸟纹选择的器类与纹饰的布局有关。散羽凤鸟纹的特点是散羽，散羽的结果是凤鸟纹的形态向上下两个方向扩展，因此适合装饰在面积比较大的器形上，而无论是方鼎、方觥、方簋还是簋的方座，均有一个宽大的腹部或壁面，两者之间正相适应。即便是圆体簋和圆卣的腹部，由于在视觉上具有向两侧的延展性，也适于装饰散羽凤鸟纹。

第三，以上12件青铜器的纹饰做工精细，即便梁带村M27出土的两周之际的仿品，其散羽凤鸟纹的形态也比其他纹饰要好看得多。论铸造的精准程度和纹饰的细腻程度，当以中子賏污觥、冀文父丁觥为上，线条清晰，凹凸有致，形象生动。就纹饰的变化而言，当属陇县出土的散羽凤鸟纹方座簋，其除了腹部饰散羽凤鸟纹之外，颈部、圈足及方座上所饰纹饰均为鸟纹，但长度各不相同，以圈足上的鸟纹最长；而且形态稍有不同，颈部和圈足上的鸟喙呈方折，而方座的鸟喙呈弧形；圈足上的鸟尾曲折后上扬，而颈部、方座的鸟尾则下垂；各种鸟纹形象丰满，姿态各异，镂刻深峻，十分出色。

第四，以上12件散羽凤鸟纹铜器中10件有出土地点可寻。4件来自宝鸡戴家湾：彡方鼎、方座簋、冀文父丁觥和中子賏污觥各1件。另一件方座簋出自与宝鸡市相邻的陇县。一件方鼎出土于岐山罗家河。一件球腹簋出土于宝鸡石鼓山墓地。一件方簋出土于山西临汾庞杜遗址。一件卣出自韩城梁带村芮国墓地，但可能与宝鸡地区有关。另一件卣出自江西南昌海昏侯墓，鉴于墓主生前在陕西关中当过皇帝，从形制与纹饰来看，最大的可能是从宝鸡地区获得的。另外两件青铜器虽无出土地点，但鉴于形制与纹饰风格的相似性，也极有可能来自宝鸡地区。如前所言，这12件器上的散羽凤鸟纹及其装饰手法十分相似，而这种凤鸟纹又非常罕见，主要流行于宝鸡、陇县一带，具有强烈的地方色彩。其中有5件来自宝鸡戴家湾和隔河相望的石鼓山，所以戴家湾一带很可能是这种散羽凤鸟纹铜器的原产地。

第五，以往研究青铜器纹饰，较多地注意它的断代作用，现在看来，其研究内涵可以扩展[19]。虽然纹饰可能不像形制那样地域特点比较明显，但仍有蛛丝马迹可寻。鉴于某些比较有特色的纹饰往往在一个相对狭小的地区流行，这种纹饰就具有特定的地域色彩，我们可以据此来判断装饰有相同纹饰的数件青铜器的流行区域。譬如散羽凤鸟纹多出自陕西宝鸡地区，说明这种纹饰的流行有一定的区域，这对于判断某些传世青铜器的来源，以及将它们做综合研究，具有一定的意义。

第六，散羽凤鸟纹青铜器上的族徽铭文也很值得关注。总共有三种族徽：彡、镬臤、冀。"彡"族徽只见于宝鸡戴家湾，可能这个族就生活在戴家湾一带。至于"冀"族徽分布的范围很广，无法利用它来圈定其具体的居住地点。有"镬臤"族徽的青铜器，除了中子賏污觥，还有两件鼎：①父丁鼎（《商周》01164），通高24.4、口径

18.8厘米，重2.44千克。有铭文4字："父丁，镁臤。"1927年陕西宝鸡戴家湾墓地出土。②污鼎1件（《商周》01777），通耳高75.9、口径54.5厘米，重63.65千克。有铭文8字："污乍文父丁㸚（煋），镁臤。"

污鼎铭文中的族徽、祭祀者的私名以及受祭者的庙号与中子夐污觥完全相同，所以两器的主人极有可能是同一人。中子夐污觥于1927年出自陕西宝鸡戴家湾墓地，考虑到墓地被盗掘，污鼎很可能也来自戴家湾，后来器物散落他处。如果此说成立，则说明"镁臤"一族就居住在戴家湾附近。污鼎这件器又大又重，在西周早期青铜器中也称得上是大型器物，可见镁臤也是一个有相当实力的族氏。同时也为散羽凤鸟纹系宝鸡地区的特有纹饰提供又一有力的佐证。

再看看士尊的族徽"劦册竹"。田文认为册为"作册"的简称，表示其家族世代担任作册史官，士的史官职务从其祖先世袭得来。劦竹是士所属之族的名称，是复合族名。这些都是正确的。我们还想补充一点，通过青铜器及其铭文，看看劦竹族氏的来源。劦册竹一族的青铜器有以下几件。

（1）劦册竹父丁簋2件（《商周》04218、04219），铭文5字："劦册竹父丁。"传世品，西周早期器。颈部与圈足饰夔纹，云雷纹衬地，纹饰比较精致。

（2）劦册竹父丁觯（《商周》10581），内底铭文5字："劦册竹父丁。"传世品，西周早期器。

（3）劦册竹祖癸角（《商周》08781），錾下铭文5字："劦册竹祖癸。"两翼下饰目云纹，腹部饰阳线兽面纹。西周早期角比较少，而且此器纹饰流畅，甚为难得。《三代吉金文存补》曰："陕西宝鸡出土。"[20]原藏端方，现藏美国纽约大都会美术博物馆。

（4）劦册竹卣（《商周》12834），器、盖同铭，各3字："劦册竹。"传世品。商代晚期器。通高32.1厘米，重4.69千克，在青铜卣中也算得上比较厚重的器物了。盖上与颈部饰连珠纹镶边的斜方格纹，中间有浮雕牺首，纹饰比较细腻。

（5）劦册竹父丁壶（《商周》12139），内底铭文5字："劦册竹父丁。"1975年陕西扶风县法门镇召李村1号西周墓出土，西周早期后段器物。通高35.3厘米，重3.55千克。颈部饰云雷纹衬地的花冠顾龙纹，圈足饰雷纹带。做工比较细致。

综上所述，劦册竹族的青铜器质量比较好，这也证明了此族有能力和资格装饰散羽凤鸟纹这种精美而奇特的纹饰。以上6件劦册竹族青铜器中，至少有两件系宝鸡地区出土。余下的4件，虽然没有出土地点，但铭文都是劦册竹或劦册竹父丁，有可能与劦册竹父丁壶都是宝鸡出土。士尊的出现，不仅又一次证明散羽凤鸟纹是宝鸡地区的特色纹饰，也有助于说明士尊极有可能是宝鸡地区的产品。

那么这种奇特的散羽凤鸟纹，为什么流行时间较短，没有在更多的铜器上出现呢？我们注意到装饰这种纹饰的方鼎、觥主要流行于商代晚期和西周早期，西周早期之后觥作为酒器急剧衰落，方鼎也因为不符合列鼎制度（以圆鼎为主）而数量锐减，即便方座簋数量也有所下降。与散羽凤鸟纹装饰特点相似的还有垂冠大鸟纹，后者主要流行于昭穆之时，而此时散羽凤鸟纹已经消失，推测是否垂冠大鸟纹的兴起，导致了散羽凤鸟纹的衰落？鉴于戴家湾铜器的年代主要在商末周初，可能在西周早期以后，戴家湾一带的方国由于种种原因衰亡了，因此这种奇特的散羽凤鸟纹饰没有传承下来。

总而言之，包括士尊在内的一批散羽凤鸟纹青铜器，不仅品相甚佳，装饰华丽，而且主要流行于西周早期的宝鸡地区，对研究此时此地的历史文化有一定的意义。

二、绅 鼎

绅鼎，高32.8、口径32厘米，重10.34千克（《商周续编》0230）。绅鼎的特点是窄沿，方唇，口沿上有两立耳，略向外撇，颈部收缩，腹壁斜直，下腹倾垂，底部微圜，三柱足较短，上粗下细，三足略向内收敛；口沿下饰一周垂冠顾龙纹，以云雷纹衬地。整器给人敦厚、稳重的感觉。此器外底有烟炱痕迹，且又如此厚重，很可能是一件镬鼎。内壁铸铭文6行56字："隹（唯）九月既望庚寅，王才（在）宗周，各（格）于大（太）室，王蔑翻（绅）暦（曆），易（锡）汝玄衣黹（黹）屯（纯）、戈彤丝（秘）瑂戚。翻（绅）捧（拜）手頴（稽）首，对扬王休。用乍（作）文考氏孟宝障（尊）鼎，子子孙孙其万年永宝。"（图四）无论是形制、纹饰还是铭文，绅鼎都颇具研究价值。

图四 绅鼎及铭文

田率先生在《中国国家博物馆新入藏西周青铜器选介》一文中，已经对绅鼎做了很好的研究[21]。田文定绅鼎为共王时器。理由：第一，铭文字体宽博松散，已无西周中期偏早（穆王世）的拘谨风格，笔画粗细均匀，未见粗笔出锋，如宝、宗、室等字所从宀旁两侧折笔呈溜肩状，与西周中期偏早尖顶耸肩状已判然不同。第二，从辞例上看，簋铭内容是典型成熟的赏赐铭文。铭中的赏赐品具有一定的时代性，如"玄衣黹屯（纯）"与召簋（《商周》05230）、卅年虎簋盖（《商周》05399、05400）里的"玄衣黹屯（纯）"相同。召簋、卅年虎簋盖的年代在共王世，所以绅鼎的年代也与之相近。田文的意见值得重视。

我们认为要判断一件青铜器的年代，具有说服力，最好的办法是和那一个时代的标准器做比较。无论从形制还是纹饰来分析，绅鼎都与穆王时期的标准器刺鼎（《商周》02428）非常相似。两者都是立耳、束颈、垂腹、柱足，区别在于刺鼎的鼎足要细一点，不是那样浑圆，内侧略为凹陷。绅鼎饰垂冠顾龙纹，刺鼎饰分尾鸟纹，纹饰虽然不同，但纹饰的结构很相似，均做成反S形布局。铭文字形书体都显得有点宽扁，但绅鼎如宗字、宝字的写法要早于刺鼎，所以可推定绅鼎的年代在穆王时期，比刺鼎还要早一点，恐怕很难晚到共王时期。

我们认为绅鼎是穆王时器，除了上述所论，还有其他例证。绅鼎的形态与两件彧方鼎相似（《商周》02448、02489），虽然后者是方鼎，但其他构形很接近，也是颈部略为收缩，下腹倾垂，鼎足较短，上粗下细，足向里侧收拢。口沿下也是装饰垂冠顾龙纹。学术界倾向于认为彧方鼎是穆王时器。

再看与绅鼎为同人之器的另一件绅鼎。

为了与国博绅鼎区分，我们将这一件绅鼎（《商周》02441）称为西安绅鼎（图五）。西安绅鼎的形制与国博绅鼎不同，我们曾在《新见金文与穆王铜器断代》中做过介绍[22]。前者附耳，后者立耳；前者收腹，腹部如盂，后者收腹；前者蹄足，后者柱足。两者均饰顾龙纹，但前者龙身作波浪形，后者作曲折形。西安绅鼎内壁铸有铭文63字："隹（唯）八月初吉庚寅，王才（在）宗周，斿（遊）于比，密弗（叔）右𩰬（绅），𩰬（绅）易（錫）禾于王五十㚒（秭），𩰬（绅）拜手頴（稽）首，敢对号（揚）皇不（丕）显天子不（丕）杯休，用乍（作）朕文考氏孟宝尊齍（齋）鼎，子子孙孙其万年永宝用。"

田文认为国博绅鼎器主绅作𩰬，是西安绅鼎𩰬字的省形，此字田、东为声符，田、东、申音近相通，而且两位器主的"文考"都是氏孟，二鼎应为同一人所作。这是正确的判断。

图五　西安绅鼎

关于该鼎的年代，韩巍博士定在共王时期，认为西安绅鼎与传世的大鼎形制相近，而后者的年代在西周中期偏晚到西周晚期[23]。粗略来看，两者似乎接近，但稍加分析，还是有明显差别的。就像绅鼎有国博绅鼎和西安绅鼎两种型式的鼎一样，大鼎也有型式不同的两件。大鼎一件现藏北京故宫博物院，简称北京大鼎，一件现藏台北"故宫博物院"，简称台北大鼎。北京大鼎是立耳、窄沿、深腹、蹄足；台北大鼎是附耳、宽沿、浅腹、蹄足。北京大鼎的年代比较好判断，形制与多友鼎接近，后者大约是夷王前后的器物，北京大鼎在中晚期之际。既然如此，台北大鼎也应是西周中期偏晚或晚期的器物。西安绅鼎与台北大鼎比较，足上有很大的不同，后者足的两头粗中间细，内侧明显凹陷，是名副其实的蹄足。而前者除了足跟比较粗大，其余部分与柱足差不多，内侧也没有明显内凹，从某种意义上说还不是蹄足，或者只能说是蹄足的滥觞，所以西安绅鼎的年代明显要比台北大鼎早很多，用台北大鼎来证明西安绅鼎年代之晚，其实是缺乏说服力的。

韩巍博士将与之关联的趞簋（《商周》05304）与卅年虎簋盖（《商周》05399、05400）一并归入共王世。如前所言，我们认为西安绅鼎与国博绅鼎一样，是穆王时期的器物。西安绅鼎铭中"右者"为密叔，亦见于卅年虎簋盖、趞簋。密叔分别担任虎与趞的右者，说明他是虎与趞的上级。关于卅年虎簋盖的年代，我们已经做过详细论证，兹不赘述[24]。关于趞簋的年代，传统的看法是穆王时器，我们认为这个观点可以坚守[25]。趞簋的铭文字形书体及风格与西安绅鼎酷肖，属于松散一路，是穆王时期又一种书体风格。我们已经论述过，穆王在位时间很长，铭文的字体风格有很多种类[26]。

还有一件和绅鼎为同人之器的伯绅簋（《商周》05100）。早在2012年，我们即著文谈到这件青铜簋[27]。伯绅簋通高19.3、口径19.2厘米。其形制特点是颈腹不分，腹壁较直，下腹鼓出，有倾垂感，这一点与绅鼎相似，尽管器类不同。口沿两侧设兽首小环耳，盖面隆起，上有圈状捉手，圈足较矮，其上连铸4个兽面小柱足。盖面及口沿下饰象鼻夔龙纹，均以云雷纹填地，圈足饰三角形云雷纹。伯绅簋的环耳尚在，形制上很完整（图六）。器、盖同铭，各30字："白（伯）黼（绅）乍（作）宝殷（簋），其朝夕用盛沑（粱）旂（稻）糕，其用飤正、御旋（史）、倗（朋）友、尹人，其用匃眉寿万年。"

韩巍博士根据该簋的器形、纹饰、铭文语词将其定为共王时器，我们则认为这又是一件穆王时期的青铜器。伯绅簋与一般的青铜簋不一样，形制比较特别。与它相似的器物很少，

图六　伯绅簋

目前只见有禹簋、仲州簋与伯句簋3件。禹簋现藏北京保利艺术博物馆[28]。其形制除了双耳为半环耳外，与伯绅簋极为相似，腹部正视图也略呈梯形。盖沿和器腹饰分尾鸟纹带，这一点与伯绅簋不同，但圈足饰三角云雷纹，则与伯绅簋相同。禹簋的器主禹可不是一位一般的贵族，据研究他与河南平顶山M84出土的应侯禹盨的主人应侯禹是同一个人，是应国的国君，地位很高。有学者认为禹簋的年代早于应侯禹盨，有可能早到穆王时期，其说可信[29]。所以伯绅簋的年代亦可能早到穆王时期。

近年来，考虑到部分可能属于穆王时期的高纪年青铜器排不进金文历谱，有一些先生提出设想，将它们下移至共王时期[30]，作为一种新的探索，值得重视。问题是这样一来共王在位年数就要超过30年，有这种可能吗？本文也想谈一点不成熟的意见。

第一，共王在位年数有没有可能在30年以上，答案自然是否定的。因为在中国三千年多年的王朝正史上，没有相邻的两位帝王长寿且各自在位时间超过30年、叠加年数超过65年的。东周的显王与赧王各自在位时间超过45年，但中间隔着在位6年的慎靓王。明代的嘉靖皇帝与万历皇帝各自在位时间超过45年，但中间隔着在位6年的隆庆皇帝。清代的康熙与乾隆长寿且在位时间为61年、60年，但他们也不是相邻的两位帝王，中间隔着在位13年的雍正皇帝。南宋宁宗与理宗各自在位时间超过30年、叠加年数超过65年，但后者是前者的养子，自然不符合条件，不能算数。中国历代皇帝穷奢极欲，长寿和在位时间长者很少，又怎能出现父子均长寿且各自在位时间超长的现象？

再梳理一下从周成王到周穆王的年岁和在位年数情况。先谈成康的王年。《史记·周本纪》有一句话很重要："成康之际，天下安宁，刑错四十余年不用。"是说成康时期有40多年的安定太平日子，但并不意味成康的王年只有40多年，因为成王初年还在东征，伐诛武庚、管叔，如此计算，成康王年在50年上下。觉公簋的出现，证明了这一点。铭文中的纪年是"唯王廿又八祀"。从器形、纹饰来看，它不外乎是成康时器，那么只有两种可能，或者是成王二十八年器，或者是康王二十八年器。我们认为器属成王的可能性更大一点，可以证明成王在位可能达到30年，因为今本《竹书纪年》有一个说法就是"成王三十年"[31]。考虑到成王年幼，在周公辅佐下登基，墙盘与逨盘铭文都证明周公并未称王，则成王三十年减去周公辅政的7年，去世应在45岁左右。康王登基时已成年，大盂鼎证明康王在位超过23年，夏商周断代工程定的是25年，今本《竹书纪年》说得很清楚是26年，则康王去世时在50岁左右。昭王在位19年，今本《竹书纪年》是这样记载的，新发现的静方鼎等青铜器也有助于证明这一记载，所以几乎是学术界的共识了。昭王南征时当在盛年，溺水时可能在45岁以上。

最麻烦的是穆王的在位年数。《史记》记载很清楚，穆王即位"春秋五十矣"，已经50岁了，而后说他在位55年，活了105岁。清朝医疗条件总比西周好，康熙、乾隆也没有活到105岁，周穆王能活到105岁，大家都很怀疑。如前所言，昭王可能不到50

岁就死了，怎么会有一个50岁的儿子？但如果穆王是在20岁左右即位的，那么穆王在位55年的说法，就显得可信了。《竹书纪年》记载穆王三十九年还在南征，很多人不相信。后来发现了鲜簋，证明穆王在位时间至少超过34年，那么接近或超过40年也是很有可能的。穆王长寿应是不争的事实。

关于共王的在位年数，今本《竹书纪年》记载是12年。现在看起来有问题，因为有一件铜器即十五年趞曹鼎可以证明共王在位时间在15年左右。夏商周断代工程定成23年，只是一种尝试。如果穆王活到70岁左右，共王登基时年岁不小，在50岁左右，在位十几年是比较合理的，而要说成30年及其以上，则不合情理。还有证据可以证明共王命短。在古本《竹书纪年》里，关于穆王的记载有11条，而说到共王竟没有一条记载[32]。假如共王在位时间超过30年，无论如何也会留下一点痕迹吧。

第二，既然穆王在位时间很长，早期和晚期铜器面貌差别较大，那么当我们看到差别较大的铜器，就将它们中的一部分下移到共王，这样做是否有很大的风险？即便像绅这样的人物，也会拥有形制完全不同的两件绅鼎。国博绅鼎立耳、垂腹、柱足，是西周早期旧鼎制的最晚型式，西安绅鼎附耳、收腹、蹄足，腹部如盂，是西周中期流行的型式，如果不是铭文告诉我们这两个鼎属于同一个主人，可能我们不会相信它们的年代是如此接近。这说明穆王时期处在西周青铜器大变化的时期，不能用观察其他王世青铜器的眼光来判断穆王时期的青铜器。

综上所述，两件绅鼎的出现有利于西周青铜器的断代研究。不仅告诉我们穆王时期的青铜器型式多样，变化多端，也为我们提供了更多有助于断代的标准器和次标准器。例如，斲簋的年代，我们认为是穆王时期的器物。但由于铭文字形、书体与近期面世的吴盉很接近，而后者或被认为是宣王时期的器物，因此关于斲簋的年代也存在争议[33]。如果将绅鼎的三足换成圈足，无论形态还是纹饰以及装饰风格多和斲簋接近。斲簋这样的盂形簋主要流行于西周中期，不会晚到西周晚期的宣王时期[34]。

关于穆共青铜器的断代问题，十分复杂，不是这篇小文能深入讨论的。不过绅鼎及其铭文给了我们很多启示，是一件宝贵的青铜器。

三、内史盨

内史盨，通高24、口纵18.4、口横14.4厘米。器形近似椭方形鼎，附耳，垂腹，有盖，盖上有矩尺形捉手，圈足下承接四短足。盖沿和口沿饰顾龙纹，足跟部饰兽面纹。器盖对铭5字："内史作旅盨。"（图七）器形饱满，线条富有张力，纹饰形象生动，铭文字体秀美遒劲，露铜处闪亮有光泽，是一件上好的青铜器。田率先生在《内史盨与伯克甘娄盨》一文中已经做了很好的考证[35]。其中关于内史盨与椭方形鼎的关系以及盨来源于椭方形鼎的论述引起了我们的兴趣。

关于盨的来源，学术界有两种意见，或者认为来源于簋[36]，或者来源于鼎[37]。要

图七　内史盨及铭文

明了这个问题，研究一下盨的自名方式非常重要。

器形为盨，自名为簋者有如下之器：

（1）作旅盨："作旅簋。"（《商周》05501）[38]。

（2）应侯盨："应侯作宝䥯簋。"（《商周》05503）。

（3）应侯盨盖："应侯作宝䥯簋。"（《商周》05504）。

（4）谏盨："谏作旅簋，其永宝用。"（《商周》05513）。

（5）伯鲜盨（4件）："伯鲜作旅簋，其永宝用。"（《商周》05528~05531）。

（6）鲁司徒伯吴盨："鲁司徒伯吴敢肇作旅簋，万年永宝用。"（《商周》05594）。

（7）华季益盨："华季益作宝簋，其万年子子孙孙永宝用。"（《商周》05596）。

（8）伯敢甗盨（2件）："伯敢甗作宝簋，其万年子子孙孙其永宝用。"（《商周》05613、05614）。

（9）滕侯苏盨（2件）："滕侯苏作厥文考滕仲旅簋，其子子孙孙万年永宝用。"（《商周》05620、05621）。

（10）乘父士杉盨："乘父士杉其肇作其皇考伯明父宝簋，其万年眉寿永宝用。"（《商周》05629）。

（11）痪盨（2件）："用作文考宝簋，痪其万年子子孙孙其永宝。"（《商周》05671、05672）。

（12）古盨盖："古敢对扬天子丕显休，用作朕考簋。"（《商周》05673）。

（13）伯多父盨："作成姬多母寶簋"。（《三代》10.34.2，《商周》05591）。

器形为盨，盨簋连称者有如下之器：

（1）录盨（4件一组）："录作铸盨簋，其永保用。"（《商周》05524～05527）。

（2）伯庶父盨盖："伯庶父作盨簋，其万年子子孙孙永宝用。"（《商周》05600）。

（3）叔诶父盨（2件）："叔诶父作旅盨簋，其永用。"（《商周》05545、05546）。

（4）鲁司徒仲齐盨（2件）："鲁司徒仲齐肇作皇考伯走父馈盨簋。"（《商周》05640、05641）。

（5）鲁伯念盨："鲁伯念用公恭，其肇作其皇考皇母旅盨簋。"（《商周》05656）。

以上自名簋和盨簋连称的青铜盨总计29件，约占青铜盨总数186件的15.6%左右，数量表明青铜盨与青铜簋功能十分接近，有着非常密切的关系。我们曾经说过像盨簋这样器名互称或连称的现象，真切地反映了器类之间关系的亲疏。我们曾经整理过青铜器的自名材料，发现鼎可以自名为鬲或簋，甗可以自名为鼎，鬲可以自名为鼎，豆可以自名为敦或簋，敦可以自名为鼎，盆可以自名为盂。鼎鬲可以连称，鼎盂可以连称，鼎匜可以连称，簠簋可以连称，盂簋可以连称[39]。上述盨簋互称或连称的例子之多，远远超出其他器类互称或连称的数量，这有力地证明了盨与簋之间有超乎寻常的关系。

内史盨的外形确实与椭方形鼎相似。类似内史盨形态的青铜盨还有应侯盨（《商周》05503）、矢賸盨（《商周》05514）、京叔盨（《商周》05534）、立盨（《商周》05536）、应侯盨（《商周》05539-40）、京叔盨（《商周》05547）、迟盨（《商周》05627）、伯义父盨（《商周续编》0471）等。我们曾经说过，两类器物如果相似，不外乎三种关系，即派生关系、相生关系、更替关系。而凡是有以上关系者，这两类器都会出现器名互称或连称的现象[40]，但在椭方形鼎与盨之间没有发生这样的器名互称或连称的现象。谁见过椭方形鼎自名为盨，或者盨自名为鼎，或者鼎盨可以连称的铭文？没有。这也从一个方面说明椭方形鼎虽然在外表上与某些盨更接近，但并无内在的联系。显然，在古人的心目中，盨与鼎没有什么关系。我们应该用心揣摩古人的用意，而不是用我们的认识去替代古人的想法。内史盨及其铭文的出现，又一次证明了这一点。

以前我们已经从形态、功能、铸造工艺等方面论证盨来自于簋，本文还想做一点补充。内史盨的外底没有方鼎通常在外底设置的X形（对角线）铸筋，再一次从铸造工艺方面证明盨与鼎关系甚远（图八）。即便说内史盨一类器与椭方形鼎接近，但仔细观察，还是有不同之处。首先是口沿，盨是敛口，而椭方形鼎多为直口。

图八　内史盨外底

其次是圈足。那些所谓形似椭方形鼎的盨，大部分都属于圈足器，圈足正是盨与鼎的最大区别，椭方形鼎是没有圈足的。如前所说的应侯盨（《商周》05503）、京叔盨（《商周》05534）、立盨（《商周》05536）在腹底都有圈足，内史盨也有圈足。矢臃盨（《商周》05514）没有圈足，但我们已经指出矢臃盨的外底有斜方格铸筋，在铸造工艺方面与鼎不同。况且以上这些盨的年代多在西周晚期，此时方鼎已经衰落，作为一种新型器类，盨要刻意模仿一种行将就木的器类，实在令人费解。第三是花纹，盨上常见的瓦棱纹，却不见于椭方形鼎上。

田文将盨分为三大类：第一类以古盨、矢臃盨、召伯虎盨为代表，器底无圈足，直接四长足，是形态最为接近椭方形鼎的一类盨。第二类以内史盨、翏生盨、上海博物馆藏应侯盨为代表，器底有圈足，圈足下再接四足，形态介乎于鼎、簋之间。第三类以应侯再盨、伯鲜盨为代表，器底有圈足，与簋更接近。田文的分类有利于青铜盨来源的讨论。我们认为可以分成两大类，即将第二类与第三类合并，一类是四足盨，一类是圈足盨，因为第二类盨的四足无论长短，都是在圈足的基础上延伸出来的。问题在于哪一类器形出现更早一点，换言之，是先有圈足盨还是先有四足盨。

如若从青铜器发展的总体态势来看，一开始出现的盨应该是圈足而非四足。在夏商周青铜盛食器盨、盆、盂、敦、簋的演化过程中，会看到一个基本规律：从开始的平底器，或者圈足器，渐渐变为三足（或四足）器。尽管它们之间形态千差万别，功能也不一样，但这种变化却惊人的一致。

先说簋。青铜簋也是簋的派生物，足部演化轨迹与青铜盨非常相似。目前所知年代最早的青铜簋出自陕西宝鸡石鼓山M4[41]（图九）。其圈足形态与最早的青铜盨一样，呈封闭状。相似的器物还有故宫博物院藏的一件夔纹簋。这几件簋的年代在西周早期。直到西周中期的史免簋（《商周》05909），圈足的状态依然没有变化。有趣的是进入西周晚期后，簋的圈足的中部开始出现长方形或果叶形缺口，与同时期盨的圈足缺口一样，如函交仲簋（《商周》05788）（图一〇）、虢叔簋。到了春秋战国，圈足的缺口越来越大，原先所谓的圈足看起来与四足差不多。典型器物如蔡侯申簋（《商周》05775）、中山国墓葬出土的左使车簋（《商周》05761、05762）、楚王酓肯簋（《商周》05842～05844）。极端的做法如陈曼簋（《商周》05923、05924）（图一一），圈足缺口无限大，留下的部分已经与一般的器足没有什么区别了。可见，簋的演变也遵循从圈足到附足的规律。

再谈敦。最早出现的是平底敦，如洛阳中州路M2415：7敦，与簋很相似，以至于相互混淆，时间在春秋中期早段。相近的器

图九　石鼓山簋

图一〇　函交仲簠　　　　　　　图一一　陈曼簠

物还有1976年湖北随县出土的息子行敦（《商周》06262）、河北唐县出土的归父敦（《商周》06066）（图一二）。而后出现所谓盏式敦，在平底下伸出三小足，如楚王酓审盏（《商周》06056）（图一三）、黄子婓盏（《商周续编》0523），这两器年代均在春秋晚期，可见有足敦要晚于平底敦。至于标准的青铜敦即球形敦，与同时期鼎非常接近，俗称"西瓜鼎"，如昭之王孙即盏（《商周续编》0525）[42]。有的下腹有三蹄足，足较长，如赕于皦盏（《商周》06059）（图一四），年代较晚，多数在春秋晚期偏晚和战国时期。在敦中，平底敦较少，多数是上述的盏式敦和球形敦。由此可见，敦的发展也是先有平底，再向有足器过渡。

图一二　归父敦　　　　图一三　楚王酓审盏　　　　图一四　赕于皦盏

不仅簠的派生物与簠有相似的演进轨迹，其他饪食器如盆、盂也受到簠的影响，具有类似的演化痕迹，只是没有簋、敦、簠那么明显。

先谈盆。我们在《青铜盆小议》与《再议青铜盆——从新发现的中市父盆谈起》两文中谈到青铜盆最早出现在西周中期穆共之际，如中市父盆（《商周》06258、06259）（图一五）、山西翼城县大河口墓地出土的夔纹盆，还有稍晚一点的微痰盆（《商周》06252、06253），其特点是器底为平底[43]。后来出现三足盆，如陕西历史博物馆收藏一件目云纹盆，盆底下接三短足，年代在西周晚期。有短足的盆还有邛仲之孙伯戈盆（春秋早期器）（《商周》06272）（图一六）。从平底到有足，盆演化特点有点像簠。只是平底盆占绝对优势，有足的盆很少，可能和盆的发展空间不足有关。

再谈盂。盂是水器，也兼有饪食器的功能，所以其演化规律也会表现出类似饪食器的特点。最早出现的青铜盂是圈足盂，如妇好盂（《商周》06201），数量最多的还是圈足盂。但是到了西周中期，出现三足盂，譬如山西大河口墓地出土的霸伯盂（《商周》06229）（图一七）。其外底的三足间有"Y"形的阳线纹，这种铸造痕迹通常出现在鼎的外底，这有可能说明这件盂具有像鼎之类的烹煮器的功能。三足盂出现在西周中期，年代晚于附足簋。从圈足盂到三足盂，盂似乎在模仿簋的演变式样。

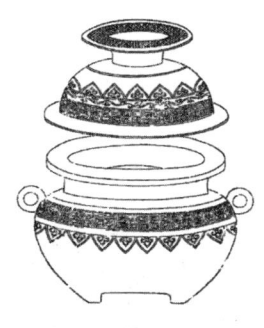

图一五　中市父盆　　　图一六　邛仲之孙伯戈盆　　　图一七　霸伯盂

从以上事例我们不难看出：

（1）对于簋、盨、敦之类的盛食器来说，无论铸造技术水平发展到何等地步，都要经过一个由相对简单（无足或只有圈足）到相对复杂的过程（圈足或长足）。敦出现的时候，簋已经过了兴盛期，发展相当完备，各种类型都有，包括三足、四足簋，但敦还是从平底做起，过了一百年，到春秋晚期才出现三足、四足敦。

（2）演变的节点值得注意。尽管青铜簋早在商代早期就问世了，但是附足簋的出现要晚到西周早期。附足簋流行于西周时期，此时正是青铜簋大发展的时期。这说明，只有当青铜簋进入成熟期的时候，才会出现附足这样的演变特征。附足盨出现于西周中晚期，此时正是盨的鼎盛期。球形敦出现在春秋晚期，此时敦已步入高峰期。

（3）当我们了解到盛食器的一般规律是从无足到有足或者从圈足到有足，就很清楚，青铜盨显然是来自簋而不是鼎。当然盨在发展过程中受到鼎的影响很大，于是才有了附足盨，但时间比簋要晚。

（4）与功能有关。相当一部分青铜簋有附足，附足的作用，除了抬高簋体，还有加热的作用。洛阳北窑M452出土的邦簋，圈足下接三个小扁足，器底就有烟炱的痕迹。中期偏晚器。甘肃灵台出土的吕姜簋，圈足下接细长的附足，器底有灼烧的痕迹。中期偏早器。洛阳王城大道M8301出土的瓦棱纹簋，圈足下接三短足，器底也有烟熏的痕迹。西周晚期器[44]。可见，饪食器从平底到附足，其内在动因是器物的用途变化了。近似椭方形鼎的青铜盨出现，也应与功能发生变化有关。

讨论盨与鼎的关系，还涉及盨与鼎的鉴别问题。《商周》著录一件古鼎（02453），田文定为古盨，是对的。理由是铭文说到"用作朕考簋"，是青铜盨自名为簋的一种表现方式。我们再补充一点理由:古盨的长边的颈腹间设有兽首鋬,下有钩状耳,与同时期簋耳的造型非常相似,但从不见于青铜鼎上。而这一点恰恰有助于说明盨与簋的密切关系。

四、伯頵父鼎与吴国青铜器

伯頵父鼎是中国国家博物馆于1959年购入的青铜器,虽然已过半个世纪,但由于铭文中出现了吴姬这位人物(她可能与西周时期的吴国有关联),故而引起我们的关注(图一八)。

图一八　伯頵父鼎及铭文

在《史记·世家》中,吴太伯世家位列第一,可见其分量之重。可惜,整个西周时期的吴太伯世家只有简单的世次,直到吴王寿梦二年即公元前584年"始通于中国",关于吴国的资料才逐渐多起来,而在这之前几乎是一段空白。

在传世文献资料极其匮乏的情况下,出土的文物资料自然具有很高的价值。正是在这种背景下,1954年出现的宜侯夨簋引起学术界的广泛关注[45]。首先是出土地点很有意思。宜侯夨簋出土于江苏丹徒烟墩山,传统观点认为这个地方是西周时期吴国的势力范围,这意味着它有可能是吴国的器物。其次是年代很重要。虽然曾有成、康、昭、穆诸王之争议,但最后还是以康王之说胜出,这意味着至少在康王时,周王朝已经在丹徒一带封建诸侯,着力经营了。再次,器主是关键。宜侯夨究竟是什么人物,对推定此器是否为最早的吴国青铜器至关重要。有人联系到1929年洛阳马坡出土的作册夨令器(方座簋、方尊及方彝),郭沫若认为宜侯夨就是作册夨[46]。陈梦家表示赞同,他认为"夨令最初在成周为作册之官""最后他与成王到了宜,封为侯"[47]。唐兰先生认为宜侯夨不是作册夨[48]。李学勤先生进一步指出作册夨与宜侯夨不过同名,其父又都以丁为庙号而已,但两者身份悬殊,不是一个人[49]。这一见解十分正确。说到宜侯夨所迁封的宜国，主要有两种说法：唐兰、李学勤等先生认为就是吴国，刘启益等先生则主张是夨国[50]。

自1954年宜侯夨簋出土以来，半个多世纪过去了，关于宜侯夨簋是否属于吴器，宜国是否为吴国，讨论仍在持续[51]。我们认为关于西周早期吴国青铜器的特点与风格，至今还很不清楚，由此来判断宜侯夨簋为吴器，论据尚嫌不足。宜侯夨簋与同墓所出其他青铜器缺乏有效的联系，因此极易被认为是一件外来之物，这固然可以说明主人自他处迁来，但到此时（康王）吴国存在已久，地方特点不可能不在青铜器上留下痕迹，所以这一点有可能对证明宜侯夨簋为吴器产生负面影响。有些学者用文字通假现象来说明夨国即虞国或吴国，无论有多少理由，单凭形与音是缺乏说服力的。夨国、虞国、吴国三国在西周时期同时存在，当时人不可能糊涂到允许三国国名不加区分[52]。

在不能确定宜侯夨簋为吴器的情况下，自然有必要继续寻找西周时期的吴器。近年来新发现的吴国族青铜器引起了我们的兴趣。据2016年出版的《商周青铜器铭文暨图像集成续编》[53]介绍，大致在今山东东南部靠近江苏的地方同坑出土了一批春秋早期的青铜器，有鼎、甗、簋、盂、盘、匜等。公布的资料有5件青铜器。

（1）吴氏季大鼎，铭文15字："吴氏季大为其飤鼎，子孙孙永缶（宝）用之。"（《商周续编》0165）通高26、两耳间距34厘米。有盖（图一九）。

图一九　吴氏季大鼎及铭文

（2）吴季大甗，铭文13字："吴季大作甗，万寿无疆，永缶（宝）用之。"（《商周续编》0283）通高38、口径31厘米。

（3）吴季大簋，盖、器同铭，各13字："吴季大作其飤簋，子孙孙永缶（宝）用。"（《商周续编》0490）通高16.5、口横27、口纵22厘米。

（4）吴季大盆，铭文12字："吴季大作其飤盂，子孙永缶（宝）用。"（《商周续编》0534）自名为盂，实际是盆[54]（图二〇）。

（5）季大盘，铭文14字："季大作其盘匜，眉寿无疆，永宝用之。"（《商周续编》0936）（图二一）。

图二〇　吴季大盆及铭文

图二一　季大盘

另外《商周续编》还著录一件春秋早期的吴叔襄鼎，铭文17字："唯吴叔襄自作宝盂，其子子孙孙其永用之。"（《商周续编》0171）通高21、两耳间距29厘米。

这批青铜器的引人注目之处有两点：一是它的出土地点，靠近江苏。二是器主的国族称谓，既不是虞、矢，也不是攻吴、攻敔。日前，笔者与吴镇烽先生晤谈时，吴先生怀疑此吴乃姑苏吴国的前身。吴国族先到山东，后至江苏。吴先生的见解很有启发性。我们认为首先可以确定这是一批标准的春秋早期的吴国青铜器，对于了解西周时期的吴国青铜器具有重要意义。

先将西周时期有关吴姬及其他吴国族人的金文资料梳理如下（按年代排序）。

（1）班簋（《商周》05401）[55]，通高22.5、口径25.7厘米，重9.3千克。西周穆王时器。

此器器形不大，但分量超过相同尺寸的青铜簋，可见其厚重程度。铭文197字，是铭文第三长的青铜簋。这些都足以体现主人毛班特殊的身份。节录一段铭文："王令毛公以邦冢君、徒御、或人伐东国痟戎。咸，王令吴伯曰：以乃师左比毛父。王令吕伯曰：以乃师右比毛父。遣令曰：以乃族从父征。诞城卫父身，三年静东国。"铭文记载周王命令毛公率军出征，经过三年时间，终于平定东国。这是一次很重要的战役，所以周王才命令亲信大臣毛公任统帅。吴伯是毛公东征的第一助手，可见深得周王和毛公的信任。吴伯之所以被委以重任，很可能与他是姬姓吴国族的首领有关。

（2）静簋（《商周》05320），铭文90字。节录前一部分："唯王六月初吉，王才（在）莽京。丁卯，王令静司射学宫，小子眔服、眔小臣、眔尸（夷）仆学射。雩八月初吉庚寅，王与吴㝬、吕牺卿（佮）豳㡭师邦君射于大池。"此器与班簋年代很近，也是穆王时器。铭文是说吴㝬和吕牺一起陪同周王射箭，关系显然很亲近。这位吴㝬也应是吴国族的重要成员。

（3）琱簋，器、盖同铭，各45字："唯六月既生霸辛巳，王命琱眔叔㝬父归（馈）吴姬饟器，师黄宾琱璋一，马两，吴姬宾帛束。琱对扬天子休，用作尊簋，季姜。"（《商周》05205）通高19.4、口径17.3厘米，重3.3千克。西周中期器。现藏上海博物馆。

琱簋铭文属于一篇非册命赏赐铭文。这篇铭文有三点值得注意之处：一是颁赏的主人是周王，由他亲自下令。二是去送赏赐品的人是琱和叔㝬父两人，而不是一人。从琱簋的轻重大小来看，也算得上中型的青铜簋，琱也是一位有一定地位的贵族。由这样两位官员去送礼，可见礼遇之隆重，这在西周金文中并不多见。第三是赏赐品很特殊，是饟器。由此可见吴姬有相当地位，周王对其恩宠有加。周王对吴姬的态度，也表明王室对出于同姓的吴国族成员的关照。

（4）伯颉父鼎，铭文23字："伯颉父作朕皇考犀（夷）伯、吴姬宝鼎，其万年子子孙孙永宝用。"（《商周》02249）西周晚期器。现藏中国国家博物馆。通高33.4、口径31.5厘米。还有一件伯颉父簋，铭文23字："伯颉父作朕皇考夷伯、吴姬尊簋，其万年子子孙孙永宝用。"（《商周》04998）西周晚期器。现藏故宫博物院。簋与鼎的铭文一致，说明这是同一组合器物。

田率在《伯颉父鼎》一文中已经做了很好的考释[56]。他引用唐兰、于省吾的观点，指出簋铭中的犀作𢾭，犀（𢾭）与夷二字叠韵，同归脂部，可通，如金文中夷王之夷常作犀（𢾭）[57]，并指出夷国是西周重要的诸侯，昭王时期的作册睘卣（《商周》13320）铭文记述了王姜命作册睘安抚夷伯，夷伯馈赠睘贝、布等礼物。此夷伯是西周早期夷国的君主。伯颉父鼎的时代为夷、厉时期。这些说法大致可信。伯颉父的母亲是吴姬，这位吴姬大致生活在西周中晚期之交，比琱簋铭文中的吴姬要晚一点。吴姬与夷伯结为夫妇，可证吴国族与姜姓的夷国族有婚姻关系。

（5）吴姬簋，盖、器同铭，各4字："吴姬旅簋。"（《商周续编》0320）西周晚期器。盖沿与口沿下饰重环纹，腹部饰瓦棱纹。铭文可能省略了作字，表明吴姬可以自己作器，有较高的身份地位。

（6）盩叔簋，铭文16字："盩（胡）叔作吴姬尊簋，其万年子子孙永宝用。"（《商周》05858）高9.2、口纵23.1、口横30.5厘米，重3.03千克。西周晚期器。现藏上海博物馆。吴姬嫁给盩叔，盩叔是盩国族成员，盩的地望值得注意。寰鼎（《商周》02340）铭文曰："师雍父省道至于㝬（胡），𪓐从。"联系𪓐鼎出土于山东黄县，㝬可能是山东的一个小诸侯国。

（7）自匜，铭文6字："自作吴姬媵匜。"（《商周》14864）西周晚期器。现藏上海博物馆。

通过对以上两周时期吴器的初步讨论，可以得出如下认识。

第一，无论是形制，还是纹饰、铭文字形书体，西周时期的吴器与王畿地区的青铜器高度相似。譬如吴姬簋就是西周中晚期最常见的一种圈三足簋，装饰重环纹与瓦棱纹。即使到了春秋早期，这种相似性还在延续。再譬如吴季大盆的形态就与虢叔盆（《商周》06210）很接近。这有助于说明当时吴国族文化深受中原文化的影响，与周王朝关系紧密。

第二，只是到了春秋早期，吴国族的青铜器有了一些自身的特点，譬如吴氏季大鼎有盖，而且是平盖，显然受到山东地区平盖鼎的影响。吴季大甗是分体甗，这种分体甗在关中地区很少见，而且时代较晚，在山东较多，而且年代较早，如1996年莒县西大庄M1出土的齐侯甗（《商周》03328），年代在两周之际[58]，1977年曲阜鲁国故城M48出土的鲁仲齐甗（《商周》03345），春秋早期器。这一切也说明这批吴季大青铜器出自山东，传闻并非虚言。

第三，从吴季大青铜器群来看，春秋早期吴国族器物的装饰考究，艺术水平很高。所有器物均装饰有花纹，其中簠和盘更是布满纹饰。譬如吴氏季大鼎不仅在上腹部装饰变形夔龙纹，还在下腹部装饰蟠龙纹，而春秋早期的青铜鼎通常只在上腹部装饰花纹。鼎的盖面饰蟠龙纹，中部设有一提纽，由尾部相连的一对立雕小鸟组成，盖的四周又均匀立雕三只小鸟。整器庄重又华丽，这在春秋早期青铜器中很少见。季大盘的外壁不仅布满纹饰，内底也有纹饰，饰两圈浮雕鱼纹，内圈7条，外圈13条，同向而游，灵活生动，极为传神。春秋中晚期的吴国青铜器以装饰华丽著称，看来这种风格的形成由来已久。如今发现诸多从西周中期到春秋早期的吴器，显然对了解这一阶段吴国族的情况具有重要意义。

第四，吴国族与包括吕氏在内的姜姓集团有长期良好的关系。在静簋铭文中，吴㚔和吕犅一起陪同周王射箭，俨然是周王跟前的两位近臣。在班簋铭文中，吴伯与吕伯又并肩作战，是周王的得力将领。在𦿔簋中，吴姬与𦿔关系亲近。有趣的是𦿔为季姜作器，这位季姜可能是他的妻子，也可能是他的女儿，无论如何，𦿔与姜姓关系密切，这或许是周王派𦿔给吴姬送礼的一个原因。由伯颟父鼎铭文可知吴姬一族也与姜姓通婚，如田文所言西周晚期的吴姬嫁给了姜姓的夷伯。至少从西周中期到晚期，吴国族与吕族、夷族在内的姜姓集团关系密切。据此我们可以推测，吴季大青铜器群出自山东，山东很可能是姜姓部族的重要集聚地，吴国族与他们有很深的渊源关系。

第五，在西周中晚期，吴国族都有成员在朝廷担任要职，有助于说明吴国应该与其他诸侯国一样，至少有一支族人留在王畿地区。从𦿔簋等器铭文来看，他们显然受到周王室的优待。

第六，吴国族至少有一支很可能是在西周早期东征后来到山东的。这种现象并不罕见。譬如同样在西周中期，也发生过类似的情况。清光绪二十二年（1896年）春山东黄县鲁家沟出土一批青铜器，其中有一件遇甗，铭曰："唯六月既死霸丙寅，师雍父戍在古师，遇从。师雍父肩使遇使于默侯。侯蔑遇历，锡遇金，用作旅甗。"（《商周》03359）师雍父是穆王时东征淮夷的主帅，其名其事见于多件事关东征的青铜器铭文，由窥鼎（《商周》02340）可知窥是师雍父的儿子。他的青铜器出土在他曾经战斗过的地方，很可能战役结束后，他连同其族兵就驻守在当地了[59]。如今一批吴国族青铜器出现在山东，很可能是西周中期东征后留在山东的吴国族将领的后裔。

关于西周时期的吴国族青铜器，以前常将其与虞国族器混淆。譬如郭沫若在谈到吴大父（见同簋铭文，《商周》05322）时就说："此虞器，金文虞每作吴，而吴越之吴则作攻吴。"（《大系》246页）在西周青铜器中有一部分器主是主管国家场、林、虞的，如同簋铭中的吴大父（《商周》05322），四十二年逨鼎中的吴逨（《商周》02503~02512），他们和吴器没有关系，但不能说有一部分器主为吴某的青铜器也与吴国族无关。如今山东出现这么多的吴器，这里可不是什么虞国的所在地，这就提醒我们西周所谓的虞器中其实有不少是吴器。一般来说文字可以通假，叔夨的夨可以通虞，叔夨即叔虞，见山西翼城晋侯墓地出土的叔夨鼎（《商周》02419），但不意味作为国名也可以通假，夨国就是夨国，虞国就是虞国，都不是吴国。这对于我们正确认识吴器很重要。

注　释

[1] 田率：《国家博物馆新入藏的两周青铜器管见》，《中国国家博物馆馆刊》2015年第5期，第136、137页。

[2] 张懋镕：《上海博物馆藏金读记》，《古文字与青铜器论集》（第二辑），科学出版社，2006年，第66、67页。

[3] 吴镇烽：《商周青铜器铭文暨图像集成》（简称《商周》），上海古籍出版社，2012年。

[4] "中央研究院"历史语言研究所、陕西省考古研究院编辑，陈昭容主编：《宝鸡戴家湾与石鼓山出土商周青铜器》，博创印艺文化事业有限公司，2015年，第281、282页。该书中此鼎尺寸为通高22.8、口横16、口纵11.9厘米，本文尺寸为近来实测的结果，特此说明。

[5] 林巳奈夫：《殷周青铜器综览》（简称《综览》），日本吉川弘文馆，1984年，第281、282页。

[6] 陈佩芬：《夏商周青铜器研究·西周卷上》（简称《夏商周》），上海古籍出版社，2004年，第106页。

[7] 陕西省考古研究院等：《陕西宝鸡石鼓山商周墓地M4发掘简报》，《文物》2016年第1期，第33、34页。

[8] 谢尧亭：《晋南地区西周墓葬研究》，吉林大学博士学位论文，2010年。

[9] 梁彦民:《陇县新发现的鸟纹方座簋》,《文博》2001年第5期,第34、35页。

[10] 林巳奈夫:《殷周青铜器综览》,日本吉川弘文馆,1984年,第281、282页。

[11] "中央研究院"历史语言研究所、陕西省考古研究院编辑,陈昭容主编:《宝鸡戴家湾与石鼓山出土商周青铜器》,博创印艺文化事业有限公司,2015年,第474、477页。

[12] "中央研究院"历史语言研究所、陕西省考古研究院编辑,陈昭容主编:《宝鸡戴家湾与石鼓山出土商周青铜器》,博创印艺文化事业有限公司,2015年,第478、481页。

[13] 江西省文物考古研究所、首都博物馆:《五色炫耀:南昌汉代海昏侯墓考古成果》,江西人民出版社,2016年。

[14] 陈小三:《韩城梁带村M27出土卣、尊年代辨析——附论扇形钺与特殊的凤鸟纹饰》,《文博》2011年第1期;《再论韩城梁带村M27中的仿古铜器》,待刊。

[15] Ch'en Chao-jung. On the Possibility of the two early Western Zhou states Yu and Rui being located in Jian River valley//Edward L. Shaughnessy. Lm Prints of Kinship: Study of Recently Discovered Bronze Lnscriptions from Ancient China. Hong Kong: The Chinese University Press, 2017: 189-207.

[16] 杨宝成、刘森淼:《商周方鼎初论》,《考古》1991年第6期,第533~545页。

[17] 刘莹莹:《商周青铜觥的整理与研究》,陕西师范大学硕士学位论文,2011年。

[18] 马军霞:《中国古代青铜器整理与研究·青铜卣卷》,科学出版社,2015年。

[19] 张懋镕:《试论纹饰对青铜器定名的意义》,《中国古代青铜器整理与研究·人兽母题纹饰卷》,科学出版社,2016年。

[20] 周法高:《三代吉金文存补》一册,台联国风出版社,1980年。

[21] 田率:《中国国家博物馆新入藏西周青铜器选介》,《中国史研究动态》2017年第5期。

[22] 张懋镕:《新见金文与穆王铜器断代》,《文博》2013年第2期;张懋镕:《古文字与青铜器论集》第四辑,科学出版社,2014年,第93、94页。

[23] 韩巍:《由新出青铜器再论"恭王长年说"——兼论西周中期后段青铜器的变化》,《浙江大学艺术与考古研究》(第二辑),浙江大学出版社,2015年。

[24] 张懋镕:《再论虎簋盖及相关铜器的年代问题》,《古文字与青铜器论集》,科学出版社,2002年,第55、61页。

[25] 唐兰:《西周青铜器铭文分代史徵》,中华书局,1986年,第312页;马承源:《商周青铜器铭文选》(三),文物出版社,1988年,第112页。

[26] 张懋镕:《新见金文与穆王铜器断代》,《文博》2013年第2期,第101、102页。

[27] 张懋镕:《伯句簋考证》,《吉金御赏》,香港御雅居,2012年;张懋镕:《古文字与青铜器论集》(第四辑),科学出版社,2014年,第66、67页。

[28] 《保利藏金》编辑委员会:《保利藏金》,岭南美术出版社,1999年,第73~78页。

[29] 李家浩:《应国再簋》,《保利藏金》,岭南美术出版社,1999年,第77页。

[30] 吴镇烽、朱艳玲:《斵簋考》,《考古与文物》2012年第3期,第107~109页;韩巍:《斵

簋年代及相关问题》，《新出金文与西周历史》，上海古籍出版社，2011年；王占奎：《2003年以来所见西周历日拟年》，《古文字与古代史》（第三辑），"中央研究院"历史语言研究所，2012年，第185～213页；朱凤瀚：《关于西周金文历日的新资料》，《故宫博物院院刊》2014年第6期，第11～24页。

[31] 张懋镕：《回顾夏商周断代工程——以西周王年研究为例》，《古文字与青铜器论集》（第四辑），科学出版社，2014年，第165页。

[32] 方诗铭、王修龄：《古本竹书纪年辑证》，上海古籍出版社，1981年，第44～53页。

[33] 朱凤瀚：《关于西周金文历日的新资料》，《故宫博物院院刊》2014年第6期，第14～17页。

[34] 张懋镕：《论盂形簋》，《古文字与青铜器论集》（第五辑），科学出版社，2016年，第166页。

[35] 田率：《内史盨与伯克甘婓盨》，《青铜器与金文》（第一辑），上海古籍出版社，2017年。

[36] 容庚、张维持：《殷周青铜器通论》，文物出版社，1984年，第39页；唐兰：《略论西周微史家族窖藏铜器群的重要意义——陕西扶风新出墙盘铭文解释》，《文物》1978年第3期，第21页；朱凤瀚：《中国青铜器综论》，上海古籍出版社，2009年，第135、136页；张懋镕：《两周青铜盨研究》，《古文字与青铜器论集》（第二辑），科学出版社，2006年，第90～92页；张懋镕：《青铜盨补论》，《古文字与青铜器论集》（第四辑），科学出版社，2014年，第110～114页。

[37] 王世民等：《西周青铜器分期断代研究》，文物出版社，1999年，第102页；李零：《论燹公盨发现的意义》，《历史文物》2002年第6期，第35页；岳连建、王安坤：《铜盨的渊源及演变》，《考古与文物》2014年第2期，第41页。

[38] 吴镇烽：《商周青铜器铭文暨图像集成》（简称《商周》），上海古籍出版社，2012年。

[39] 张懋镕：《试论青铜器自名现象的另类价值》，《古文字与青铜器论集》（第三辑），科学出版社，2010年，第129～133页。

[40] 张懋镕：《试论中国古代青铜器器类之间的关系》，《古文字与青铜器论集》（第二辑），科学出版社，2006年，第129～133页。

[41] 张懋镕：《青铜簠兴起于宝鸡说》，《文博》2015年第1期。

[42] 吴镇烽：《商周青铜器铭文暨图像集成续编》（简称《商周续编》），上海古籍出版社，2016年。

[43] 张懋镕：《青铜盆小议》，《古文字与青铜器论集》（第二辑），科学出版社，2006年，第128～132页；张懋镕：《再议青铜盆——从新发现的中市父盆谈起》，《古文字与青铜器论集》（第三辑），科学出版社，2010年，第164～169页。

[44] 任雪莉：《中国古代青铜器整理与研究·青铜簠卷》，科学出版社，2016年。

[45] 江苏省文物管理委员会：《江苏丹徒县烟墩山出土的古代青铜器》，《文物参考资料》1955年第5期，第58～62页；《江苏丹徒烟墩山西周墓及其附葬坑出土的小器物补充材料》，《文物参考资料》1956年第1期，第45、46页。

[46] 郭沫若：《矢簋铭考释》，《考古学报》1956年第1期，第7～9页。

[47] 陈梦家：《宜侯夨簋和它的意义》，《文物参考资料》1955年第5期，第63～66页；陈梦家：《西周铜器断代·宜侯夨簋》，中华书局，2004年。

[48] 唐兰：《宜侯夨簋考释》，《考古学报》1956年第2期，第79～83页。

[49] 李学勤：《宜侯夨簋与吴国》，《文物》1985年第7期，第13～16、25页。

[50] 刘启益：《西周夨国铜器的新发现与有关历史地理问题》，《考古与文物》1982年第2期，第42～46页。

[51] 王卫平：《半个世纪以来围绕"俎侯夨簋"的论争》，《文博》2001年第5期，第51～53页；王永波：《宜侯夨簋及其相关的历史问题》，《中原文物》1999年第4期，第45～53页。

[52] 张懋镕：《谈谈半个世纪以来围绕宜侯夨簋论争给我们的启示》，《古文字与青铜器论集》（第三辑），科学出版社，2010年，第190～193页。

[53] 吴镇烽：《商周青铜器铭文暨图像集成续编》（简称《商周续编》），上海古籍出版社，2016年。

[54] 张懋镕：《试论青铜器自名现象的另类价值》，《古文字与青铜器论集》（第三辑），科学出版社，2010年，第128～138页。

[55] 吴镇烽：《商周青铜器铭文暨图像集成》，上海古籍出版社，2012年。

[56] 田率：《伯顉父鼎》，待刊。

[57] 唐兰：《西周铜器断代中的"康宫"问题》，《考古学报》1962年第1期；于省吾：《读金文札记五则》，《考古》1966年第2期。

[58] 莒县博物馆：《山东莒县西大庄西周墓葬》，《考古》1999年第7期，第41页。

[59] 张懋镕：《安康出土的史密簋及其意义》，《古文字与青铜器论集》，科学出版社，2002年。

关于欧宗易收藏的中国早期青铜器

欧宗易先生是法国著名的收藏家，欧氏收藏的中国早期青铜器很有特点。兹选择其中的7件青铜器略加分析，以供诸位青铜器爱好者欣赏、鉴别。

总体来说，这7件青铜器的年代比较早，分别属于商代晚期、西周早期和春秋晚期，即处于中国青铜器发展的辉煌时期。商代晚期到西周早期是中国青铜器发展史上的第一个高峰期，春秋晚期到战国早期是中国青铜器发展史上的第二个高峰期，可以说以上7件青铜器在一定程度上反映了当时中国古代文化的灿烂。

兽面纹觚（编号2）、蝉角（编号3）、兽面纹壶（编号4）是商代晚期的器物。其中兽面纹觚（图一）与河南安阳戚家庄M269出土的兽面纹觚（M269：24）很相似[1]，是殷墟三期的器物。蝉角（图二）与山东滕州前掌大村商周墓地M120出土的史子日癸角（M120：16）形近[2]，应为殷墟四期的器物。兽面纹壶（图三）的年代可早到殷墟二期，与安阳妇好墓出土的妇好壶（M5：795）[3]（图四）相仿佛。这3件青铜器距今均有三千多年的历史。

图一　兽面纹觚　　　　　　　图二　蝉角　　　　　　　图三　兽面纹壶

弦纹罍（编号5）、否叔卣（编号6）、双身龙纹簋（编号7）是西周早期的器物。弦纹罍（图五）与1978年陕西扶风庄白一号窖藏出土的折罍相似[4]（图六），但比折罍颈部略长，鋬也要宽厚一点，可知年代较折罍稍早一点。折罍是昭王时器，弦纹罍当在康昭时期。否叔卣（图七）与山西曲沃天马—曲村M6069出土的狣卣（M6069：3）比较接近[5]，后者年代在西周早期偏晚，否叔卣大致也是康昭时期的

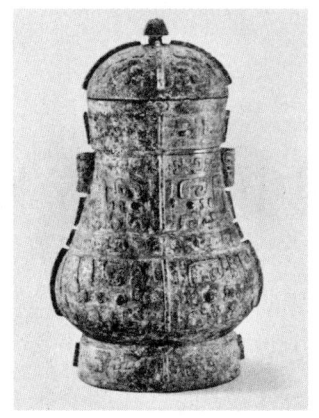
图四 妇好壶

图五 弦纹斝

图六 折斝

图七 否叔卣

器物。双身龙纹簋（图八）与陕西宝鸡竹园沟M4出土的直棱纹簋接近[6]，M4墓主的活动年代在康王晚期到昭王晚期，考虑到欧氏所藏双身龙纹簋要略早于后者，故年代可定在康昭之际。这3件青铜器距今也有三千年的历史了。

蟠螭纹方壶（编号8）（图九）是春秋晚期的器物，与山西太原金胜村M251出土的方壶非常相似（图一○），区别是后者有盖，但圈足下没有爬兽[7]，从腹部形态和十字环带纹来看，略晚于后者。这件青铜器距今有两千五百年的历史。

具体而言，这7件青铜器的魅力表现在如下几点。

首先是高大厚重。兽面纹觚高31厘米，重1462克。多年前，我们曾对青铜觚的资料做过整理。有尺寸记载的传世青铜觚有208件，其中高度超过31厘米的青铜觚有38件，由此可知这件兽面纹觚可排入前40名[8]，称得上体型较大的青铜觚了。弦纹斝通高35.5厘米，重4948克，根据有关书籍的统计[9]，能与之匹敌的只有前面所说的折斝，通高35厘米，重5530克，两器体量很接近。尺寸相近的还有山东滕州前掌大墓地M38出土的未斝，通高35厘米。这件弦纹斝比2013年湖北随州叶家山墓地M111出土的

图八　双身龙纹簋　　　　图九　蟠螭纹方壶　　　　图一〇　金胜墓方壶

侯斝还高，后者通高33.5厘米[10]。侯斝是曾国国君曾侯所用斝，折斝是西周高级贵族折所用斝，由此可以推断这件弦纹斝主人的身份也一定不同凡响。

春秋晚期的蟠螭纹方壶高68厘米，这是失盖后的高度，如果加上器盖，大约在75厘米。我们曾经对青铜壶的高度有一个统计数据[11]。在传世的372件青铜壶中，只有4件青铜壶的高度超过70厘米，超过60厘米的也只有10件。显然就高度而言，这件蟠螭纹方壶无疑进入前10名。如果仅仅就春秋时期的传世青铜壶而言，它可以进入前三名。况且方壶要比圆壶更宝贵一些。这件方壶的主人至少也是一位朝廷重臣。

其次是属于比较稀少的品种，譬如蝉角。青铜角与青铜爵形态相近，也是一种酒器，但数量比爵少得多。多年前我们做过统计，出土和传世的青铜角总共只有74件，像蝉角这样精美的青铜角则更少[12]。青铜壶很多，但欧氏所藏兽面纹壶属于比较少量的型式。这种椭圆腹短颈贯耳壶主要流行于商代晚期，据统计有67件[13]。青铜斝主要流行于商代，欧氏所藏弦纹斝的年代在西周早期，考虑到此时青铜斝的数量很少，所以显得很宝贵。

再次是装饰考究。兽面纹瓠颈部饰蕉叶纹，颈、腹交界处饰蛇纹，腹部与圈足饰兽面纹、夔纹，且均以云雷纹衬地，纹饰种类可谓繁多，三层满花，十分华丽。主纹凸出器表，增加了浮雕感。腹部与圈足又装饰四条扉棱，使器物显得更为伟岸挺拔。双身龙纹簋的装饰也很别致，口沿下的双身龙纹活灵活现。从两侧的尾巴处开始，身躯逐渐变宽变高，到头部达到极致，似乎这条起伏着躯体的龙正张牙舞爪地向我们而来，可谓生动形象。欧氏所藏蟠螭纹方壶也是难得一见的珍品。此器有三点引人注目之处：一是腹部饰十字环带纹，纹饰中间起脊，使原本常见的浑圆的腹部变得结实有内力。二是颈部两侧的爬兽形耳，四足攀爬，尾巴卷起，颈部弯曲，头部向下，似乎在寻找什么，显得很可爱。三是圈足下的四只小牛，圆圆的眼睛、宽宽的吻部，虽然刻画简单，却憨态可掬。此方壶比金胜墓出土的方壶有胜出之处。

最后是铭文的价值。中国古代青铜器与同时期西方青铜器的显著差别之一在于前者多有铭文，而这些铭文对于判别青铜器本身的真伪、年代以及价值都有非常重要的意义。在欧氏收藏的7件青铜器中，有3件有铭文的器物值得关注，分别是兽面纹觚、蝉角和否叔卣。这些青铜器铭文虽然很短，甚至只有一两个字，但也很有意义。

图一一　兽面纹觚铭文

譬如兽面纹觚，圈足内铸有"尧父庚"3字铭文。尧字是一个族徽文字（图一一），它表明器主所在的族氏。根据何景成博士的整理研究[14]，这个族氏的青铜器至少有十几件。兽面纹觚是有代表性的一件尧族青铜器，如前所言，从尧父庚觚的体量与装饰，可以看出这个族的实力。其他比较典型的尧族器物的图像还见于《商周青铜器铭文暨图像集成》[15]一书，其著录的商代晚期青铜器有尧鼎（3件，00124、00126、00850）、尧爵（06597）、尧觚（09074）、尧父辛觚（09607）、尧父乙盉（14632），器物厚重，纹饰华丽。即使到了西周，尧族的器物仍然很不错，如西周早期的尧作父乙卣（13175），西周中期的尧尊（11180）。根据这些青铜器的年代，可知这个族在商代晚期兴盛，一直延续到西周中期，是一个具有一定影响力的族氏。显然，兽面纹觚是尧族达到顶峰时期的一件代表作，这为研究尧族提供了宝贵的资料。

蝉角的铭文很特别（图一二），鋬内腹壁上铸有一只蝉的图像。蝉纹本是一种常见的青铜器纹饰，流行于商代晚期和西周早期。多数蝉纹是成组排列，有时也单独出现。蝉角上的蝉纹尽管非常象形，但按照通例，这个部位是铭文出现的地方，所以我们认为它应该是文字而不是图像。在商周青铜器铭文中有一部分文字确实和图像没有什么差别，譬如1935年河南安阳侯家庄西北冈M1004大墓出土的鹿鼎、牛鼎，分别在内壁铸有鹿和牛的图像，鉴于所处部位的独立性，学界都认为是铭文而不是图像。另外鸟、鱼、万（蝎子）、羊、猪、象、虎、龙、兔作为铭文也可以象形的方式出现在青铜器上。鉴别它们是纹饰还是文字，就要看它们在青铜器上所处的部位和方式。当然像鹿鼎、牛鼎的铸铭方式和部位比较普遍，而像蝉角这样的铸铭方式和部位迄今还没有发现第二件，这或许就是蝉角的珍稀之处吧。

否叔卣的铭文稍长一点，有17字："否叔献彝，疾不已，为母宗彝则备，用遣母齋。"（图一三）据张光裕教授的介绍，与否叔卣为同一器主的青铜器共7件，除了否叔卣，还有否叔尊1件，铭文与卣相同，也是17字；否叔觚2件，1件铭文5字"否用遣母齋"，1件铭文4字"用遣母齋"；否叔爵2件，铭文相同，只有"用遣"2字；否叔斝1件，只有1字"遣"[16]。从青铜器组合形式及铭文来看，这是一套比较完整的酒

图一二　蝉角铭文　　　　　　　图一三　否叔卣铭文

器组合。以尊和卣为核心，附以觚、爵、觯，是西周早期酒器组合的一种模式。这对研究青铜器组合形式具有一定的意义。否叔卣铭文的大意是：否叔的母亲病情严重，没有好转的迹象，于是否叔铸造一套可供宗庙祭用的礼器，奉献给母亲，作为遣送之器。这一组青铜器，无论铭文字数多寡，有一点是共同的，即都有一个"遣"字。对于遣字，张光裕教授已经做了很好的考释。他指出："这套否叔为母亲制作的青铜器，主要是为遣送母霝之用。我们实可称之为'遣器'。"在先秦的典籍里，除了《仪礼》外，再没有其他提及与遣器有关的资料，否叔诸器和"用遣母霝"句子的出现，对研究西周时期的礼仪制度具有重要意义。另外否叔卣的铭文虽然不长，但字体秀美，用笔洒脱，方圆结合，颇显力度，有一定的书法欣赏价值。

总而言之，欧氏收藏的7件中国早期青铜器，器形规整，纹饰华美，铸造精良，具有较高的艺术欣赏和历史研究价值。

注　释

［1］安阳市文物工作队：《殷墟戚家庄东269号墓》，《考古学报》1991年第3期。
［2］中国社会科学院考古研究所：《滕州前掌大墓地》，文物出版社，2005年。
［3］中国社会科学院考古研究所：《殷墟妇好墓》，文物出版社，1980年，第67页。
［4］陕西周原考古队：《陕西扶风庄白一号西周青铜器窖藏发掘简报》，《文物》1978年第3期，图版叁：3。
［5］邹衡：《天马—曲村（1980—1989）》，科学出版社，2000年，第356页，图523.3、4。
［6］卢连成、胡智生：《宝鸡㚓国墓地》，文物出版社，1988年，第267页，图版七五：2。
［7］山西省考古研究所：《太原晋国赵卿墓》，文物出版社，1996年，第46页。

［8］ 王文娟：《商周青铜觚研究》附表"传世青铜觚统计一览表"，西北大学硕士学位论文，2005年。
［9］ 吴伟：《中国古代青铜器整理与研究·青铜斝卷》附表一和附表二，科学出版社，2015年。
［10］ 湖北省博物馆等：《随州叶家山西周早期曾国墓地》，文物出版社，2013年，第126、127页。
［11］ 裴书研：《中国古代青铜器整理与研究·青铜壶卷》，科学出版社，2015年；张懋镕：《青铜壶缘何一枝独秀？——兼论商周青铜器的生命力问题》，《古文字与青铜器论集》（第五辑），科学出版社，2016年，第295页。
［12］ 张懋镕：《商周青铜角探研》，《古文字与青铜器论集》（第二辑），科学出版社，2006年第114页。
［13］ 裴书研：《中国古代青铜器整理与研究·青铜壶卷》，科学出版社，2015年，第77~79页。
［14］ 何景成：《商周青铜器族氏铭文研究》，齐鲁书社，2009年，第390页。
［15］ 吴镇烽：《商周青铜器铭文暨图像集成》，上海古籍出版社，2012年。
［16］ 张光裕：《西周遗器新识——否叔尊铭之启示》，《"中央研究院"历史语言研究所集刊》第七十本三分，1999年，第761~778页。

（原载《时光之旅：欧宗易先生珍藏早期中国艺术品》，邦瀚斯，2018年）

青铜器综合研究

中西铜器差异论

就世界范围而言,早期青铜器的产生与发展有两种模式:一种是西方模式,以西亚、中亚出土的青铜器为代表;另一种是东方模式,以中国出土的青铜器为代表。中国古代青铜器在世界上享有很高的声誉,这一点为世人所公认,毋庸置疑。但是有一个至关重要的问题,即关于中国古代青铜器是否独立起源,抑或受到西方青铜器的影响,却存在不同的意见,且一直争论不休。

早在1979年,唐兰先生发表《中国青铜器的起源与发展》一文,对中国早期铜器进行研究,认为中国青铜文化是"土生土长,独立发展的"[1]。该文的观点引发了一场关于中国早期铜器的大讨论。作为考古界的代表人物,安志敏先生在《试论中国的早期铜器》一文中对早期铜器的发现情况做了回顾,指出中国西北地区如齐家文化早期铜器的发展早于中原地区,从而认为中国铜器的起源很可能是通过史前时期的"丝绸之路"进入中国的[2]。自此之后,中国早期铜器是本地起源还是从西方进口,成为争论的焦点[3]。主张中国铜器本地起源者多为国内学者。认为中国铜器是受外来影响者多为外国学者,如英国学者R. F. T. Yylecote在1992年提出,人类用铜大约开始于公元前6000年的安纳托利亚地区,在公元前2000年左右,金属冶炼技术通过高加索或伊朗地区传入我国[4]。

近来读了刘远晴与王振博士合著的《中国古代青铜器整理与研究·早期铜器卷》[5](以下简称《早期铜器卷》)。该书对中国早期铜器的产生、发展以及与西方早期铜器的关系做了深入的分析和讨论,使我十分受益。我想在此基础上,就中西铜器的差异性及其原因再谈几点意见。

一、中西铜器的差异

先依据《早期铜器卷》一书提供的资料,分析一下中西早期铜器的差异。为了叙述方便,我们将铜器出土区域分成三大块:西北地区、北方地区、中原海岱地区。

1. 时间和空间

相比而言,西方早期铜器出现时间早,中国早期铜器出现时间晚,这是有人主张中国青铜文化西来说的主要证据之一。这只是属于一种常识性的推理,但并不具有严密的科学研究的价值。有意义的证明在于文化传播的路径和影响力(详后)。

在中国境内，各地区铜器出现的时间也不一致，年代最早的是中原海岱地区和西北地区。前者以陕西临潼姜寨出土的黄铜片为标志，后者以甘肃东乡县林家出土的锡青铜刀为准绳。这两个地区是中国早期铜器发现最多的地区，或者可以说是中国铜器起源的两个中心，对了解中国青铜器的起源问题具有重要意义。相对而言，北方地区出现青铜器的时间要晚一些。从《早期铜器卷》的分析来看，中原海岱地区和西北地区早期铜器的产生和发展虽然互有影响，但基本上是各自独立进行的，而且新疆西部的早期铜器年代还要晚于新疆东部和甘青地区。所以，从地域的角度着眼，那时西方铜器要对中国境内尤其是中原海岱地区的铜器产生影响是很困难的。

2. 器形种类

中国早期铜器不仅有工具、装饰品、武器等实用器，还有爵、斝、鼎、盉、盂、铃等礼乐器，而西方只有工具、装饰品、武器等实用器，没有礼乐器。中国西北地区出土的早期铜器以小件工具、装饰品和武器为主。工具主要有刀、锥、削、斧、钻、凿、锛、铲等种类；装饰品包括铜环、手镯、臂钏、泡、管、珠及戈形饰等小件饰物；武器主要有斧、矛、剑、匕、镞；另外还有铜镜、牌饰。从器类来看与西方接近，但与中原海岱地区有差别。中原海岱地区不仅拥有以上器类，而且已开始生产青铜礼容器，包括二里头遗址在内已出土爵、斝、鼎、盉、盂、铃等器类，这些器类是礼乐制度的载体，并非只是实用器，即便是戈、钺之类的武器，也成为祭典场合的道具，与西方迥异。北方地区的器类介于二者之间，既有西北地区常见的指环、铜刀、铜锥、铜镞、铜镯、臂钏、杖首，也有西北地区无但中原海岱地区有的铜戈。

3. 合金成分

总体而言，中国早期铜器的成分以铅锡青铜为主，所占比例大于红铜，砷铜较少，而西方则以砷铜为主，年代越早砷铜比例越大。中原海岱地区以铅锡青铜为主，其次为红铜和黄铜，只有少量砷铜，体现了中国早期铜器合金成分的基本特点。北方地区与中原海岱地区接近，以铅锡青铜为主，有少量红铜。西北地区与中原海岱地区有所不同，虽然仍以铅锡青铜为多，但砷铜比例明显增大。具体而言，大致以兰州为界，甘肃东部流行铅锡青铜，西部则流行砷铜，这是一大特点。很明显甘肃西部受到中亚西伯利亚地区砷铜冶炼技术的影响，但是这种影响对甘肃东部几乎没有产生多大力量，很值得玩味。

4. 制造技术

中国早期铜器制造以使用泥范、铸造为主，西方则以使用石范、锻造为主。中原海岱地区铜器绝大部分为铸造成型，锻打的铜器极少，采用单面范、双面范及复合范等多种工艺，能铸造爵、斝、盉等器形复杂的器物，体现了中国早期铜器制造技术的基本特点。北方地区的铜器既有铸造也有热锻，同时掌握复合范等工艺，也少量使用石范，显然是受到中原海岱地区的强烈影响。西北地区的制造技术以锻造和铸造并重，看来是同时受到中原海岱地区与欧亚草原青铜文化的双重影响。

夏代以后，中西铜器的差异就更明显了。主要表现在以下九个方面。

第一，中国古代青铜器数量巨大。

根据《第一次全国可移动文物普查数据公报》的统计数据，仅我国境内各级国家机关、企事业单位收藏保管的青铜器数量就有1403451件，还不包括海外收藏以及私人收藏的数量，所以实际数量可能更多[6]。有几个例子可以佐证这一点。譬如陕西从1949年10月到1979年，30年间先后出土商周青铜器3000余件[7]。1976年12月陕西扶风庄白出土微氏家族铜器群，一个窖藏就埋藏了103件精美的青铜制品[8]。这种现象，在西方闻所未闻。中国有一所专门收藏与展出青铜器的博物院，那就是陕西宝鸡青铜器博物院。以青铜器为单一藏品，这在西方也从未有过。西方的古代青铜器数量有多少，不清楚，但从西方博物馆的展陈和出版的图录来看，没有我们多。

第二，造型丰富，品相繁多。

中国古代青铜器有饪食器、酒器、水器、车马器、兵器、工具、农具、装饰品、钱币、玺印、铜镜等种类。每一大类中又包括很多小类，譬如饪食器中有鼎、鬲、甗、簋、豆、盨、簠、敦等，酒器类中又有爵、角、觯、斝、尊、壶、卣、方彝、觥、罍、盉、勺、禁等。鼎的型式又有很多种，有方鼎、圆鼎、扁足鼎、分档鼎等。其式样之多，令人眼花缭乱。西方的古代青铜器主要有兵器、工具、装饰品、钱币、玺印、铜镜，很少有饪食器、酒器和水器。至于鼎、鬲、甗、盨、簠、敦、爵、角、斝、尊、卣、方彝、觥、禁、盉、匜等器物，在西方青铜器中找不到踪影。

第三，中国古代青铜器享有盛誉并非以数量取胜，关键在于它的质量。

相当多的中国古代青铜器是享誉世界的精美艺术品，其中有一些青铜器堪称绝世孤品。自2002年起，国家文物局就开始陆续发布禁止出国（境）展览的珍贵文物名单[9]，目前已有41件青铜器是明确禁止出境展览的，如商代的后母戊鼎、龙纹兕觥、四羊方尊、大禾方鼎、青铜神树、青铜立人像；西周的利簋、太保鼎、何尊、大盂鼎、虢季子白盘、大克鼎、淳化大鼎、墙盘、天亡簋、伯矩鬲、晋侯鸟尊、逨盘；东周的莲鹤铜方壶（新郑出土）、铜禁（淅川出土）、曾侯乙编钟、越王勾践剑；秦代的铜车马；汉代的铜奔马、长信宫灯、彩绘人物车马镜、贮贝器等。这些造型独特、纹饰细致、铸造精巧的青铜器精品不仅是中国人的骄傲，也是全人类的瑰宝。西方的青铜雕像比较多，体量也很大，但多数年代较晚。西方也有出类拔萃的青铜器，但总体来说数量没有中国多。

第四，中国古代青铜器的分布范围广，且密度很高。

中国青铜器的大宗在中原地区，即我们通常所说的华夏族的居住地区，如陕西、河南、山东、山西等地区，但它的分布范围远远超出中原地区，从东北到广东、从西藏到东海渔岛都发现有青铜器。而由于各地文化面貌的差异，它们呈现出各自独特的艺术风格，增添不少魅力。青铜器覆盖面很广，以陕西为例，90%以上的县份出土青铜器。青铜器的分布密度也很高：扶风与岐山交界处的周原遗址面积不过二十几平方千米，出土商周青铜器数千件，其中仅礼容器就有535件。在齐家村方圆不到200米区域内，先后出土青铜礼容器104件[10]。这种分布密度在西方也是没有的。

第五，中国青铜器流行时间很长。

青铜工具在公元前3000年就已经出现，如甘肃东乡林家马家窑遗址出土的一件青铜刀。青铜容器出现在相当于夏代晚期的二里头文化期，有鼎、爵、斝、盉等。经过商代、西周、春秋、战国，直至汉代，青铜容器还在使用。汉代以后，青铜容器剧减，但青铜镜、玺印、钱币依旧流行不衰。诚然西方如两河流域青铜器的历史比中国早，但没有一个西方国家的青铜器像中国这样流行数千年，持久使用从不间断。

第六，相当多的中国古代青铜器上铸刻有文字，这是一个显著的特点。

青铜器铭文即我们通常所说的金文，是从商代早期开始出现的。商代晚期铭文数字增多，但最长也不过48字。西周时期是铭文大发展时期，鸿篇巨制不少，如毛公鼎铭长达497字，是西周铭文最长的青铜器。铭文内容涉及祭祀、征伐、赏赐、册命、训诰、追孝、约剂、媵辞等方面，相当广泛。据统计，至少有18212件中国古代青铜器上有铭文[11]。西方的青铜器则完全不同，很少有铸刻文字的现象，即便有文字，也相当简单。

第七，中国古代青铜器以容器为大宗，这在世界青铜文化中独树一帜。

尽管在新石器时代，中国也同西方一样，青铜器主要是武器、工具、装饰品等，尚无容器，但进入文明社会后，中国青铜器中容器的比重在逐渐增加。至少在商代晚期，墓葬中出土青铜器以容器为主。这种现象一直持续到战国晚期。西方的青铜器以武器、工具、装饰品为主，鲜见容器。即便西方有青铜容器，其功能不一样，性质更不同。中国的青铜容器大多为礼器，西方的青铜容器则是实用器。同样是兵器，中西青铜器的功能不一样，性质也不一样。譬如陕西宝鸡戴家湾和竹园沟墓地出土的兵器，形制奇特，装饰华丽，体量巨大，不是实用器，不适合作战，是放在宗庙里的礼器。

第八，中国青铜器是以器件的多寡与不同的组合形式来显示贵族地位、身份的。

商代墓葬出土青铜器以爵、觚为核心，墓主人地位越高，则出土爵、觚的数量越多，如妇好墓出土40套爵、觚。至晚在西周中期已形成"列鼎"制度，周天子享用九鼎八簋，诸侯七鼎六簋，卿大夫五鼎四簋，士三鼎二簋，都有一定的规矩。这种现象在西方则完全没有。

第九，中国青铜器在铸造工艺方面有自己的特殊传统。

西方铸造青铜器用失蜡法，中国则既有合范法，也有失蜡法。合范法的特点是一般一范只作一件，所以在中国古代青铜礼器中找不出两个完全相同的器物，绝大部分青铜礼器的面目都不重复，是独一无二的。

总而言之，中国古代青铜器已不仅实用，而且被赋予了特殊使命，具有明贵贱、别尊卑的藏礼作用，从而形成我国独特的礼器体系。此时的青铜器实质上是宗法礼制在青铜器上的"物化"。对于贵族个人及其家族来说，青铜器是体现其社会地位、等级身份的重要标志。对于国家来说，青铜礼器尤其像鼎之类的重器是社稷的象征。青铜重器的存亡预示国家的存亡，所以古书有"桀有昏德，鼎迁于商""商纣暴虐，鼎迁于周"的说法。西方的青铜器，固然也可以在某种意义上标识器主的身份，但绝无中国青铜器的藏礼作用。这就是中西青铜器最根本的差异。所以说古代中国的青铜器和西方的青铜器是两个不同系统、各自独立、并行发展的青铜器模式，它们之间不存在继承的关系。

二、造成中西青铜器差异的原因

造成中西青铜器差异的原因，《早期铜器卷》已经做了很好的分析，本文想强调以下两点。

第一点是西北地区所起的阻隔作用。

中国西北地区处在东西文化的交接地带，这里既是欧亚草原文化向东传播的东界，也是中原文化向外扩展的西界。这一点赋予中国西北地区早期青铜器重要的文化史意义。当我们在大谈丝绸之路对中西文化往来所提供的便利作用时，很可能或多或少以现在我们出行所具有的便利条件去想象过去，忽略了包括甘肃、青海、新疆在内的西北地区对中西文化交流所起的阻隔作用。

为了体验这种阻隔作用，2017年8月19～28日，我们驱车往返于西安和乌鲁木齐，虽然只是"走马观花"，但多少领略了中国西北地区地形、地貌、气候、交通的复杂状况。

从西安向西到宝鸡，这一段属于"八百里秦川"的西部地区。海拔不高，在650米左右，地势平坦，气候温和，与中原其他地区一样，这里很适于农作物生长和人类居住。

一进入甘肃，情景则完全不一样。到达天水的燕子关，海拔陡然从618米升至1600米，几乎提升了一千米。这里草木茂盛，但山高沟深，交通不方便，生业水平低。甘谷县以后，植被就少了，进入武山县，山上越来越显得光秃，定西更是如此。兰州附近，地势开阔，但水与植被的条件都很差。到达永登县之后，海拔升至2000米以上，这一带虽然因为经常浓雾弥漫，水多了一点，但高寒地区不利于农业生产，自然人口也稀少。

武威、张掖之后，生态环境更为恶劣。戈壁沙漠逐渐多了起来，满眼是荒山秃岭，植被极差，基本看不到庄稼，连牛羊也很少了。临近嘉峪关，看到的是戈壁和沙漠。过了玉门关，景象更为荒凉，山少草也少。在阳关眺望四方，终于读懂了那句著名的古诗："西出阳关无故人。"茫茫戈壁，只有一点荒草，人在这里难以生存。虽然有阳关景区、西湖乡那样的小片绿洲有人居住，但毕竟很少，而且绿洲与绿洲之间的距离很远，难以形成大的聚落。在甘肃与新疆交界一带沿途也看到一些水泡子，但盐分与矿物质超标，并不能饮用。即便有些水源可用，但由于土质差，仍然长不出庄稼来，无法形成绿洲。

到了星星峡才真正领会到什么是荒漠。星星峡是甘肃与新疆的分界，自此向西，一马平川的戈壁沙漠多为荒山秃岭取代。在河西走廊，因有祁连山的雪水滋润，在戈壁之间尚有少许绿洲出现，农业得以发展，进入新疆，则满眼是"鸟不拉屎"的山峦。与甘肃相比，这里更为空旷、荒芜、冷寂。真可谓"千山鸟飞绝，万径人踪灭"。从星星峡到哈密之前，在200多千米的行程中，看到的就是这样的景象。且不说生存，要通过这样的无人地带，也不是一件容易的事情。

这次西北之行虽然时间较短，到的地方也有限，但仍能明显感到西北地区与中原地区的巨大差别。大部分地区环境、气候条件差，导致生业不发达，或者不宜种庄稼，或者不宜放牧，进而导致人口稀少，无法形成一定数量的有规模的聚落，从而影响到社会发展的水平。现代尚且如此，何况在生产力水平极低的古代。

造成西北地区青铜器面貌与中原地区青铜器面貌差异越来越大的原因，是多方面的。既有气候环境影响的客观因素，也有生产、生活方式影响的社会因素。

在公元前两千纪前后，气候向干冷化方向发展。可能由于这次气候变化，使高纬度的地区不再适合农业生产，而开始向游牧业方式过渡。齐家文化、四坝文化等已进入半游牧社会，这与中原纯农业的生产方式具有较大差别（生业方式的统一使得中原地区早期铜器呈现出更多的相似性）。这种生业方式的差别使得西北地区更容易接受欧亚草原游牧文化中青铜器的影响，如斧、环首刀、有銎镞等便于携带和装柄使用的工具和武器。正是这方面的原因使得欧亚草原青铜文化短时间内影响了中国的西北地区，形成与中原地区不同的文化特色。

除了生业方式的原因之外，社会风俗和观念的不同也是造成铜器区域差别的重要原因。中原地区注重中央集权，遵循"国之大事，在祀与戎"的准则，铜资源被优先用于铜礼器和铜兵器的制作。这两类铜器都是等级、地位的象征，只有地位较高的贵族阶层才能接触和使用，只有在等级较高的遗存中才有，这就使得中原地区的铜器主要集中在少数遗址之中。譬如二里头文化遗址目前出土铜器172件，国内外收藏品约17件，共189件。冶炼遗物约105件。有容器、武器、工具、乐器和其他礼仪用具等，铜质为青铜，以铸造为主，开始较多地使用复合范铸技术。虽然工具所占比重较大，但其用途多与铜器的加工生产相关，很少用于农业及其他经济生产中。可见自二里头时期开始，中原地区的铜器就主要为礼乐制度和军事征伐所用，而不是为了促进农业生产。

中原地区个人装饰品玉石质地的居多，通常不用金属制作，因此铜装饰品在中原地区反而很少见到。相反，在西北地区文化遗址中，铜饰品数量极多，而且分布广泛，只要不是太穷，死后都可以将自己佩戴的饰品随葬，这就形成了非中原地区譬如西北地区铜器分布范围广泛，且等级差别不大的特点。

当然，我们也承认在中原铜器形成独立系统的过程中，无疑受到西北地区早期铜器的影响。譬如在岷县杏林采集到一把环首刀[12]，在二里头遗址中也发现有环首刀。相互间的影响不仅仅表现在铜器上，作为二里头文化的典型器物——封口平底陶盉，在齐家文化遗址中也发现了与之相似的器物。可见二里头文化和甘肃齐家文化有较密切的联系[13]。但是，必须清醒地认识到这种相互影响都是很次要的因素。

第二点是半月形文化传播带的阻隔作用。

中西青铜器文化交流的障碍，不仅有广袤的西北地区，还有如童恩正先生在《试论我国从东北至西南的边地半月形文化传播带》[14]一文中所说的从东北至西南的边地半月形文化传播带。

首先是地理上的阻隔作用。这条传播带的东北至西北有一系列山脉：从吉林、辽宁的大兴安岭起，经过内蒙古的阴山山脉、宁夏的贺兰山脉，西至青海的祁连山脉；从北至南也有一系列山脉：从四川西部延绵至云南西北部的横断山脉。如童文所言："这一南一北的两列山峰及其邻近的高地，在地理上如同一双有力的臂膀，屏障着祖国的腹心地区——黄河中下游和长江中下游肥沃的平原和盆地。"这条边地半月形文化传播带在生态环境如太阳辐射、气温、降水量、温润程度、植物生长期、动植物资源等方面具有相当的一致性。

更重要的是在文化上的阻隔作用。这一地带的形成自有其渊源，而且特色显著，从而构成古代华夏文明的边缘地带。童文在对大量的文献资料和考古资料梳理后，发现这一条边地半月形文化传播带尽管相距遥远，可是"从新石器时代后期到青铜时代，活动于这一区域之内的为数众多的民族却留下了若干共同的文化因素"，譬如在细石器、石棺葬、石棚、石头建筑遗迹等方面显示出惊人的相似性。边地半月形文化传播带的北线即长城一线，是农业民族与游牧民族的分界之处，在西北方向的天水一带，是华戎的分界，在西线即川西高原一带，在汉代是"汉区"与"外"的分界。居住在半月形文化传播带的民族，风俗习惯联系紧密，文化传播因此得以顺利进行。从新石器时代后期开始，中原地区的农耕民族与长城以外的游牧民族或半农半游牧民族在经济类型、生活习惯、宗教信仰各个方面，就已经出现了很大的差异。进入铜器时代以后，所谓华夷区分更为严格，"从行动上阻止了北方民族的南下和西部民族的东进，从思想上限制了他们文化的传播"。"西北地区的马家窑系统的文化虽然发展的水平很高，但其主流始终不能进入中原地区。""北方和西方的边地民族的文化传播，始终不能纵贯中华大地，而只能围绕其边缘进行。"

在文化遗物方面也是如此。且以铜器为例。在铸铜技术方面，在铜器时代的早期，中原地区与其他地区一样也曾用过石范，但后来主要使用陶范，而在边地半月形文化传播带之内，铸造技术循着另外一种传统发展，铸造简单的工具和兵器多用石范，铸造复杂的容器和装饰品用失蜡法。青铜动物形饰件或纹饰以及曲刃剑、长骹曲刃矛等器物在边地半月形文化传播带之内也表现出高度的相似性，而它们在其他地区则罕见。显然，在青铜器形制、纹饰和铸造工艺方面，边地半月形文化传播带与中原地区有很大的差别。

当中原的青铜文化向西、西北、北方发展，行进到半月形传播带上时，会轻而易举地向两侧即向传播带的两端运动，想突破传播带径直向前运动很难；另外，当欧亚草原的青铜文化向东、东南、南方发展，行进到半月形传播带上时，同样会轻而易举地向两侧即向传播带的两端运动，想突破传播带径直到中原地区很难。

中西铜器的交流，由于受到西北地区与边地半月形文化传播带的双重阻力，变得非常困难。中国古代青铜器的品质也因此而保持了纯粹性，所以要说受到西方青铜器的很多影响，显然是不妥当的。

总而言之，我国早期铜器在仰韶时代就已出现，经过龙山时代的缓慢发展，黄河流域已基本形成了统一的铜器区。在夏代之前，西北地区的早期铜器和中原地区的早期铜器都具有很强的原始性，或者可以说是有较强的统一性。由于未获得稳定的青铜冶炼技术，当时制作的铜器类型有限，都是小件的工具、装饰品，数量也不是很多。两个地区都还未形成独特的区域特征。进入夏代以后，西北地区的早期铜器面貌变化不大，而中原的早期铜器有了迅速的发展，无论是在铜器数量，还是在铜器器类以及冶铸工艺上。除了工具和装饰品仍占有一定数量外，不同的是出现了大量武器和容器，如斧、环首刀、戈、镞、矛、鼎、爵、斝等器类，较仰韶龙山时代器类丰富多了。尤其是二里头遗址出土的鼎、爵、斝等容器，不仅表明中原地区的铜器铸造技术和水平达到了一个新的发展阶段，也反映了中原铜器的铸造已经成为一个与西方完全不同的独立的系统，从此中西青铜文化分道扬镳。中原地区的铜器是自仰韶、龙山时代至夏代独立发展起来的，其发展过程有很强的连续性，走过了原始合金铜—红铜—青铜的整个过程，中原式铜刀一直延续至夏代，铜容器、铜戈等兵器也具有自己的独有特征。因此，中国的核心区域中原地区的铜器是独立起源的。

三、关于中西铜器相似性的一点认识

据报道，在美国古代中国研究会1995年的年刊《古代中国》（第20卷）上，刊登了哈佛大学费正清东亚研究中心胡博的论文《齐家和二里头：关于远距离文化的接触问题》。文中，她列举了两件伊朗沙赫达德出土的红铜制品：一件像爵而无足，一件外形像觚。两器照片的发表，引起中国学术界的关注[15]。

李学勤先生在《谈伊朗沙赫达德出土的红铜爵、觚形器》一文中称其为"爵形器""觚形器"，并认为这两件器与中国年代最早的青铜爵与觚很相似，尤其是铜爵，"形制非常复杂独特"，它与觚的相配形成的组合更有特定的文化指向，鉴于铜爵的重要性，李先生认为这是一个非常值得关注的现象[16]。朱凤瀚先生在《中国青铜器综论》一书中也指出："以上所谓爵形器与二里头文化的平底、窄长流爵确有相近处。实际上,此形器在中亚地区也有出土。""沙赫达德这两件器并出,与商早期偏晚开始流行的爵斝相配的形式是否有关,也同样值得注意。"[17]

《古代中国》的中文提要说:《齐家和二里头:关于远距离文化的接触问题》一文考察了甘青地区早期金属时代文化与中原地区二里头文化的关系,"作者认为中国早在青铜时代滥觞期即已受到异域文化的影响"。那么像沙赫达德出土的"爵形器""斝形器"之类的器物有没有可能通过西北地区影响到中原的二里头文化呢?

我们先来看看刊载沙赫达德出土的"爵形器""斝形器"的那本书籍。书名是《沙赫达德:伊朗青铜时代中心的考古发现》[18],墓葬和铜器的年代为公元前2500~前1900年。带流器(Spouted Vessels)3件(图一~图三),3件形制接近,颈部收缩,腹部鼓起,平底,口沿一侧有较长的流。不同在于口径大小、颈部收缩程度、腹部鼓起程度有别。高足杯两件(图四、图五),形制接近,都是大口,束腰,小圈足。

图一　No.0816带流器　　图二　No.3975带流器　　图三　No.3850带流器

图四　No.0799高足杯　　图五　No.1744高足杯

从形制与同出情况来看,伊朗沙赫达德出土的红铜爵、斝形器和夏商出土的青铜爵、斝形器有相似之处,这是没问题的。但是,两者之间究竟有没有关联,还需要研究。二者尽管相似,但其实还是有很大的差别的。

伊朗的所谓斝形器,只是一种大口杯而已。这种大口杯,在陶器里很多,在铜器中也不少,属于常见的器物。既然是常见的器物,哪里都有,就很难说是谁影响了谁。二里头的斝很可能是由杯演变来的,但是与杯还有一定的区别。斝的特点是两头大、中间细,而且底部有假圈足,无论是形制还是制作工艺,都要比杯来得复杂,所以与伊朗的所谓觚形器有很大差距。

伊朗的所谓"爵形器",能否叫"爵形器"也值得考虑。

第一,伊朗的爵形器与二里头的青铜爵最大的差别在器底。前者是平底,属于无足器,而二里头的青铜爵腹底是三足(或四足),属于有足器。在考古学上,有足与无足是两个概念,有相当大的差别,不可混淆。无论在陶器的发展史上,还是在青铜器的发展史上,都是先有平底器,过了很长时间才有有足器。有足器与平底器的功能相去甚远,前者可以煮食物或给食物加温,后者只能盛装食物或水。有足器的铸造技术要比平底器复杂,尤其是二里头的青铜爵,代表了当时金属工艺的最高水平,不是伊朗的爵形器可以比的。

第二,伊朗的爵形器的流很长,与二里头的青铜爵的长流相似,设置这样长的流,目的显然是便于灌注。但是,二里头的青铜爵除了长流,还在流口设置单柱或双柱。尽管它们的功能至今我们没有破解,但一定有一种别样的用途,这显然与伊朗的爵形器不同。

谈到伊朗的红铜爵、觚形器两件器并出,是否与中国商代早期开始流行的青铜觚与爵配置的形式有关,我们认为很难找出它们之间的关联来。很明显,伊朗的所谓红铜爵是一件灌注器,觚形器是一种收容器,无论是用于祭祀还是实用,有一件灌注器,就必定要有承受器,反之,有承受器,就有一件灌注器,这种组合形式似乎与商代早期的爵、觚组合相似,但实际上有本质不同。我们认为伊朗的这种金属器组合更多是一种实用[19],而商代早期的爵、觚组合是一种礼器组合。这就是为什么中亚细亚的青铜器出现比中国早,但始终没有跳出实用的圈子,只有中国的青铜器才成就了世界上唯一的礼器系统。这就是中西文化的差异。

我们喜欢说,中亚细亚的文化通过西北地区与中原的二里头文化相互交流,但是反过来,作为东西方文化的中间地带,西北地区也无疑在一定程度上阻隔了两种不同性质的文化的交流。我们始终没有在西北地区发现像二里头出土的那样的青铜容器,所以伊朗的铜容器要影响中原地区的铜容器,恐怕是很困难的。

诚然,包括伊朗在内的西亚铜器的产生年代早于中国早期铜器,我们并不否认甘肃东部地区甚至中原地区可能在冶炼与铸造技术方面受到西亚的影响,但是二里头铜礼容器作为夏王朝礼制的物化品,其中浸润的思想和文化,则完全是中国本土的产物,与"西来说"无关。

附注:本文系国家社科基金项目"夏商周青铜礼器的兴衰及其原因"(立项号:15BKG007)的阶段性研究成果。

注　释

[1]　唐兰:《中国青铜器的起源与发展》,《故宫博物院院刊》1979年第1期,第4页。

[2] 安志敏：《试论中国的早期铜器》，《考古》1993年第12期，第1117页。

[3] 郑德坤著，白云翔译：《中国青铜器的起源》，《文博》1987年第2期；王志俊：《中国早期铜器的起源与发展》，《文博》1996年第6期。

[4] Tylecote R F. A history of melallury (2nd ed). Lodon: Maney Publishing, 1992.

[5] 刘远晴、王振：《中国古代青铜器整理与研究·早期铜器卷》，待出版。本文凡涉及该书的引文和图片，不再一一注明出处。

[6] 国务院第一次全国可移动文物普查领导小组办公室、国家文物局：《第一次全国可移动文物普查数据公报》http://www.sach.gov.cn/art/2017/4/7/art_722_139374.html [2017-04-07]。

[7] 吴镇烽：《陕西出土商周青铜器概述》，《陕西出土商周青铜器》（一），文物出版社，1979年。

[8] 陕西周原考古队：《陕西扶风庄白一号西周青铜器窖藏发掘简报》，《文物》1978年第3期，第1页。

[9] 2002年国家文物局印发《首批禁止出国（境）展览文物目录》，规定64件（组）珍贵文物为首批禁止出国（境）展览。随后于2012年公布37件书画类珍贵文物，2013年公布94件珍贵文物不得出境展览。

[10] 裴书研：《周原出土青铜礼容器研究》，西北大学博士学位论文，2015年，第57、217、221页。

[11] 吴镇烽：《商周青铜器铭文暨图像集成·前言》，上海古籍出版社，2012年；吴镇烽：《商周青铜器铭文暨图像集成续编·前言》，上海古籍出版社，2016年。

[12] 甘肃岷县文化馆：《甘肃岷县杏林齐家文化遗址调查》，《考古》1985年第11期，第978页，图2：10。

[13] 李水城：《西北与中原早期冶铜业的区域特征及交互作用》，《考古学报》2005年第3期，第266页。

[14] 童恩正：《试论我国从东北至西南的边地半月形文化传播带》，《文物与考古论集》，文物出版社，1986年，第17页。迄今为止，还没有哪一篇文章像童文这样将中国古代的社会文化与生态环境之间的辩证关系说得如此形象、精确和深刻。

[15] 转引自朱凤瀚：《中国青铜器综论》，上海古籍出版社，2009年，第851页。

[16] 李学勤：《谈伊朗沙赫达德出土的红铜爵、斝形器》，《欧亚学刊》第1辑，中华书局，1999年；李学勤：《重写学术史》，河北教育出版社，2002年，第229~233页。

[17] 朱凤瀚：《中国青铜器综论》，上海古籍出版社，2009年，第852页。

[18] Ali Hakemi. Shahdad: Archaeological Excavations of a Bronze Age Center in Iran. Rome and New Delhi: IsMEO-ROME, 1997: 630.

[19] 关于伊朗沙赫达德红铜爵、斝形器的功能，《沙赫达德：伊朗青铜时代中心的考古发现》一书并没有说明，我曾就这个问题请教许宏、张昌平等先生。许先生说他在某个外国的展陈上看到这种爵形器的说明书上写着：喂马用的器具。可惜无法提供具体资料。

关于商周用鼎制度的几点思考
——从特殊鼎类谈起

我们将商周时期的分裆鼎、扁足鼎、方鼎归为特殊鼎类，是因为它们与常见的圆鼎有所不同。对此，黄薇博士的《中国古代青铜器整理与研究·特殊鼎类卷》（以下简称《特殊鼎类卷》）[1]一书做了比较详细的介绍和讨论。了解分裆鼎、扁足鼎、方鼎在祭祀中的作用，有助于我们进一步认识青铜鼎在商周礼制中的价值，这就是本文的写作意义。而要给分裆鼎、扁足鼎、方鼎一个定位，又必须梳理商周时期的用鼎制度。下面想谈一点不成熟的意见，请大家批评指正。

一、关于镬鼎、正鼎、陪鼎的界定问题

根据礼书的记载，周代的鼎按照用途可分为四类：镬鼎、正鼎（升鼎）、陪鼎（羞鼎）、铏鼎，但是无论在礼书中，还是在考古发掘中，究竟哪些是镬鼎，哪些是正鼎，抑或陪鼎、铏鼎，自汉代以来一直众说纷纭。近30年来的研究，取得了突破性进展[2]。综合各家的研究成果，我们认为界定的方法，恐怕还是要从文献出发，然后分析有自名的镬鼎、正鼎、陪鼎的相关资料，再考察它们在墓葬中与其他青铜鼎的相互关系，来推定它们各自的性质与作用。

1. 镬鼎

先谈镬鼎。《周礼·天官·亨人》："掌共鼎、镬，以给水火之齐。"郑玄注："镬所以煮肉及鱼、腊之器。既熟，乃脀于鼎，齐多少之量。"这说明镬鼎是烹煮牲肉和鱼、腊的炊具器。

有自名镬鼎的金文，但很少。例如，哀成叔鼎铭："作铸飤器黄镬。"[3]（《商周》02435）通高34、口径28.5厘米，有盖，外底有明显烟痕[4]。或以为此鼎形制不大，与一般的升鼎没有差别，如何称为镬鼎？关于这个问题，要具体情况具体分析。值得注意的是出土哀成叔鼎的墓葬也不大，墓室面积为3.4×1.9=6.46平方米（上口）和3.2×1.8=5.76平方米（下口），6平方米左右。出土鼎、豆、铺各一件，都有"哀成叔"的字样，说明墓主人就是哀成叔。墓葬年代为春秋晚期。对于一个墓室面积为6平方米的墓葬来说，随葬通高34厘米的鼎可谓大鼎了。

俞伟超、高明先生在《周代用鼎制度研究》一文中，将盂释为镬，指出金文中自名为盂鼎的器就是镬鼎，这是对的。但批评陈梦家以"大"释"盂"，"是形制较大的一种特鼎"的说法完全错误，则有失公允。自名"盂鼎"的鼎一般来说都比较大。请看以下例子。

1973年西安市长安区马王镇出土的卫鼎，通高22、口径31.5厘米[5]。铭曰："卫作文考小仲姜氏盂鼎。"（《商周》02206）此鼎虽然不高，但口径颇大，依口径的尺寸，也属于较大的鼎了。

1995年河南登封告成镇袁窑村东周墓地M3出土青铜鼎5件，通高分别为29、27、26.5、23.5、22.8厘米。其中最大的鼎即通高29厘米的子耳鼎，有铭曰："郑伯公子子耳作盂鼎。"（《商周》02253）可证盂鼎是大鼎[6]。

2008年河南南阳八一路春秋楚墓出土青铜鼎5件，分为盂鼎和繁鼎两种。两件盂鼎器形较大，形制、纹饰、大小基本相同。一件通高42.8厘米，铭曰："申公之孙彭子射儿择其吉金，自作飤盂。"（《商周》02264）外底有烟炱痕迹。鼎实为牛骨。3件繁鼎较小，一件通高38.9厘米[7]。

1956年安徽寿县蔡侯墓出土的盂鼎尤其是好例证（《商周》01579）。该墓共出18件鼎，其中唯有铭文为"蔡侯申之飤鼒"的一件鼎最大，通高69厘米。外底有烟炱痕迹[8]。

传世品大鼎铭曰："用作朕烈考己伯盂鼎。"（《商周》02465）此鼎通高39.7、口径38.7厘米，从尺寸来看，也是较大的鼎。

镬鼎的特点，据以上实物资料，并综合各家说法，大致有这么几个特点。

第一，形体都比较大，往往是墓葬中最大的一件或多件鼎，一般来说要大于同出的正鼎，因为它毕竟是烹煮器，而不是饪食器，要容纳牛、羊、豕这些形体庞大的牲体。镬鼎的形态也有别于墓中的其他鼎。持这种观点的学者比较多，《周代用鼎制度研究（上）》一文可视为代表[9]。

关于这一点，林沄先生在《周代用鼎制度商榷》中表示怀疑[10]。他以1978年河南淅川下寺一号楚墓出土青铜鼎为例，指出两件自名为镬的有盖鼎高46.5厘米，但并非墓中最大的鼎，最大的一件无盖鼎高60厘米，远超所谓镬鼎[11]。就下寺一号墓来说，《周代用鼎制度商榷》的质疑是有道理的。不过问题是，大部分镬鼎确实是墓中最大的那件鼎或那几件，而且这一点还是衡量何者为镬鼎的几个条件中比较靠得住的一条，如果轻易将其否定和扬弃，反而会给辨识镬鼎造成更大的困难，权衡利弊，我们认为《周代用鼎制度研究》的观点基本可以成立。当然可行的办法是要结合其他标准（下详），综合研究后再做出判断。

第二，鼎的底部有烟炱痕迹，说明它是烹煮器，而烹煮正是镬鼎的重要标志。

关于这一点，《周代用鼎制度商榷》同样表示怀疑，举出不少反证来，如湖北荆门包山M2中，不仅最大的无盖鼎底部有炊煮痕迹，14件有盖鼎中7件底部有炊煮痕迹[12]。我们认为镬鼎底部有烟炱痕迹，并不意味着有烟炱痕迹的鼎就一定是镬鼎。不少盛食器也需要加热，自然会留下烟炱的痕迹，比如青铜簋，已经有文章指出某些长足簋如西周中期的吕姜簋的外底部就有烟炱痕迹[13]。考古资料显示，绝大部分镬鼎底部有烟炱痕迹。

第三，关于使用多少镬鼎，古人的解释也不同。贾公彦认为使用镬鼎的数量与升鼎同。《周礼·天官·亨人》疏曰："大夫（少牢）五鼎，羊、豕、肠胃、鱼、腊各异镬，镬别有一鼎，镬中肉孰，各升一鼎。"但孙诒让的说法不同：少牢"肠胃与牛、羊同镬，肤与豕同镬"。镬鼎的使用制度是升鼎九鼎用七镬，升鼎七鼎用五镬，升鼎五鼎用四镬，升鼎三鼎用三镬，一鼎用一镬。

《周代用鼎制度研究（上）》认为最多的成组镬鼎，只有传世的大鼎3件，墓中出土的只有一两件。由此得出结论：随葬制度中出现的镬鼎，要远远少于礼书的说法[14]。《周代用鼎制度商榷》认为按礼书记载，镬鼎与升鼎是配合使用的，因而也应像升鼎一样是成组的，有这种可能[15]。但实际在考古资料中，镬鼎因为巨大，不具备等级身份的指示意义，所以随葬的镬鼎少于实际使用的数量。

第四，镬鼎的另一用途是用来烹煮大羹。《周礼·天官·亨人》："（亨人）祭祀，共大羹、铏羹。"郑司农云："大羹，不致五味也。铏羹，加盐菜也。"贾疏云："大羹，肉湆，盛于登，谓大古之羹，不谓以盐菜及五味，谓镬中煮肉汁，一名湆，故郑云大羹肉湆。"说明镬鼎也用来煮大羹。既然是煮肉汁，鼎也不一定要多大，所以有些墓中出土的镬鼎小于正鼎，也是可以理解的。

2. 正鼎

正鼎即升鼎，是盛食之器。

《仪礼·士冠礼》郑玄注："煮于镬曰烹，在鼎曰升，在俎曰载。"胡培翚《仪礼正义》："由镬而实于鼎谓之升。"将镬鼎中煮熟的牲肉放到另一个或一组鼎里，这个或这一组鼎就叫升鼎。

升鼎在金文中常写作"鼎"。先将有自名升鼎的青铜鼎罗列如下。

1990年3月河南淅川和尚岭M1出土克黄鼎两件，铭曰："克黄之鼎。"（《商周》01328、01329），大小基本相同，一件通高36.7、口径38厘米，另一件通高36、口径38厘米。形制、纹饰、铭文相同。无盖，束腰，平底。春秋中期器[16]。东周楚墓有随葬成对鼎的礼俗[17]。

1990年3月河南淅川和尚岭M9出土鄬子受鼎两件，铭曰："鄬子受之鼎（淄、盗）盨（升）。"（《商周》01662、01663）大小基本相同，一件通高31.6、口径29.5厘米，另一件通高32.8、口径31.6厘米。形制、纹饰、铭文相同。无盖，束腰，平底。春秋中期器[18]。

1979年河南淅川下寺M2出土王子午鼎7件，形制、纹饰、铭文相同，大小相次。盖铭："倗之鼎（淄、盗）鼎。"（《商周》02468~02474）最大一件通高68、口径

66厘米，最小一件通高61.3、口径58厘米。有盖，平底，束腰[19]。春秋晚期器。由于此墓出土青铜鼎残破严重，资料的发布有限，难以对升鼎与其他鼎做对比研究。

1975年冬湖北随县刘家崖出土连迁鼎3件，铭曰："连迁之行升。"（《商周》01467~01469）尺寸依次为：到口沿高16、口径21.5厘米，到口沿高14.5、口径20.2厘米，到口沿高13.7、口径18.5厘米。这三件鼎形制、纹饰相同，大小成列，应是一套鼎[20]。这三件升鼎要小于墓主人的另一件鼎，后者残高18.5、口径21.6厘米，无盖，春秋中期器。

1980年湖北随县均川刘家崖M1出土盅鼎，铭曰："盅之登（升）鼎，其永用之。"（《商周》01842）通高21.3~22.2、口径24.5厘米，无盖，春秋中期器。由于此墓被盗严重，组合情况已不清楚，难以全面梳理盅鼎作为升鼎的特征，不过这种平底鼎多半是用为升鼎的，况且外底也没有烟炱的痕迹[21]。

2013年湖北随州市文峰塔曾国墓地M29出土春秋晚期奇鼎，铭曰："奇之升鼎。"（《商周续编》0079）简报未对此墓出土的多件青铜鼎做详细报道，所以很难判别此鼎与其他鼎的区别，只知道它是一件平底鼎[22]。春秋晚期器。

湖北随州义地岗曾国墓地出土曾侯宝鼎，铭曰："曾侯宝择其吉金，自作升鼎，永用之。"（《商周续编》0185~0187）尺寸分别为：通高31.2、口径38.8厘米，通高30.8、口径37.4厘米，通高30、口径36.5厘米。无盖。春秋早期器。

1955年安徽寿县出土蔡侯申鼎7件，铭曰："蔡侯申之飤鼒。"（《商周》01578~01579）最大一件通高约52厘米，最小一件通高约42厘米。无盖，平底，束腰。鼎内各有一匕[23]。春秋晚期器。

王子桓匕鼎铭曰："王子桓匕，其吉金，自作登（升）鼎。"（《商周续编》0208）有盖。春秋晚期器。

王孙燮鼎铭曰："王孙燮之登（升）鼎。"（《商周》01672）口径20厘米。有盖。战国早期器。

依据以上实物资料，再综合各家说法，升鼎大致有以下几个特点。

第一，往往不是墓葬中形体最大的一件或多件，体量通常小于镬鼎。

第二，升鼎具有一定的数量，多数情况下依大小排列，形成列鼎形式。正如《周代用鼎制度研究（上）》所言，以往将升鼎说成是列鼎，但列鼎的说法，只是表现出升鼎的外观形象，并没有道出升鼎的内在性质[24]。一些高等级贵族墓中往往有两套升鼎，且数量多相差一个等级，赵卿墓至少有七鼎与五鼎两套升鼎。

第三，楚文化区域出土的升鼎基本是平底鼎[25]。

第四，鼎的底部通常没有烟炱痕迹，说明它是盛食器而不是烹煮器。有些升鼎外底有烟炱痕迹，可能与临时需要加热有关。

第五，鼎实主要有牲体（牛、羊、豕）、鱼、腊、肠、胃、肤、肺等。

第六，设匕。下寺M2出土匕9件，除了两件小而薄的匕置于两件青铜鬲中，其余7件分置于王子午鼎的盖上或鼎侧，其他青铜鼎都没有匕[26]。下寺M1出土匕3件，除一件出土时置于鬲内，其余2件分置于M1：55升鼎旁和M1：41升鼎下，其他青铜鼎则没有匕[27]。有匕是为升牲所用，正是升鼎的主要功能之一。

且以河北中山国王䁒墓出土的9件升鼎（XK：1~9）为例，来看看考古发掘的实物是否符合我们总结的几个特点。第一，依大小排列，形成列鼎形式。通高分别为：51.5、36.2、36、35、27.1、22.6、21.6、18.9、17.4厘米，口径分别为42、32.8、32.8、27.2、27、21.5、20、17.7、15.8厘米，重量分别为60、22.75、29、17.6、9.2、7.6、5.8、5.2、3.8千克。第二，除了XK：1鼎，其他8件鼎的外底都没有烟炱痕迹，是饪食器。第三，鼎实主要有猪骨（XK：2）、肉羹（XK：3）、羊骨（XK：4）、狗骨（XK：5）、肉泥状（可能是肠、胃、肤、肺之类的食物，XK：6~XK：9），基本符合礼书关于升鼎鼎实的记载[28]。

报告作者认为XK：1鼎也就是赫赫有名的中山王鼎与众不同，外底有烟炱痕迹，内盛肉汤，很符合镬鼎的标准；但同时又有长篇铭文（469字），不大可能用为镬鼎[29]。在这9件升鼎中，XK：1鼎确实很特别，不仅大小、重量与其他8鼎迥异，也是墓葬中最大的一件鼎，很难不将它作为一件镬鼎来看待，其实有铭文并不妨碍它的功能，只是在墓葬中临时充任升鼎。如果这个判断有点根据的话，有可能解释其他墓葬的一套升鼎中也有个别鼎外底有烟炱痕迹这一现象。

湖北随州曾侯乙墓出土成套青铜鼎[30]。C96鼎，通高64.6、口径64.2厘米，重54.8千克。外底有烟炱痕迹，鼎内有半边牛体。C97鼎内有半边牛体，通高57、口径57.4厘米，重41千克。外底有烟炱痕迹。这两件应是镬鼎。另有束腰平底鼎9件（C87~C95），形制相同，大小略有差别，7鼎有牛、羊、猪、鱼、鸡等。外底没有烟炱痕迹，应该是升鼎。

3. 陪鼎

陪鼎也叫羞鼎，《周礼·天官·庖人》："与其荐羞之物。"郑玄注："备品物曰荐，致滋味乃为羞。"《仪礼·聘礼》郑注："羞鼎即陪鼎也，以其实言之，则曰羞，以其陈言之，则曰陪。"羞鼎与升鼎的区别，在于前者有滋味，后者无滋味，前者为肉羹，后者为带骨的白肉。

金文中有自名羞鼎者，资料不多，有两例：

伯氏鼎5件，铭曰："伯氏作曹氏羞鼎，其永宝用。"（《商周》01938~01942）一件通高14.9、口径16厘米，一件通高14.5、口径16厘米。春秋早期器。

武生毁鼎两件："武生毁作其羞鼎，子子孙孙永宝用之。"（《商周》02091、02092）两件大小、形制、花纹、铭文相同，通高19.8厘米。春秋早期器。

依据以上实物资料的特点，再综合各家说法，大致有以下几点。

第一，体量较小，一般来说比同出的升鼎要小。

第二，羞鼎的数目较少。羞鼎之数视正鼎之数而定。《周代用鼎制度研究》认为羞鼎在西周肯定已经出现。根据《仪礼》，羞鼎的使用制度：正鼎是大牢九鼎或七鼎，可陪羞鼎三，《聘礼》宾致馆设食："饪一牢在西：鼎九，羞鼎三。""上介饪一牢在西：鼎七，羞鼎三。"正鼎是少牢五鼎，可陪羞鼎二（羊与豕）。正鼎为牲三鼎或特一鼎，可陪豕一鼎。

第三，鼎实是"膷、臐、膮"，是指没有菜的肉羹，也意味着鼎内不会有动物骨骸。

第四，设匕。

且以河北中山国墓出土的5件羞鼎（DK：1~DK：5）为例，来看看考古发掘的实物是否符合我们总结的几个特点。第一，体量比同墓出土的升鼎要小得多，通高16.7~17、口径15.5~16.2厘米，重3.15~4千克。第二，数目比正鼎要少。此墓出土正鼎9件，而羞鼎是5件。第三，"器壁上黏附有很薄一层油滴状的汤汁迹"[31]，说明没有骨骸，是肉羹的残存物。王世民先生认为如果没有鼎实的可靠依据，是不易具体区分盛放庶羞的陪鼎和升牲的正鼎的。很有道理[32]。

4. 铏鼎

最后附带说说铏鼎。如前所述，金文中多次出现过镬鼎、鼎鼎、盂鼎、羞鼎的名称，但从未见过铏鼎的名称。虽然文献说铏鼎所盛是有菜调和的肉羹，数量有六、四、二之数，而且设匕，但语焉不详，加上墓葬中即便有铏鼎，也因为有菜的肉羹很难在鼎中留下可供检测的残留物，无法在众多鼎中将铏鼎区分出来，关于铏鼎的特征也就众说纷纭了。

史书中还有加礼和杀礼以葬的记载，所以墓葬出土的鼎制未必都与生前的鼎制一样，这是需要特别注意的，同时也可以解释一些不合常制的现象。

二、关于分裆鼎、扁足鼎、方鼎的性质问题

关于周代用鼎制度的文献记载，主要见于"三礼"。因为"三礼"成书较晚，所记多为东周的用鼎制度，而要了解西周的用鼎制度，主要依靠出土的考古资料。不过"三礼"虽然成书较晚，但所记礼仪制度导源于西周礼制，依然是我们研究西周礼制的重要依据。

上一节所举事例都发生在东周时期，那么是否可以用东周的用鼎制度来推演西周甚至商代的用鼎理念呢？《特殊鼎类卷》所谈分裆鼎、扁足鼎、方鼎主要流行于商代晚期到西周早期，距离东周尚远，但如果能由此及彼地了解它们的性质，自然很重要。《周代用鼎制度研究》在这方面已经做了可贵的探索。

甘肃灵台白草坡M1出土圆鼎5件（其中分裆鼎2件）、方鼎2件[33]。《周代用鼎制度研究》认为这是少牢五鼎陪羞鼎二之制，此处圆鼎（包括2件分裆鼎）是升鼎，方鼎为羞鼎。与M1相邻的白草坡M2只出土方鼎2件，并无圆鼎，《周代用鼎制度研究

（中）》认为此墓只有羞鼎而无正鼎[34]。在分析陕西扶风庄白伯㦰墓时，《周代用鼎制度研究》将所出形式各异的两件方鼎与一件圆鼎合起来算牲三鼎，在这里，方鼎又成了正鼎，似乎与上说矛盾，于是遭到《周代用鼎制度商榷》一文的质疑[35]。

关于西周早期的用鼎制度，比较复杂。有一个原因值得注意，就是周初的"分器"现象。《尚书·序》云："武王既胜殷，邦诸侯，班宗彝，作〈分器〉。"《史记·殷本纪》也提到："武王既胜殷，封诸侯，班宗彝，作〈分殷之器物〉。"这些文字说明武王克商后，将掳获商人的大量青铜器分赏给有功将士。可以在西周早期墓葬中看到分器现象的结果，即在这些墓葬中发现大量的晚商铜器。这些铜器的风格属于殷墟晚期，上面往往有族徽与日名。如随州叶家山曾国墓地和宝鸡石鼓山墓地出土的铜器，有晚商风格，且不少铜器上缀有族徽与日名，显然其中至少有部分青铜器是通过"分殷之器物"的途径获得的，这就是"分器"现象的典型例子[36]。白草坡M1出土的方鼎中，有一件鼎铭曰："丩作尊。"这个丩字很形象，是个族徽，这件方鼎可能属于一件"分器"。《周代用鼎制度研究》分析西周早期墓葬出土的青铜鼎来源不同、面貌有异，是"杂取各鼎"的结果。分器现象给研究西周早期用鼎制度带来了额外的困难。

那么方鼎在西周早期是正鼎还是羞鼎呢？关于方鼎的性质，杨宝成、刘森淼先生认为是陪鼎[37]，但并没有做出详细的解释。其实方鼎是镬鼎、正鼎还是陪鼎，因时、因地而不同，不能一概而论。譬如为人熟知的后母戊大方鼎，通高133厘米，重875千克，是迄今所知体量最大最重的方鼎，当然也是殷墟M260中最大的鼎了，尽管缺乏其他资料，后母戊大方鼎也应该是一件镬鼎。殷墟王陵区出土的牛方鼎通高74厘米、鹿方鼎通高62厘米，体量也相当大，非常可能是镬鼎。

关于西周早期分裆鼎、扁足鼎、方鼎功能与性质的不同看法，我们认为产生分歧的一个很重要的原因是相关的考古报告没能提供足够的信息，譬如鼎的内部有没有动物骨骼，外底部有无烟炱痕迹。如果没有这些信息，单凭鼎的形态是很难推定其属于镬鼎、升鼎还是羞鼎的。

且以鹿邑长子口墓出土青铜器为例来说明。这是一座罕见的没有被盗的西周早期墓葬，而且等级很高，极具研究价值。出土一件大圆鼎（M1:9），通高50.8厘米，重15.9千克，是此墓中体量最大的青铜鼎，且鼎内有两大块牛股骨，腹部与足上有烟炱痕迹，应是一件镬鼎。值得注意的是，此墓出土三组铭文基本相同的分裆鼎、扁足鼎、方鼎[38]。分裆鼎、扁足鼎、方鼎往往分别出现在墓葬里，像鹿邑长子口墓同时出土这三类鼎，很少见。长子口带盖扁足鼎5件，形制、大小、纹饰、铭文一致，通耳高17.5~18、口径14.2~14.5、壁厚0.2厘米，重1100~1170克；鼎内有鸡骨。长子口带盖分裆鼎5件，形制、大小、纹饰、铭文一致，通耳高18.8~19.2、口径14~14.7、壁厚0.25厘米，重1450~1600克；鼎内有动物骨头。长子口带盖方鼎5件，形制、大小、纹饰、铭文一致，通耳高19.4~19.8、口径14×（10.5~14.4）、壁厚0.3厘米，重1700~1800克，鼎内有鸡禽骨块。虽然以上三组鼎内的残存物信息不够清楚，它们各自的功能无法具体说明，但它们有一些共同点。第一，这三套鼎的尺寸明显小于同墓出土的镬鼎。第二，只有一件长子口带盖分裆鼎"器底外壁有烟炱痕"（M1∶6）、一件长子口带盖方鼎"器底外部有烟炱痕"（M1∶186），其他4件分裆鼎、4件方鼎及5件带盖扁足鼎外底均无烟炱痕迹。这两点可以排除它们不是镬鼎。第三，这三套鼎中至少有5件鼎（一件长子口扁足圆鼎M1∶5、两件长子口分裆圆鼎M1∶78和M1∶185、两件长子口方鼎M1∶4和M1∶186）都有动物骨骼，所以排除它们不是羞鼎（没有动物骨骼的几件鼎内装的可能是肤、肠之类的东西）。于是只剩下一种可能：长子口带盖分裆鼎、长子口带盖方鼎和长子口带盖扁足鼎是三套正鼎。我们说这三套鼎可能是正鼎，还有两个理由：一是它们已经形成列鼎形式，尽管不是以大小来相次的；二是摆放的位置很重要。长子口墓的青铜器主要摆放在东、西、北三个椁室，其中以北椁室最显要，而这三套鼎正是摆放在北椁室的中间及偏东位置，显示出墓主人的重视程度。

推定这三套鼎为正鼎，有多方面的意义。首先，可以证明西周早期的用鼎制度和东周时期的用鼎制度是一脉相承的，有镬鼎也有正鼎，大贵族用多套正鼎的形式来显示自己的地位，符合作为一位方国首领的鹿邑长子口墓主人的身份。其次，为识别西周早期分裆鼎、扁足鼎、方鼎的功能提供一些经验。如前所言，长子口墓出土的鼎的种类和数量齐全且多，便于我们通过对它们之间相互关系的了解，来推定它们各自的功能与用途，说明不仅方鼎可以用为正鼎，分裆鼎和扁足鼎也可以用为正鼎。最后，作为西周早期的完整墓葬，其所反映的用鼎制度处于殷商和西周中期（西周用鼎制度确立的时期）之间，可以看到长子口墓所反映的用鼎制度要比商代晚期的妇好墓整齐，但不如西周中期以后那样划一。当然，长子口墓的主人是殷遗民，所以在用鼎制度方面，更接近殷商风格。

在西周早期，用鼎制度比较明显的墓葬可能要数宝鸡竹园沟M1了。此墓出土青铜鼎5件（BZM1∶249、BZM1∶1、BZM1∶2、BZM1∶250、BZM1∶3），形制、纹饰一样，大小相次，通高分别为26.5、25.6、25.2、24.5、20.7厘米[39]。这可能是一组列鼎，或者叫正鼎。

在西周中期的墓葬中，我们可以看到过渡期的用鼎制度。如《周代用鼎制度研究》所言，宝鸡茹家庄M1甲室用少牢五鼎，5件儿鼎形制、纹饰（素面）一样，大小相次，通高分别为17.7、15.3、15、13.5、11.5厘米。但《周代用鼎制度研究（中）》说乙室也用少牢五鼎（圆鼎），则很牵强[40]。这5件鼎各不一样，一件是带盘的扁足鼎，做工精致；一件是強伯带盖圆鼎，几乎布满花纹；两件圆鼎，素面，但形制也有差别；一件是环耳圆鼎，风格迥异。这5件鼎如何也配置不在一起。可见作为非姬姓的強国族的首领，并没有使用周礼，相反作为強伯妻妾的儿倒是比较了解周人的用鼎制度。儿鼎一套5件可以称得上考古发掘的比较标准的西周中期列鼎形式。

综上所述，在西周中期之前，周人的用鼎制度还没有确立。在东方，只有像长子口那样地位很高的贵族才开始使用正鼎（殷式列鼎），在西方，竹园沟M1的主人显然已经开始享用五鼎的礼遇了。这不奇怪，陕西地区尤其是宝鸡地区是西周用鼎制度的溯源地[41]。至于像前述白草坡M1出土的7鼎，既有方鼎，也有分裆鼎和一般的圆鼎，既不成组，也不成列，很难说清它们是镬鼎、正鼎还是羞鼎。一般来说，方鼎的体量通常比较大，因此有一部分方鼎可能是烹煮牲体的镬鼎，一部分方鼎是盛食用的正鼎。分裆鼎、扁足鼎的体量都不大，所以作为镬鼎使用的可能性很小。

研究商代晚期到西周早期的分裆鼎、扁足鼎、方鼎，在用鼎制度方面具有重要意义。在分裆鼎、扁足鼎、方鼎流行时期，青铜鼎的种类繁多，式样翻新，既给我们提供了很多的艺术精品，也反映出商代晚期与西周早期用鼎制度的粗疏。当这些特殊鼎类在西周中期以后消失，便宣告了一个严格的用鼎制度时代即将来临，而随之消失的还有鼎的多样性。

三、关于青铜鼎考古资料的引用问题

《周代用鼎制度研究（中）》认为"三礼"所记用鼎制度的完整形态，西周就有了，只是从西周后期开始，随着井田制与宗法制度的动摇、诸侯与天子之卿的"僭越"而一步一步地被破坏了，其依据之一就是考古资料中用鼎现象的变化[42]。

《周代用鼎制度研究》在引用考古资料时，有两点失察之处。

第一，将墓葬出土青铜鼎和窖藏出土青铜鼎混为一谈，遂使原本复杂的问题更加纠葛。青铜器窖藏的性质，尽管学者有不同的说法，但无一例外地承认窖藏出土的青铜器缺乏组合关系，与墓葬出土青铜器不同，因此很难反映器用制度，所以不能用来探讨商周的礼制[43]。

1976年陕西扶风庄白村窖藏出土微伯痶方座簋8件，但未出青铜鼎，《周代用鼎制度研究（上）》认为八簋是用来配九鼎的，所以断定微伯痶是用大牢九鼎，按照痶的职官，顶多用七鼎，如今用了九鼎，肯定是僭越行为，并认为这是西周传统鼎制发生破坏最早的一例，在西周中期偏晚[44]。这是事实吗？在庄白窖藏中，微伯痶器不是年代最晚的一批青铜器，最晚的是伯先父鬲，换言之，这个窖藏形成时，微伯痶早已去世。根据墙盘铭文，可知痶的父亲墙大约生活在共王前后，痶则生活在懿孝时，最晚在西周中晚期之交。既然微伯痶不是微氏家族的最后一代，就不存在因家族败落或衰亡而死无葬身之地的可能，痶应该有自己的墓葬，墓葬中出土的青铜礼器才是代表微伯痶身份地位的器物。可以证明这一点的是传世的痶鼎。此鼎早在宋代就已经问世，著录于薛尚功的《历代钟鼎彝器款识法帖》。当时学者不认识痶字，误读为瘌。痶鼎铭曰："唯三年四月庚午，王在丰，王呼虢叔召痶，赐驹两，拜稽，用作皇祖文考盂鼎，痶万年永宝用。"（《商周》02369）待1976年陕西扶风庄白窖藏青铜器出土，方知传世的三年痶鼎与窖藏中的三年痶壶为同一主人同年所作。三年痶壶铭曰："唯三年九月丁巳，王在郑飨醴，呼虢叔召痰，赐羔俎……用作皇祖文考尊壶，痰万年永宝。"（《商周》12441、12442）由以上资料可证，与痰鼎相配的还有痰簋，微伯痰的簋就绝不止于窖藏出土的8件，如此一来，微伯痰岂不是僭越甚烈？《周代用鼎制度研究》认为痰是僭用天子之礼。值得深思的是，包括《周代用鼎制度研究》在内的很多论著都认为西周的鼎簋制度是穆王时期才开始确立的，难道才过了三个短命的王世（共、懿、孝三王年代相加不过30多年）就式微了？一个制度果真如此容易崩溃，以用鼎制度为核心的周礼怎么会在中国历史上留下深远的影响。

更新一点的资料是2003年陕西眉县杨家村青铜器窖藏出土的四十二年逨鼎两件（《商周》02501、02502）和四十三年逨鼎10件（《商周》02503~02512）。前者通高分别为57.8、51厘米，后者通高分别为58、53.6、49、45.6、36、32.6、27.4、27、24.4、22.6厘米[45]。从排列顺序来看，四十三年逨鼎是一套列鼎，由于不是墓葬出土，不清楚这一套列鼎是否完整，但至少有10件是可以肯定的。以四十三年逨鼎例之，四十二年逨鼎也应该有10件，如今缺少后面的8件。逨的官职大约是司士，按他的级别，不会比微伯痰更高，应该可以享用五鼎的待遇，可是他却在四十二年和四十三年连续两年制作了20件鼎，岂不僭越过甚？他既然能在短短的两年之内制作如此多的青铜鼎，难保他不会在其他任职年份制作更多的鼎。所以我们说，用窖藏出土青铜鼎的数目来讨论西周的用鼎制度实在是一件很危险的事情。

当然，我们这样说并不意味着窖藏出土青铜器对讨论西周用鼎制度没有一点用处。在完整的西周晚期大中型墓葬欠缺的情况下，窖藏出土青铜器会给我们一些启示。譬如痰簋8件的形制、纹饰、大小基本一致，四十三年逨鼎10件从大到小依次排列，这些有助于说明鼎簋制度在西周中晚期已经成熟。

第二，将贵族生前制作多少青铜器和在墓葬里埋藏多少青铜器混为一谈。且举几例。

师眉鼎（《商周》02315）铭曰："觐厥师眉，荐王为周客，赐贝五朋，用为宝器鼎二、簋二，其用享于厥帝考。"西周中期器。

鼍簋（《商周》05167）铭曰："公赐鼍宗彝一肆、赐鼎二、赐贝五朋。"西周中期器。

叔向父簋（《商周》04800）铭曰："叔向父为备宝簋两、宝鼎二，百世孙子宝。"西周晚期器。

以上三例金文的共同点是器主无论受到赏赐还是自己作器，鼎和簋的数目都是两件，换言之都是偶数，与同时期（西周中晚期）墓葬出土的鼎的数目通常为奇数是不一样的。由此也可见墓主人生前有多少鼎或者做了多少鼎和下葬时埋入多少鼎是有差别的。

1964年陕西省长安县马王镇张家坡M1出土青铜器9件，鼎3件、叔専父盨4件、壶2件[46]。年代各异，一件鼎在西周早期，两件鼎和两件壶在西周中期，四件叔専父盨在西周晚期。叔専父盨（《商周》05657~05660）铭曰："叔専父作郑季宝钟六，金尊盨四、鼎七。"显然，只有4件叔尃父盨是墓主人生前铸造的。此墓的墓室面积是4.55×2.3=10.47平方米，这样大小的墓葬的主人也许可以享用五鼎四盨（盨相当于簋）或三鼎四盨的礼遇，但绝不可能享用七鼎的规格。可见墓主人生前可以铸造7件鼎，但不能在死后享用7件鼎，显然二者之间存在差距。

《周代用鼎制度研究》根据虢仲盨盖铭"兹盨有十又二"，推演虢仲有簋（此时盨相当于簋）12件，用鼎亦当有12件，即正鼎九和陪鼎三，以此来说明虢仲僭越。迄今为止，西周一个墓葬出土青铜盨最多4件，其中就有地位与虢仲相仿的晋侯、虢季[47]，与12件之说相去甚远，可见虢仲能铸造12件盨，不等于他能享用12件盨的礼遇。

函皇父盘铭曰："函皇父作琱妘盘、盉、尊器、鼎、簋一具，自豕鼎降十有一，簋八，两罍，两壶。"（《商周》04523）《周代用鼎制度研究》认为"十有一"为"十有二"之误，函皇父用八簋也是僭越。即便函皇父有权作八簋，其夫人也有权用八簋吗？幻伯妊簋铭曰："孟㠱父作幻伯妊媵簋八。"（《商周》04790）孟㠱父地位高，不意味他的女儿有资格用八簋，所以这里的八簋并不指称身份地位。联系虢仲的12件盨，可见其另有含义。既然贵族可以自备青铜器，说明铸造多少青铜器与有权使用多少青铜器不是等同的概念。

何谓僭越，不妨先来看看礼书是怎么记载的。《公羊·桓公二年传》何休注："礼祭：天子九鼎，诸侯七，卿大夫五，元士三也。"这是今文学家的说法，古文学家则不同。《周礼·天官·膳夫》："王日一举，鼎十有二，物皆有俎。"是说天子膳食用鼎数目为十二。郑玄注："牢鼎九，陪鼎三。"其意在调和古今。李学勤先生结合考古资料分析东周用鼎制度，指出曾侯、蔡侯以及中山国君用九鼎，楚国令尹王子午用七鼎，说明天子用鼎数目应以《周礼》为准，是十二鼎[48]。王世民先生从《周礼》所载周王的冕服车骑，论证"天子之礼必以十二为数"，认为时至春秋中叶天子之礼不得僭越应是可信的事实[49]。也有学者认为严格的用鼎制度形成于两周之际，春秋时期才是用鼎制度最完善的时期[50]。

周代的用鼎制度是个非常复杂的问题，在考古资料还很欠缺和我们的理论水平还很有限的情况下，目前仍在探索阶段[51]。本文也只是提出几点思考意见，其中有很多推测之处，请大家批评指正。

附注：本文系国家社科基金项目"夏商周青铜礼器的兴衰及其原因"（立项号：15BKG007）的阶段性研究成果。

注　释

[1]　黄薇：《中国古代青铜器整理与研究·特殊鼎类卷》，科学出版社，2016年。
[2]　专论文章有俞伟超、高明：《周代用鼎制度研究（上）》，《北京大学学报》（哲学社会科学版）1978年第1期，第84~98页；俞伟超、高明：《周代用鼎制度研究（中）》，《北京大

学学报》(哲学社会科学版)1978年第2期,第84~97页;俞伟超、高明:《周代用鼎制度研究(下)》,《北京大学学报》(哲学社会科学版)1979年第1期,第83~96页;宋建:《关于西周时期的用鼎问题》,《考古与文物》1983年第1期,第72~80页;林沄:《周代用鼎制度商榷》,《史学集刊》1990年第3期,第12~23页;王世民:《关于西周春秋高级贵族礼器制度的一些看法》,《商周铜器与考古学史论集》,台北艺文印书馆,2008年,第145页;梁云:《周代用鼎制度的东西差别》,《考古与文物》2005年第3期,第49~59页;张闻捷:《周代用鼎制度疏证》,《考古学报》2012年第2期,第131~162页。李玉洁:《殷商与两周用鼎制度的区别》,《中原文物》2012年第2期,第42~47页;王飞:《用鼎制度兴衰异议》,《文博》1986年第6期,第29~33页。

[3] 吴镇烽:《商周青铜器铭文暨图像集成》(简称《商周》),上海古籍出版社,2012年。

[4] 洛阳博物馆:《洛阳哀成叔墓清理简报》,《文物》1981年第7期,第65、66页。

[5] 西安市文物管理处:《陕西长安新旺村、马王村出土的西周铜器》,《考古》1974年第1期,第2页。

[6] 郑州市文物考古研究所、登封市文物局:《河南登封告成东周墓地三号墓》,《文物》2006年第4期,第4页。

[7] 南阳市文物考古研究所:《河南南阳春秋楚彭射墓发掘简报》,《文物》2011年第3期,第4页。

[8] 安徽省文物管理委员会、安徽省博物馆:《寿县蔡侯墓出土遗物》,科学出版社,1956年,第6页。

[9] 俞伟超、高明:《周代用鼎制度研究(上)》,《北京大学学报》(哲学社会科学版)1978年第1期,第86页。

[10] 林沄:《周代用鼎制度商榷》,《史学集刊》1990年第3期,第16页。

[11] 河南省博物馆、淅川县文管会、南阳地区文管会:《河南淅川县下寺一号墓发掘简报》,《考古》1981年第2期,第119、120页。

[12] 林沄:《周代用鼎制度商榷》,《史学集刊》1990年第3期,第16页。

[13] 任雪莉:《商周青铜簠的整理与研究》,陕西师范大学博士学位论文,2014年,第165页。

[14] 俞伟超、高明:《周代用鼎制度研究(上)》,《北京大学学报》(哲学社会科学版)1978年第1期,第87、88页。

[15] 林沄:《周代用鼎制度商榷》,《史学集刊》1990年第3期,第17页。

[16] 河南省文物考古研究所:《淅川和尚岭和徐家岭楚墓》,大象出版社,2004年,第7~9页,图7.1~2。

[17] 李玉洁:《殷商与两周用鼎制度的区别研究》,《中原文物》2012年第2期,第43页。

[18] 河南省文物考古研究所:《淅川和尚岭和徐家岭楚墓》,大象出版社,2004年,第174页,图166~图168。

[19] 河南省文物研究所等:《淅川下寺春秋楚墓》,文物出版社,1991年,第112~125页。

[20] 随州市博物馆:《湖北随县刘家崖发现古代青铜器》,《考古》1982年第2期,第143页;湖

北省文物考古研究所：《曾国青铜器研究》，文物出版社，2007年，第183~187页。
[21] 随州市博物馆：《湖北随县刘家崖发现古代青铜器》，《考古》1982年第2期，第144页，图5.2；湖北省文物考古研究所：《曾国青铜器研究》，文物出版社，2007年，第195~199页。
[22] 湖北省文物考古研究所、随州市博物馆：《湖北随州市文峰塔东周墓地》，《考古》2014年第7期，第25页，图16.2。
[23] 安徽省文物管理委员会、安徽省博物馆：《寿县蔡侯墓出土遗物》，科学出版社，1956年，第6、7页。
[24] 俞伟超、高明：《周代用鼎制度研究（上）》，《北京大学学报》（哲学社会科学版）1978年第1期，第88页。
[25] 郭德维：《楚墓分类问题探讨》，《考古》1983年第3期，第249页。
[26] 河南省文物研究所等：《淅川下寺春秋楚墓》，文物出版社，1991年，第139、140页。
[27] 河南省文物研究所等：《淅川下寺春秋楚墓》，文物出版社，1991年，第78页。
[28] 河北省文物研究所：《響墓——战国中山国国王之墓》，文物出版社，1995年，第111~114页。
[29] 河北省文物研究所：《響墓——战国中山国国王之墓》，文物出版社，1995年，第507页。
[30] 湖北省博物馆：《曾侯乙墓》，文物出版社，1989年，第189页。
[31] 河北省文物研究所：《響墓——战国中山国国王之墓》，文物出版社，1995年，第114页。
[32] 王世民：《关于西周春秋高级贵族礼器制度的一些看法》，《商周铜器与考古学史论集》，台北艺文印书馆，2008年，第145页。
[33] 甘肃省博物馆文物队：《甘肃灵台白草坡西周墓》，《考古学报》1977年第2期，第106页。
[34] 俞伟超、高明：《周代用鼎制度研究（中）》，《北京大学学报》（哲学社会科学版）1978年第2期，第85页。
[35] 林沄：《周代用鼎制度商榷》，《史学集刊》1990年第3期，第15页。
[36] 张懋镕：《西周早期铜器墓的分类与族属——兼论分器现象》，《古文字与青铜器论集》第五辑，科学出版社，2016年，第341~351页。
[37] 杨宝成、刘森淼：《商周方鼎初论》，《考古》1991年第6期，第533~545页。
[38] 河南省文物考古研究所、周口市文化局：《鹿邑太清宫长子口墓》，中州古籍出版社，2000年，第57~71页。
[39] 卢连成、胡智生：《宝鸡强国墓地》，文物出版社，1988年，第130、131页。
[40] 俞伟超、高明：《周代用鼎制度研究（中）》，《北京大学学报》（哲学社会科学版）1978年第2期，第86页。
[41] 张懋镕等：《西周重食文化的新认识——从甘泉县阎家沟新出青铜器谈起》，《古文字与青铜器论集》（第三辑），科学出版社，2010年，第151、152页。
[42] 俞伟超、高明：《周代用鼎制度研究（中）》，《北京大学学报》（哲学社会科学版）1978年第2期，第85页。
[43] 张懋镕：《殷周青铜器埋藏意义考述》，《文博》1985年第5期；张懋镕：《古文字与青铜器

论集》，科学出版社，2002年，第142页。
[44] 俞伟超、高明：《周代用鼎制度研究（上）》，《北京大学学报》（哲学社会科学版）1978年第1期，第93页。
[45] 陕西省考古研究所等：《陕西眉县杨家村西周青铜器窖藏发掘简报》，《文物》2003年第6期，第4~42页。
[46] 中国科学院考古研究所沣西考古队：《陕西长安张家坡西周墓清理简报》，《考古》1965年第9期，第447~450页。
[47] 张懋镕：《两周青铜盨研究》，《考古学报》2003年第1期；张懋镕：《古文字与青铜器论集》（第二辑），科学出版社，2006年，第98~113页。
[48] 李学勤：《东周与秦代文明》，文物出版社，1984年，第207、208页。
[49] 王世民：《关于西周春秋高级贵族礼器制度的一些看法》，《商周铜器与考古学史论集》，台北艺文印书馆，2008年，第148页。
[50] 王飞：《用鼎制度兴衰异议》，《文博》1986年第6期，第29~33页。
[51] 林沄：《周代用鼎制度商榷》，《史学集刊》1990年第3期，第21页。

（原载黄薇：《中国古代青铜器整理与研究·特殊鼎类卷》，科学出版社，2016年）

青铜瓿琐谈

在商周青铜器中，青铜瓿是很重要的一类器物，但因其数量不多，流行时间较短，并未引起足够的重视。如今，孙妙华的书稿《中国古代青铜器整理与研究·青铜瓿卷》（以下简称《青铜瓿卷》）[1]杀青出版，对青铜瓿做了比较系统的整理与研究，无疑是一件有意义的工作。我也想在这里谈一点看法，探讨青铜瓿的有关问题。

一、瓿与罍的区分

关于青铜器的器类研究，首要问题是定名，如果定名有误，即研究的对象和范围发生差错，其他问题的研究就不免一错再错。去年，在为《中国古代青铜器整理与研究·青铜罍卷》所作代序《再论青铜器组合关系定名法——以尊、罍、瓿的区分为例》[2]中，我谈到瓿与罍的区分，认为二里冈期和殷墟一期的小口、无耳、折肩、深腹、高体的盛酒器不是瓿而是罍（图一）。

文中主要谈到在同一墓葬中瓿与罍的区分。举安阳小屯M232出土的两件大型盛酒器的定名例子：其中R2057形态低矮，颈部极短，圆肩，腹部硕大，是为瓿（图二）；R2056形体较高，颈部较长，折肩，腹部较深，与瓿差别很大，是为罍[3]（图三）。

与M232相近的例子是M388，也出土两件大型盛酒器，R2062形态低矮，圆肩，腹部硕大，是为瓿（图四）；R2061形体较高，口不大，颈部与肩部分界不明显，腹部较深，与瓿差别很大，是为罍[4]（图五）。

北京平谷刘家河商墓出土两件形体较大的盛酒器[5]（图六），简报认为形体高者

图一　白家庄M2∶1罍

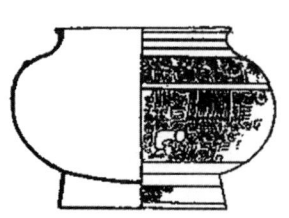
图二　小屯M232∶R2057瓿

图三　小屯M232∶R2056罍

为罍,矮者为瓿,应该是正确的判断。相比之下,这件罍形体不高,单独来看,容易造成误判。当然与瓿相比之后,还是比较清楚的。罍的颈部长而瓿的颈部短,罍的形体高而瓿低矮,罍是折肩而瓿是圆肩。

图四 小屯M388：R2062瓿

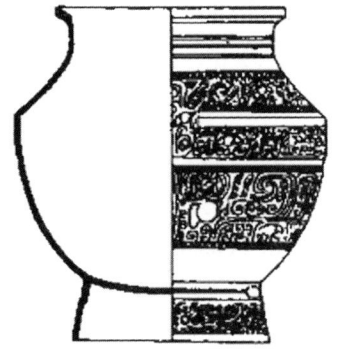

图五 小屯M388：R2061罍

图六 刘家河商墓罍、瓿

综上所述,我认为从同墓出土物的相互关系,可以比较清楚地看出瓿与罍的区分。

在《青铜瓿卷》里,孙妙华将以上所列的小口、无耳、折肩、深腹、高体的盛酒器归入青铜瓿的A型,即我们所认为的青铜罍,所以关于何者为瓿何者为罍的问题还有进一步讨论的必要。

关于文物的定名原则,学术界一般认为有三条:①有自名的器物要依自名定名。②宋代学者依据史籍著录做出的命名。③既无自名,又缺乏史籍著录者,可根据其造型、用途予以定名。青铜瓿并无自名,那就看看宋代学者是如何依据史籍著录来为青铜瓿命名的。

瓿的主要的解释来自《说文解字·瓦部》:"瓿,甂也。"为什么要用甂来比方瓿呢?这是因为二者很相似,只是因地域不同而称呼相异,如《方言》所说:"甂……自关而西谓之瓿。"那么甂又是怎样的器物呢?《说文解字》曰:"甂,似小瓿,大口而卑,用食。"《玉篇》也说到甂是"小盆,大口而卑也"。是说甂比瓿小,但形制一样,"大口而卑"。盆的特点也是"大口而卑"。这四个字非常重要,说明瓿有两个显著特点,一是器口比较大,二是器身比较低矮。

且看宋代学者的认识。吕大临《考古图》所载孔文父饮鼎（卷一，十七），定其名主要依据所谓铭文，而看图像则与鼎有天壤之别。虽然吕大临也认为其形制"乃类尊壶之属"，但仍然归为鼎属。在"彝"类器中，则包含提梁壶、卣、方鼎、觚、簋、盉、甗、尊等器类（卷四，一～四十），往往将壶、卣、尊、罍混淆。可见在初创阶段，判断失误之处很多，张冠李戴在所难免。但即便如此，在关于瓿的定名上却显得很成熟。值得注意的是，《考古图》明确定为瓿的两件器物，其中一件是龙纹瓿（卷五，二七）。吕大临引《说文》云："瓿，甌也，大口而卑，用食。"吕氏疑为瓿器，姑以瓿名之。从图像来看，与现今学术界公认的青铜瓿很接近。可见，吕大临并没有将瓿与上述壶、卣、尊、罍混淆在一起，因为他意识到瓿的特征是"大口而卑"，而壶、卣、尊、罍的共同特征是"小口而高"，两大类器之间有明显的差别。《考古图》所定的唯一一件罍器（卷四，六一），恰恰是本文开头所说的小口、折肩、深腹、高体的酒器。《博古图》也将这种形制的器物归为罍属，如周麟凤百乳罍（卷七，二八）、周饕餮罍（卷八，三十）。《博古图》卷二十所收的8件瓿中，有6件属于现今学术界公认的青铜瓿，而且这8件器物基本符合"大口而卑"的形制特征。显然，早在一千年前，北宋的金石学家已经基本上将罍与瓿区分开来了。判断为瓿的主要条件就是"大口而卑"。

直到现在，大部分论著仍然用"大口而卑"的标准去划定瓿的范围。譬如代表性的著作《中国青铜器综论》（以下简称《综论》），在第三章第8小节瓿的介绍里，所列的6张瓿的图片，毫无例外都是"大口而卑"的器物[6]。

至此，我们总结一下瓿的特点，或者说是瓿与罍的区别。

第一，瓿低矮而罍高瘦，具体表现在瓿的颈部短而罍的颈部长，瓿的腹部浅而罍的腹部深，瓿的圈足矮而罍的圈足高。

第二，瓿的腹部圆鼓，最大径通常在腹的中线上下；罍的最大径通常在肩与腹交界处，自此腹部向下内收。

第三，瓿多为圆肩，折肩瓿很少；罍多为折肩，圆肩少。

第四，在罍上常见的垂叶纹、涡纹不见于瓿上。原因在于瓿的腹部较浅，没有足够的空间装饰修长的垂叶纹；瓿肩部的坡度不够，难以装饰涡纹。

第五，从功能上讲，罍是酒器，但据《仪礼·少牢馈食礼》所言"司宫设罍水于洗东，有枓"来看，罍也可以是盛水器，而瓿则仅仅是盛酒器。

二、瓿的来源

关于瓿的来源，由于《青铜瓿卷》将我们认为的小口折肩罍归入瓿类，所以得出瓿来自小口折肩的陶瓿（即我们定义的陶罍）。当我们将小口折肩罍从瓿中剔出后，就需要重新讨论瓿的来源问题。

20世纪70~80年代，陕西省城固县和洋县出土不少酒器，其中有瓿也有罍，各家对于它们的区分存在不同意见。譬如1964年城固五郎乡五郎庙村出土的雷纹罍（图七），曹玮和赵丛苍先生均定为瓿[7]，朱凤瀚先生定为罍[8]。诸家意见分歧，缘于这件罍的形制确实有点特别。它的颈部比一般的瓿稍长，但比罍要短；腹部比较浅，则又近于瓿；但圈足较高，又不同于一般的瓿；它介于罍与瓿之间。

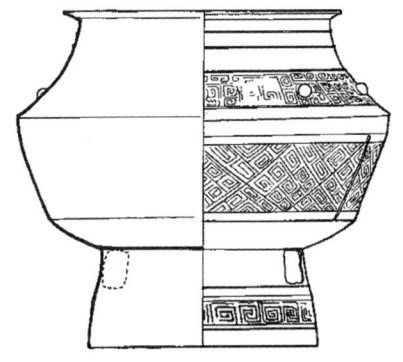

图七 五郎庙村出土的雷纹罍

曹玮先生将其定在商代中期是正确的。在殷墟之前，瓿还没有产生，只有罍。此时的罍形式多样，尚没有形成较为稳定的形态。既有高体的罍，如前所述的那些罍，也有像五郎庙村雷纹罍这样的矮体罍。很可能后来出现的瓿是由这种矮体罍发展起来的（下详）。

十年前，我们著文《试论中国古代青铜器器类之间的关系》时就指出："罍先出而瓿后出，瓿消失后，罍仍然行用，其发展态势和簋与盨、豆与铺、爵与角相仿，二者之间可以称为派生关系，即瓿是由罍派生出来的一类酒器。"[9]

我们不妨来论证一下。殷墟二期之后，瓿与罍的区分越来越明显，而在殷墟二期之前，瓿与罍比较接近，有时候很难区分，其实原因很简单，即二者有派生关系。

（1）瓿作为被派生物，它的产生有一定的规则，即只能从功能、用途相同或相近的派生物譬如罍中衍生出来。而且被派生物产生的时间一定晚于派生物。罍在商代早期已经出现，而瓿要晚到殷墟一期。

（2）作为派生物，都具备如下条件：流行时间长，流行地区广，在青铜器组合中起核心或重要作用。而被派生物则流行时间较短，流行地区有限，都不是墓葬铜器组合中的常见物。譬如罍从商代早期出现，一直流行到战国时期。瓿只流行于商代晚期。

（3）被派生物的作用在于提升饪食器或酒器在墓葬青铜器组合中的地位。瓿也具有这样的功能。它们往往出土于中型以上的墓葬中，显示墓主人等级身份之高。所以被派生器物的出现，标志着礼器系统的日益复杂，礼制的日益完善。

（4）被派生物总是与派生物在诸多方面有千丝万缕的联系。所以容庚先生在《殷周青铜器通论》中将瓿归入罍中，称为扁体罍，是有一定道理的[10]。朱凤瀚先生将瓿另立一类，但也多次强调瓿与罍之间的密切关系[11]。

当然，以上所论有推测成分，还有待以后检验和证明。

三、区分的意义

区分瓿与罍对考古工作有实际意义。下面举例说明。

1. 陕西城固、洋县出土瓿与罍的区分

城固县莲花办事处杜家槽出土的一件兽面纹瓿（图八），曹玮和赵丛苍先生定为瓿[12]，朱凤瀚先生定为罍[13]。这件兽面纹瓿与上述五郎庙村出土的雷纹罍有相似之处，譬如颈部稍长，且都是折肩。但细看还是有区别的，毕竟这件兽面纹瓿的颈部要短一些，腹部要深一些，圈足要低矮一些，与其他青铜瓿更接近。再说这两件器也不属于同一个时代。所以这件器物应该是瓿而不是罍。

图八　杜家槽出土兽面纹瓿

2. 四川广汉三星堆出土瓿与罍的区分

三星堆一号坑出土的瓿（K1：130），大口、硕腹、矮圈足，与中原的瓿很接近，称其为瓿应该没有问题，有关的大型图册即如此冠名[14]，但最初的发掘简报则称其为罍[15]，可见看法并不一致。二号坑出土的罍有两种类型：一种是腹深但圈足低，如K2②：70罍和K2②：88罍；一种是腹稍浅而圈足高，如K2②：159罍[16]。共同特点是形体高大，颈部较长，且为折肩。将这两种罍与同出的瓿相比较，差别很明显，可见它们是不能被称为瓿的，发掘报告称其为罍是正确的。将三星堆出土罍与城固五郎庙村出土的雷纹罍相比较，除了腹部深浅不同，其他方面很相似，从而为证明后者是罍提供了依据。

3. 江西新干大洋洲出土瓿与罍的区分

出土瓿和罍各一件。XDM：41瓿的器口很大，颈部较短，圆肩，素面，唯一不同的是没有圈足，《新干商代大墓》作者将其定为瓿是正确的。另一件罍（XDM：44）体型高大，颈部较长，折肩，下腹收缩，与瓿差别很大，《新干商代大墓》定为罍是正确的[17]。这两种器形态相去甚远，如何能归为一类器，由此可见《青铜瓿卷》将这件大洋洲罍看作瓿，恐怕难以解释。大洋洲的罍与广汉三星堆的浅腹罍很接近。这也有利于证明，大洋洲的罍尽管腹部稍浅，但还是与瓿有很大差别的。

以上三个地区有共同特点，都处在中国秦岭—淮河一线的南部，在文化上有相似之处。如果分别来看三个地区的罍和瓿，可能不那么容易区分，但是综观三个地区的罍，就会发现它们彼此很接近，从而避免将其中一个地区的罍误认作瓿，将另一地区的瓿误认作罍。

四、青铜瓿的年代

《青铜瓿卷》统计瓿出土数量为66件，传世数量为96件，共计162件。按照我们推

定的青铜瓿，出土数量为53件，传世数量为78件，总计131件。其中以圆肩瓿为主，只有少量的折肩瓿[18]。

按照《青铜瓿卷》的说法，年代最早的一件瓿是1992年湖北省黄州下窑嘴出土的兽面纹瓿，在二里冈上层时期，也是唯一一件殷墟一期以前的青铜瓿。由于我们将这种小口、折肩、深腹、高体的盛酒器从瓿中剔出，故而我们认为青铜瓿的上限没有早到二里冈上层时期。前述城固五郎庙村出土的雷纹瓿，或称雷纹罍，很可能是瓿的早期形态。当然还需要论证。《综论》也认为瓿是殷墟一期新出现的器类[19]。《青铜瓿卷》将1991年陕西泾阳高家堡戈国墓地M4出土的所谓又瓿（M4.8）归入瓿类，这是袭用《高家堡戈国墓》的说法[20]。我们认为该器颈部较长，折肩，腹部很深，整体较高，应称为罍，而不是瓿，《综论》也认为是罍[21]。一般将又罍定在西周早期，如今将其剔除出瓿属，至少意味着中原地区瓿的下限没有进入西周，换言之，瓿只是在商代晚期行用。还可以从铭文方面做研究。《青铜瓿卷》收集有铭文的瓿24件，《商周青铜器铭文暨图像集成》收集有铭文的瓿23件[22]，剔除上文所说又罍、叔龜罍（此器颈部较长，且为折肩，应为罍），实得21件瓿。从器形、纹饰和文字来看，年代都属于商代晚期。总之，青铜瓿的年代为殷墟一至四期，西周早期就不见了，很明确是殷商文化的产物。

五、瓿的衰亡

青铜瓿初现于殷墟一期，殷墟四期以后不见踪影，即青铜瓿流行于殷墟时期。此时正是商代青铜酒器兴盛的时期，所以说青铜瓿是商代"重酒"文化的产物。在商代青铜酒器中，青铜瓿行用时间较短。其原因是多方面的。

首先，可能与它型式缺少变化有关。青铜瓿自始至终保持一个稳定的状态：大口、短颈、硕腹、矮圈足，只有极个别瓿上有耳。反观青铜罍，型式多样，有方罍，有圆罍；有圈足的，也有无圈足的；尤其是双耳及盖纽的变化更是令人眼花缭乱。当然，反过来说，瓿的型式缺少变化与行用时间短有一定的关系。这可能是导致瓿衰亡的一个因素。

其次，瓿的行用地域有限。出土最多的地点是安阳，共16件，占出土总量50件的32%，接近三分之一。结合殷墟出土瓿的年代分析，安阳可能是青铜瓿的策源地和最重要的行用地点。安阳之外，瓿在河南的其他地方很少出土，只见于郑州与灵宝，各出1件。瓿从安阳出发，开始影响周边地区。从出土瓿的数量来看，受到影响的区域主要有四处。一是向东北影响河北和辽宁。藁城出土2件、平谷1件，这里是商人的老家，自然数量不会少。喀左出土2件。总共5件。二是向西北影响陕东北和晋西北地区。陕东北的子洲出土1件、清涧2件、延川2件、绥德1件，晋西北的石楼1件、吕梁1件、忻县1件、保德2件，总共11件。三是向西南影响陕西南部和四川。洋县出土5件、城固2件、广汉1件,总共8件。四是向南影响长江中下游地区。湖北安陆出土1件,江西南昌出土1件、新干1件,湖南宁乡出土2件、新邵1件,江苏丹阳出土1件,总共7件。我们注意到,与同时期的罍相比,一个明显的现象是海岱地区没有出瓿,其他如安徽、山西中南部地区没有出瓿。陕西中部地区只有岐山出了一件瓿。即便就安阳来说,出土青铜罍的数量也至少有26件,大大超过瓿的数量[23]。

最后,在墓葬青铜器组合关系中的角色。在商代晚期的墓葬青铜器的组合中,核心器物是觚、爵、斝,在4平方米以下的小墓中会出一件瓿,在4平方米以上的中型墓中会出一件或两件瓿。出土瓿最多的墓葬是殷墟妇好墓,出了3件瓿。这说明瓿的多寡有助于显示墓主人的身份地位。但是,出土瓿的墓葬并不多,什么等级的墓葬出土多少瓿没有严格的规定,这说明,瓿多半没有进入核心组合中。尊和卣形成一尊一卣或一尊二卣的稳定组合,但瓿没有,所以瓿不久就衰落了。

六、瓿的艺术装饰

青铜瓿可能是在艺术装饰方面最难讨巧的器类了。

瓿在形制上很一般。上边是短短的颈部,底下是短短的圈足,中间是浑圆硕大的器身,像一只大南瓜,很难引起艺术的遐想。有些器类有三足,譬如鼎,鼎腹就像一只盘,三条长长的鼎足托举着它,产生一种向上提举的力量,三足之间留出足够的空间,从而给人一种稳定、开朗、敞亮的美感。譬如爵,三足外撇,托举着比较修长的杯体及上扬的流与尾,颇为艺术家青睐。有些三足器三足的长度大于腹的深度,且略向外撇,给人优雅、舒心的感觉。如今选美,都要求腿长,就是这个道理。相当一部分三足器的腹部与通高的比例符合黄金分割原理,或者称之为三分法。圈足簋有两种,一种无耳,一种有耳。有耳的圈足簋靠耳的变化(如四耳,耳下有珥)来增加簋的美感。无耳的圈足簋有口沿,靠口沿的变化来美化自己。绝大部分瓿没有器耳。瓿凭什么来吸引欣赏者的目光?

第一,凭体量。青铜瓿的尺寸一般来说比较大。从《青铜瓿卷》附表二统计资料可知,出土的青铜瓿大部分通高在20厘米以上,超过一半腹径在30厘米以上。体量大者如1976年安阳殷墟出土的两件妇好瓿(M5:830、M5:796)(《商周》13960、13961),通高分别为34.2、33厘米,重量分别为14.3、13千克。同出一件没有铭文的瓿,通高47.6厘米,重28.2千克。2001年宁乡黄材出土的兽面纹瓿,高62.5厘米,重61.9千克。1959年宁乡寨子山出土的兽面纹瓿,通高42.5厘米。传世器中也有体量硕大者,如日本藤田美术馆所藏兽面纹瓿,通高57.2厘米;根津美术馆所藏亚疑瓿,通高62.4厘米。如同魁梧的人,无论相貌如何,都给人印象深刻,具有震慑力。

第二,凭装饰。为了弥补形制的不足,设计者于是在装饰方面下功夫,从颈部到圈足,装饰各种花纹。通常颈部装饰弦纹,肩部、圈足装饰夔纹,腹部装饰大兽面纹。青铜瓿共有131件，除去没有器形图片的5件（附表二中两件没有图像，附表三中3件没有图像），有图像的有126件，其中满花或接近满花的瓿有113件（出土物中有7件素面或仅饰弦纹者，传世器中只有1件素面者），占89.68%，这个比例是相当高的。一部分瓿装饰有扉棱，还有一些瓿在肩部装饰兽头，有助于改变其平庸的器表。

以上所论多有推测的成分，希望得到大家的批评指正。

附注：本文系国家社科基金项目"夏商周青铜礼器的兴衰及其原因"（立项号：15BKG007）的阶段性研究成果。

注　释

[1] 孙妙华：《中国古代青铜器整理与研究·青铜瓿卷》，科学出版社，2019年。本文凡引述该书的观点，不再一一注明。

[2] 张懋镕：《再论青铜器组合关系定名法——以尊、罍、瓿的区分为例（代序）》，《中国古代青铜器整理与研究·青铜罍卷》，科学出版社，2016年。

[3] 石璋如：《小屯》第一本《遗址的发现与发掘·丙编·殷墟墓葬之三——南组墓葬附北组墓补遗》，"中央研究院"历史语言研究所，1973年。

[4] 石璋如：《小屯》第一本《遗址的发现与发掘·丙编·殷墟墓葬之五——丙区墓葬上》，"中央研究院"历史语言研究所，1980年。

[5] 北京市文物管理处：《北京市平谷县发现商代墓葬》，《文物》1977年第11期，第2页，图版叁：1，图版肆：4。

[6] 朱凤瀚：《中国青铜器综论》，上海古籍出版社，2009年，第218~221页。

[7] 曹玮：《汉中出土商代青铜器·2》，巴蜀书社，2006年，第148、149页；赵丛苍：《城洋青铜器》，科学出版社，2006年，第46页。

[8] 朱凤瀚：《中国青铜器综论》，上海古籍出版社，2009年，第1151页。

[9] 张懋镕：《试论中国古代青铜器器类之间的关系》，《古文字与青铜器论集》（第二辑），科学出版社，2006年，第135页。

[10] 容庚：《殷周青铜器通论》，文物出版社，1984年，第56页。

[11] 朱凤瀚：《中国青铜器综论》，上海古籍出版社，2009年，第208、209页。

[12] 曹玮：《汉中出土商代青铜器·2》，巴蜀书社，2006年，第150、151页；赵丛苍：《城洋青铜器》，科学出版社，2006年，第57、58页。《城洋青铜器》将出土时间和地点标为1965年城固五郎庙。

[13] 朱凤瀚：《中国青铜器综论》，上海古籍出版社，2009年，第1151页。

[14] 四川省文物考古研究所：《三星堆祭祀坑》，文物出版社，1999年，第40页。

[15] 四川省文物管理委员会等：《广汉三星堆遗址一号祭祀坑发掘简报》，《文物》1987年第10期，第5页。

[16] 四川省文物管理委员会等:《广汉三星堆遗址二号祭祀坑发掘简报》,《文物》1989年第5期,第9、10页;四川省文物考古研究所:《三星堆祭祀坑》,文物出版社,1999年,第253~255页。

[17] 江西省博物馆等:《新干商代大墓》,文物出版社,1997年,第73页。

[18] 《青铜瓿卷》附表二中编号为1、2、3、7、8、9、10、11、43、44、45、50、63者共13件,附表三中编号为1、2、3、4、5、6、7、26、32、34、35、43、44、46、51、66、71、83者共18件不属于我们认定的青铜瓿。需要说明的是,有些传世器的图像摹绘不清,角度不统一,影响识别。有个别器物缺乏图像,也不予收录。

[19] 朱凤瀚:《中国青铜器综论》,上海古籍出版社,2009年,第945页。

[20] 陕西省考古研究所:《高家堡戈国墓》,三秦出版社,1995年,第78页。

[21] 朱凤瀚:《中国青铜器综论》,上海古籍出版社,2009年,第1235页。

[22] 吴镇烽:《商周青铜器铭文暨图像集成》,上海古籍出版社,第2012年。

[23] 王宏:《中国古代青铜器整理与研究·青铜罍卷》附表1"出土商周青铜罍资料统计表",科学出版社,2016年。

(原载孙妙华:《中国古代青铜器整理与研究·青铜瓿卷》,科学出版社,2019年)

关于青铜匜产生与发展的几点思考

青铜匜是一类很特殊的酒器,它初现于春秋早期,而其时正是中国古代青铜器发展处于低谷的时期;它初现于山东地区,一反主要青铜器类首先产生于王畿的规律;它来自边地,然而发展迅速,很快进驻中原腹地,且遍及大江南北。原因何在?

关于这些问题,齐耐心和孙战伟的《中国古代青铜器整理与研究·青铜匜卷》(以下简称《青铜匜卷》)[1]已经做了很好的分析。首先,与当地的自然地理环境有密切关系。海岱地区农业并不发达,但畜牧业和连带的制皮业比较发达,导致跟皮质容器有关的铜匜出现。其次,两周之际正是民族大融合的时期,由于山东地区的地理位置,在文化上易于受到北方民族的影响。而青铜匜本身是东夷文化的产物,它是东夷人在青铜容器的基础上吸收其他文化的特点而形成的。再次,出土早期青铜匜最多的莒国,在东夷诸国中国力最强,除了与北部的齐、鲁等国交往密切外,与南方地区的陈国、黄国,中原地区的晋国等国都有密切往来。就目前的资料来看,青铜匜也是在此时首先由山东地区传入河南南部的陈国、黄国一带的。随后,青铜匜继续往西部、北部、南部传播。北达北京延庆军都山一带,西抵甘肃张掖,南至湖南湘潭。

除了《青铜匜卷》所言以外,我还想补充两点。

第一,从商周饮酒器的发展脉络来看青铜匜产生的必然性。

最早出现的青铜酒器有爵、斝、盉、觚。其中只有觚是饮酒器。据王文娟的硕士学位论文《商周青铜觚研究》分析,青铜觚仿自陶觚,陶觚的形态很像陶杯,陶觚很可能是从陶杯中的觚形杯发展演化而来的[2]。鉴于觚来源于杯,所以也有把觚叫作觚形杯的。觚的基本用途是饮酒器,所以早期的觚尺寸都比较小。

我们在《中国古代青铜酒器器类演变的差异性研究——从青铜斝谈起》[3]一文中,在《商周青铜觚研究》的基础上收集出土青铜觚的通高数据,制作成表一。

表一 出土青铜觚通高统计表

朝代	分期	10~19厘米	20~29厘米	30~39厘米	40厘米以上	小计
商代早期	第一期	22	12			34
商代中期	第二期	14	30			44
商代晚期	第三期第一阶段		51	2		53
商代晚期	第三期第二阶段	1	40	19		60

朝代	分期	10～19厘米	20～29厘米	30～39厘米	40厘米以上	小计
商代晚期	第四期第一阶段	7	42	1	1	51
西周早期	第四期第二阶段	1	13			14
总计		45	188	22	1	256

由表一可见，在商代早期后段即二里冈上层文化期，出土的铜觚数量较少，而且多半是小型觚，通高在20厘米以下。到了第二期即二里冈上层向殷墟过渡期和殷墟一期，大致相当于商代中期，高度有了提升，20厘米以上的青铜觚占多数，而且开始变得厚重，纹饰也开始复杂起来。第三期第一阶段即殷墟二期的青铜觚在向高大型发展。此期已没有20厘米以下的小型觚，20～29厘米的中型觚有51件，数量大大超过商代中期，而且其中大多数觚的高度在25厘米以上，特别是出现了30厘米以上的高体觚。第三期第二阶段即殷墟三期的觚体量超过殷墟二期，虽然20～29厘米的青铜觚要少于殷墟二期，但是30厘米以上的青铜觚竟有19件。通高超过30厘米的青铜觚总共22件，殷墟三期就拥有19件，占到绝大多数。1952年辉县褚邱村出土的子觚（《商周》08888）[4]通高35厘米。传世东父壬觚（《商周》09615），通高37厘米。殳觚（《商周》08941），通高34.9厘米，重4.36千克。到了商末更有体量最大的觚——山东益都苏埠屯出土的亚醜方觚（《商周》09375），高达43.3厘米，重7.54千克，称得上"觚王"（图一）。这样重的觚，自然无法提举，不能作为饮酒器，而只能是盛酒器了。所以到了商代末年，觚并不适合饮用，青铜觚的原始功用退化，必然会被其他与其功能相近的酒器所取代。

青铜觚在商代晚期之后走向两个极端：一部分觚的器壁变薄，腰身变细，容量减少，导致不实用。如1976年陕西扶风庄白一号窖藏出土的目云纹觚，腰身极细，腹径与通高之比为1∶0.1，即只有粗体觚的三分之一。旅父乙觚腰身更细，腹径与通高之比为1∶0.06，是腰身最细的觚（图二）。一部分觚的器壁变厚，个头变高，重量大增，同样导致不实用。

青铜觯出现在商代晚期盘庚迁殷之后，取代觚的正是体量比它小的觯。是青铜觯而不是其他器类来取代青铜觚，一个重要原因是它与青铜觚原本形态相似。曹斌博士在其硕士学位论文《商周青铜觯研究》的第九章中已经谈到青铜觯取代青铜觚的四点原因，如从器形角度来看，觯侈口、束颈，利于饮酒；觯较同时期觚低矮，正好与爵相配[5]。

虽然西周初年禁止酗酒，导致不少酒器器类衰亡，但实际上饮酒器的使用并没有停止，只是在变化角色。

从西周中期开始，青铜觯迅速走上了衰亡之路，原因何在？曹斌博士也总结了几点。首先，西周早期的"禁酒"举措，在一定程度上抑制了商末以来的酗酒风气。西周中期"穆王修典"，周文化制度得以全面确立。在重食文化的大背景下，尊、卣、

图一　亚醜方觚

图二　旅父乙觚

觚、爵等酒器开始大量减少，青铜觯也难以幸免。其次，青铜觯流行的地域主要集中在河南地区及关中地区，数量相对较少，分布地域不广。最后，青铜觯从第三期晚段开始逐渐向细高方向发展，至穆王时期，发展到极致，许多觯的高度达到了20厘米，已不宜作为礼器与爵成对出现[6]。

我们曾经谈到，从穆王时期开始，有一种自名为"饮壶"的器物出现，无论器形和功能都与觯接近。二者平均高度接近，在10~20厘米，腹部比较宽侈，敞口，有矮圈足。如伯威饮壶，就是穆王时的标准器（《商周》10857、10858）[7]（图三），还有伯饮壶（《商周》10855）、伯作姬饮壶（《商周》10856）、曩仲饮壶（《商周》10863），通高分别为14.5、16.9、19、14.8厘米，都是西周中期的器物。若将伯威饮壶的象鼻耳除去，与粗体觯没有多少差别。觯在西周早期以后衰落，中期已很少能看到觯了，而此时饮壶刚刚崭露头角，很难说它们之间没有一种替代关系。

值得注意的是陕西长安县（现西安市长安区）张家坡墓地M165出土的一件杯形器，其铭曰："井（邢）叔作饮壶。"（《商周》10859）[8]（图四）。这件饮壶与以上几件饮壶有相似之处，而且都自名为饮壶，可见功能是一样的。与之同一墓地的M166、M197则出土有铜觯。M166属墓地分期第一期，相当于武成康时期，M197属第二期，相当于昭穆时期，而M165属第四期，相当于夷厉共和时期，由于它们同出于一个墓地，年代上基本衔接，可进一步证明饮壶与觯有一种更替关系，衔接之时约在西周中期。由此可见饮壶在一定程度上挤占了青铜觯的生存空间，在青铜觯走向衰亡之时，替代了它。

还需要指出的是，邢叔饮壶虽然自名为饮壶，但与其他饮壶的形态有所区别。邢

图三　伯戋饮壶　　　　　　　　　图四　邢叔饮壶

叔饮壶更像一件杯。虽然腹部有点收缩，但不是很明显。这种形制的饮酒器可以追溯到商代晚期，如传出河南安阳的󰀁杯（《商周》10851）（图五）、湖南博物馆收藏的亚若癸杯（《商周》10862）（图六），也有学者把它们叫作觯。还有一件传世的万杯（《商周》10865）（图七），与粗体觚差不多，也有论著将其称为觯或者觚。与万杯相似的无铭文的青铜杯在长安张家坡窖藏中也出土过[9]，共有5件，年代接近，在西周中晚期之际。一式2件，大小相同，高13.6厘米，形态似觚，短而粗（图八）；二式1件，高13.3厘米，一侧有鋬（图九）；三式2件，高12.2厘米，两侧有镂空把手（图一〇）。三种样式虽然有异，但主体是一种觚形杯，二式和三式无非在一式的基础上增加单鋬或双鋬而已。这无疑在告诉我们饮壶与觚、杯之间的联系。

图五　󰀁杯　　　　　　图六　亚若癸杯　　　　　图七　万杯

可见从西周中期开始，饮酒器如觚、觯等逐渐消亡。酒器中只有壶、罍沿用时间长，但壶、罍等酒器，形体大，不适宜做饮酒器，这就需要一种小型饮酒器与之相配，于是饮壶与杯应运而生。饮壶虽在西周中期替代了觯，但饮壶毕竟是昙花一现，西周晚期很快就消失了。饮壶的数量非常少，不足以取代觯，因此除了饮壶，还有青铜杯，当然数量也不多。其原因除了禁止酗酒，还因为西周中晚期发现的墓葬数量实在有限，而

图八 无耳杯

图九 单鋬杯

图一〇 双鋬杯

且不少被盗掘了,组合关系无从了解。在西周中晚期,虽说觯衰落了,但是在北赵晋侯墓地等处还是出土了一部分,说明禁止酗酒的政策在高层并没有得到全面贯彻。

到了春秋早期,青铜卮出现了,它体量较小,侈口、束颈,腹部饰环耳,更利于饮酒,在形制上正合适与壶、罍等大型盛酒器相配,故而青铜卮能够迅速崛起并繁盛起来。

青铜卮在墓葬出土青铜器组合方面有两个重要的特点:一个就是如《青铜卮卷》所言卮在初现时就单独随葬,如山东栖霞吕家埠M1、M2和淄川南阳墓;而后还有不少墓葬存在只随葬一件青铜卮的现象,如山西闻喜上郭村墓地、湖北当阳金家山墓地、河北延庆军都山玉皇庙墓地等。这种现象和爵在二里头墓葬中初现时以及在商代墓葬中单独出土一样,显示卮在小型墓葬中很流行,说明卮具有良好的社会基础。另一个是青铜卮行用的层次多,无论大中小型墓葬都有它的存在。据《中国古代青铜器整理与研究·青铜壶卷》统计[10],各阶段出土青铜壶的器物组合完整的墓葬情况:西周早期有15座,小型墓只有1座(墓室面积3.9平方米)、5~10平方米的有7座、10~20

平方米有5座、20平方米以上有2座。同出的饮酒器有觚、觯。西周中期7座，8~10平方米2座、10~20平方米有2座、20平方米以上有3座。有一部分墓葬出土觯。西周晚期15座，10~20平方米有5座、20平方米以上有10座。个别墓葬出土觯。春秋早期23座，5~10平方米的有3座、10~20平方米有13座、20平方米以上有7座。有一些墓葬出土卮，或明器觯。春秋中期15座，5平方米以下2座、10~20平方米有4座、20平方米以上有9座。大部分墓葬出土卮。春秋晚期16座，5~10平方米4座、10~20平方米有3座、20平方米以上有9座。大部分墓葬出土卮。战国早期31座，小型墓1座（3平方米）、5~10平方米7座、10~20平方米有10座、20平方米以上有13座。少部分墓葬出土卮。战国中期21座，小型墓2座、5~10平方米1座、10~20平方米有5座、20平方米以上有13座。出土卮的墓葬很少，但有青铜杯出现。战国晚期19座，小型墓1座、5~10平方米6座、10~20平方米有3座、20平方米以上有9座。出土卮和杯的情况与中期接近。

  从以上数据可知，西周墓葬出土饮酒器以觚、觯为主，并随着时间的推移，觚先消失，觯的数量也逐渐减少。春秋早期是过渡期，觯很少，且以明器形式出现，同时卮开始登场。由此可见，饮酒器并未消失，而是由卮来替代。春秋中晚期大部分墓葬出土卮。战国早期以后，卮的数量减少，取代者是青铜杯。

  需要说明的是，当卮与壶相配置时，通常出现在中型及其以上的墓葬中，这是因为壶的地位较高。而当卮作为唯一的酒器单独在墓葬中出现时，墓葬的规格通常没有那么高。正因为卮既可以与壶相配置出现在较大的墓葬中，又可以单独出现在较小的墓葬中，所以卮可以在不同级别的墓葬中出土，这使得它在春秋战国时期非常流行。这是卮能跨越五六百年，遍及大半个中国的原因之一。

  综上所述，我们可以理出一条饮酒器在不同历史阶段的表现形式：觚（从商代早期至西周早期）—觯（商代晚期至西周晚期）—饮壶、杯（西周中晚期）—卮（春秋早期至汉代）。

  可以这样理解：饮酒器的总的名称是杯，觚、觯、饮壶、卮不过是杯的别名，是适应不同时代要求的产物。从最初的陶杯到西汉的耳杯，是从实用又回归到实用的一个过程。觚、觯、饮壶、卮则是这个发展过程中杯被礼制化的种种产物。

  第二，从东周的时代特点来看新器种产生和发展模式的变化。

  如本文开始所言，为什么青铜卮出现在青铜器发展相对缓慢的阶段，而且没有首先发轫于王畿地区？我们的推测是东周时期的文化氛围不同于商和西周，导致青铜器新器类产生和发展的模式发生了改变。为了说明问题，我们不妨同时来看看与青铜卮相似的另一个器种——青铜鍪[11]。

  首先，青铜卮和青铜鍪这两类器开始出现时都属于地方性器类。

  如前所言，青铜卮最先出现在山东莒县西大庄墓地，而青铜鍪原本出自巴蜀地区，对此，学界也没有疑问。换言之，这两种新器种都不是来自当时的王畿地区，这与商和西周时期主要器种的产生地不同。鼎、爵、斝、盉最先出现在偃师二里头遗址——夏王朝晚期都城的所在地；鬲、簋、觚、罍、尊、卣、盂、盘最先出现在郑州商代遗址——商代早期都城的所在地；觥、方彝最先出现在殷墟遗址——商代晚期都城的所在地。簠最先出现在宝鸡石鼓山墓地——在西周早期的王畿范围内[12]。在商与西周时期，商王室与周王室对天下有相当的掌控力，都城所在之处也就是政治、经济、文化的中心，自然成为重要礼器器类的诞生地。东周时期，天下纷争，周王室地位一落千丈，诸侯国各自为政，已经无所谓中心。相比而言，春秋时期的山东和战国时期的巴蜀地区经济发展形势较好，有产生新礼器器类的条件。

自史前社会以来，山东就与中原密不可分。两地的早期青铜文化被称为"中原-海岱"文化，或干脆以"黄河中下游地区"字样出现，将两地包括在内。在夏商周时期，山东的大部分地区就是三代王朝的组成部分。古本《竹书纪年》记载：帝相"元年征淮夷""二年，征风夷及黄夷""七年，于夷来宾"。帝少康"即位，方夷来宾"。帝杼时，"征于东海及三寿"。帝芬"三年，九夷来御，曰畎夷、于夷、方夷、黄夷、白夷、赤夷、玄夷、风夷、阳夷"。帝芒时"命九夷"。帝泄"二十一年，命畎夷、白夷、赤夷、玄夷、风夷、阳夷"。至夏末帝发时，仍有"诸夷宾于王门，献其乐舞"[1]。可见夷人受夏朝统治。据李学勤先生考证，从德州到潍坊的大片地区属于夏朝的势力范围。到了商朝晚期，最著名的战争就是帝辛"征夷方"，地点多在山东。进入西周，由于周王朝分封的诸侯国如齐、鲁、滕都在山东，加快了不同文化的融合，至此东夷文化完全融汇到西周文化里了[14]。这样作为东夷文化特征的青铜匜自然很容易为处在山东的包括姬姓贵族在内的其他部族所吸纳。

其次，器种主人的族属都不是华夏族。

如前所言，青铜匜是东夷文化的产物，青铜鍪是巴蜀文化的产物。可见这两种器种都不是华夏族发明的。而商和西周出现的新器种的主人的族属都是华夏族。譬如最早的青铜甗，虽然出自远离商王畿地区的湖北盘龙城，但这里是商王朝在南土的重要据点，这件甗的文化属性很明确[15]。至于在同一时期中原为什么没有出土甗，很可能是中原没有发现未经盗掘的20平方米以上的大墓。还有青铜盨，最早出土于河南平顶山应国墓地[16]，但应国是西周的姬姓诸侯国，文化面貌与王朝并无二致。鉴于西周王畿地区如周原和丰镐地区缺少未经盗掘的大墓，所以现在还不能说这些地方不会发现更早的簠和盨。簠最先出现在宝鸡石鼓山墓地，但簠上有铭文，这一点也有助于说明簠是华夏族的发明。东周时期是各民族大发展、大融合的时期。周边的少数民族受到华夏族的巨大影响，在政治、经济、文化方面都有了明显的进步，因此有能力制造新器类。青铜匜和青铜鍪首先从所谓四夷中产生就不难理解了。

再次，要关注的是东周时期礼器向实用器转变的大趋势。从中国古代青铜器的发展轨迹来看，新石器时代晚期出现最早的青铜器，均为兵器、工具、装饰品之类，都是实用器。进入文明社会以后，青铜器被赋予礼制文化的意义。夏商周时期的礼乐器是当时精神信仰的集中体现，又是宗法制度、等级制度的物化。春秋以后，随着社会制度的变革，青铜器渐渐失去往昔至尊的地位，向日用器物转化，又回归为实用器。前面谈到青铜卮的发展脉络，从早期实用的酒杯，变成礼制载体的青铜觚、觯、饮壶、卮，到了战国晚期青铜卮又开始向实用回归，秦汉的耳杯就是其结果。

至于青铜鍪则更为明显。它产生于战国早期，流行于战国中期以后，自身的实用特点恰恰与此时青铜器的发展潮流合拍，从而大有用武之地。铜鍪首先为秦国所接纳，与秦国的文化制度和观念有关。春秋时，秦国还是严格按照"周礼"来铸造和使用青铜礼器。从战国中期开始，秦国改造旧有的青铜礼器制度，吸收先进的中原青铜文化。其原因是商鞅变法后，秦国实行门户开放，加强与中原诸国的联系[17]。虽然各国都在变法，但只有秦国较为彻底。有学者指出：这方面的依据是，许多东方诸侯国的战国中晚期的大墓，依然有成套的青铜礼器，而这种现象在秦国并未见到[18]。在中型墓葬中，秦国与东方诸侯国的差别也很明显。秦墓中出土的铜器不仅数量少、种类少，而且体量小、纹饰简单；相反，东方诸侯国墓中出土的铜器数量多、种类多，而且体量大、纹饰比较复杂，制作也比较精致。总体来说，秦国青铜器在数量和质量上均逊于中原青铜器[19]。这一点与铜鍪的简陋、粗糙但又实用正相吻合，铜鍪入主秦国便是很自然的事情了。

从形制来看，青铜卮与青铜鍪有相似之处。两者体量都不大，都在腹的两侧设置单耳或双耳。虽然青铜卮的装饰要好于青铜鍪，但与其他礼器相比还是比较简单。这显然与它们的实用性有关。尤其是青铜鍪，其下腹部和底部有烟炱痕迹，说明它是实用器物。而其实用性正是铜鍪大有作为的地方。战国早期铜鍪刚刚产生，只流行于巴蜀地区；战国中晚期，随着秦灭巴蜀，铜鍪进入关中；随后在秦灭东方六国的过程中，铜鍪逐渐向各地扩散[20]。

以上所论只是一些初步的想法，并有推测的成分，写出来希望诸位方家学者不吝赐教。

附注：本文系国家社科基金项目"夏商周青铜礼器的兴衰及其原因"（立项号：15BKG007）的阶段性研究成果。

注　释

[1] 齐耐心、孙战伟：《中国古代青铜器整理与研究·青铜卮卷》，科学出版社，2018年。本文凡是引用《青铜卮卷》的说法，以下不再一一注明。

[2] 王文娟：《商周青铜觚研究》，西北大学硕士学位论文，2005年，第33页。

[3] 张懋镕：《中国古代青铜酒器器类演变的差异性研究——从青铜斝谈起》，《古文字与青铜器论集》（第五辑），科学出版社，2016年，第337页。

[4] 吴镇烽：《商周青铜器铭文暨图像集成》（简称《商周》），上海古籍出版社，2012年。

[5] 曹斌：《商周青铜觯研究》，陕西师范大学硕士学位论文，2007年，第39页。

[6] 曹斌:《商周青铜觯研究》,陕西师范大学硕士学位论文,2007年,第41页。

[7] 张懋镕:《试论中国古代青铜器器类之间的关系》,《古文字与青铜器论集》(第二辑),科学出版社,2006年,第138页。

[8] 中国社会科学院考古研究所:《张家坡西周墓地》,中国大百科全书出版社,1999年,第159~161页。

[9] 中国科学院考古研究所:《长安张家坡西周铜器群》,文物出版社,1965年,第20页。

[10] 裴书研:《中国古代青铜器整理与研究·青铜壶卷》,科学出版社,2015年,第167~184页。

[11] 张懋镕:《铜盉小议》,《四川文物》2009年第2期;张懋镕:《古文字与青铜器论集》(第三辑),科学出版社,2010年,第188、189页。

[12] 张懋镕:《青铜簠兴起于宝鸡说》,《古文字与青铜器论集》(第五辑),科学出版社,2016年,第21~25页。

[13] 方诗铭、王修龄:《古本竹书纪年辑证》,上海古籍出版社,1981年,第5~15页。

[14] 李学勤:《夏商周与山东》,《烟台大学学报》(哲学社会科学版)2002年第3期;李学勤:《中国古代文明研究》,华东师范大学出版社,2005年,第374~382页。

[15] 李学勤:《盘龙城与商朝的南土》,《新出青铜器研究》(增订版),人民美术出版社,2016年,第13~17页。

[16] 张懋镕:《两周青铜研究》,《古文字与青铜器论集》(第二辑),科学出版社,2006年,第85页。

[17] 陈平:《试论关中秦墓青铜容器的分期问题》,《考古与文物》1984年第3期,第58~74页;1984年第4期,第62~71页。

[18] 俞伟超:《秦汉青铜器概论》,《古史的考古学探索》,文物出版社,2002年,第202页。

[19] 吴镇烽、尚志儒:《陕西凤翔高庄秦墓地发掘简报》,《考古与文物》1981年第1期,第12~38页。

[20] 陈文领博:《铜鍪研究》,《考古与文物》1994年第1期,第66~76页;刘弘:《巴蜀铜鍪与巴蜀之师》,《四川文物》1994年第6期,第16~19页。

(原载齐耐心、孙战伟:《中国古代青铜器整理与研究·青铜卮卷》,科学出版社,2018年)

西周姬姓诸侯国青铜礼容器的比较研究

三十年前，李学勤先生在《西周时期的诸侯国青铜器》一文中指出："过去只能讲东周时期列国青铜器的异同，现在则有条件探讨西周诸侯国青铜器的若干特点。"并认为："诸侯国的青铜器很多和周王朝的器物相同，在器形、纹饰和工艺上都看不出明显的特点。"[1]这是很中肯的结论。三十年来，随着大量西周诸侯国墓葬与青铜器的发现、国别文化研究的进一步深入，对西周诸侯国青铜文化的认识也更为深入细致。李树浪博士所著的《中国古代青铜器整理与研究·应国青铜器卷》[2]，就是对西周时期姬姓诸侯国应国青铜礼器的专门研究。本文想在此基础上着重讨论西周姬姓诸侯国在青铜礼容器方面的差别，研究这种差异，对了解姬姓诸侯国的生存环境和状态具有重要意义。

本文研究的对象是几个主要的姬姓诸侯国：北方的晋国、中原的应国、南方的曾国、东方的鲁国。考虑西周时期鲁国的青铜器墓发现很少，所以将春秋早期的鲁国青铜器墓也包含在研究范围内，以资参考。

在西周时期，大致存在三大族群：殷遗民、周人和土著（土著包括西戎、北狄、东夷、南蛮等）[3]。就文化属性而言，有殷商文化、周文化和土著文化。所谓西周姬姓诸侯国青铜文化的差异，往往就是他们（周人）受殷商文化和当地的土著文化影响的深浅程度。窃以为，衡量他们受影响的标尺有四个方面：青铜器出土环境的差异、青铜器类别的差异、墓葬出土青铜器组合形式的差别以及日名和族徽问题。

一、青铜器出土环境的差异

内涵相近的青铜器，如果出土于不同的环境，其性质可能会截然不同。譬如，同样是有族徽和日名的青铜器，出土在西周殷遗民的墓葬中（如鹿邑长子口墓），它可能就是墓主人的器物，对判断此墓的性质起决定性作用；如果出土在周人的墓葬里（如叶家山曾国墓地），它就不一定是墓主人的器物，对判断此墓的性质起不了多大作用，甚至有可能扰乱我们的视线，导致做出错误的判断。所以讨论青铜器的差别，应该先从青铜器出土的环境差异谈起。

所谓青铜器的出土环境，即指青铜器所在墓葬的形制和葬式。在应、晋、鲁、曾四国中，以曾国的葬制与葬式最为特殊，与王畿地区的形式迥异。从叶家山曾国墓地布局来看，墓葬的方位大致是东西向，墓主人头朝东[4]。同时期殷遗民和周人墓葬的方位大致是南北向，墓主人头朝北，而江汉土著的墓葬的方位大致是东西向，墓主人头朝东。同时，叶家山曾国墓地年代最早的M1还有腰坑。腰坑是殷商墓葬的主要表征之一，自先周以来，周人的墓葬基本不用腰坑。由此可见，叶家山曾国墓地的葬制与葬式受到土著文化和殷商文化的双重影响，情况非常复杂，无怪乎很多研究者一开始都不认为叶家山曾国墓地的主人是姬姓诸侯国的贵族[5]。

其次是晋国。天马—曲村北赵晋侯墓地出现殉人、殉狗现象。M114有殉人、殉狗[6]，M9、M6、M91有殉狗[7]。商代晚期殉人、殉狗现象很普遍，与腰坑一样，是殷商文化的表征。自先周以来，周人的墓葬基本不用殉人、殉狗。可见西周时期的晋国葬制与葬式受到殷商文化的影响。由于未见腰坑，况且殉人、殉狗的例子也不多，故晋国葬制与葬式受到殷商文化的影响有限[8]。

再次是应国。在河南平顶山应国墓地，墓葬的方位大致是南北向，墓主人头北足南，既无腰坑，也无殉人、殉狗，可见在葬制与葬式方面应国贵族与王畿地区的姬周贵族一致，没有受到外来文化的影响[9]。

鲁国比较特殊。据《曲阜鲁国故城》介绍，墓葬的方位大致是南北向，分为甲、乙两组风格迥异的墓葬。前者有腰坑，绝大部分头向朝南，M202有殉人，29座墓有殉狗，后者无腰坑，也无殉人、殉狗，多数头向北。前者是当地的土著，东夷人，后者是姬姓鲁国贵族。两组墓的葬制、葬式不同，壁垒分明[10]。值得注意的是，在其他姬姓诸侯国的墓地，葬制、葬式往往很难分清，而在鲁国，却是一目了然。这种区分，显然是要彰显姬姓鲁国贵族在维护周礼方面的纯正性。

总而言之，在墓葬的形制和葬式方面，曾国所受外来文化影响最深，其次是晋国，再次是应国，最后是鲁国。

二、青铜器类别的差异

商周之际青铜器类别的变化主要体现在传统酒器的减少，以爵、觚、觯、斝、方彝的变化最为明显。我们曾经对有铭文的爵、觚、觯、斝、方彝的数量变化做过统计。商代晚期爵、觚、觯、斝、方彝的数量分别占总数的71.9%、89.4%、49.2%、82.2%、73.5%；西周早期爵、觚、觯、斝、方彝的数量分别占总数的26.7%、10.6%、46%、16.8%、13.3%；西周中期爵、觚、觯、斝、方彝的数量分别占总数的1.3%、0%、4.8%、0%、13.3%[11]。可见爵、觚、觯、斝、方彝在西周早中期之交迅速衰落或消亡了。

需要说明的是，在西周早期的墓葬中，使用爵、觚、觯、斝、方彝者主要是殷遗民，周人较少使用。具体而言，不同等级的姬周贵族使用爵、觚、觯、斝、方彝的情况也不一样。大致4平方米以下的小型墓葬以及中型偏小的墓葬出土鼎和簋，不出爵、觚和觯；中型偏大以及大型墓葬会出土爵、觚、觯、斝、方彝。但其中有些爵、觚、觯、斝、方彝乃"分器"及其他途径而来，并非墓主人所固有（详下）。中期之后，即使在中型偏大的姬周贵族墓葬中也几乎不使用爵、觚、觯；在大型姬周贵族墓葬中有使用爵、觚、觯、斝、方彝，但其中很多为明器。显然在西周时期，爵、觚、觯、斝、方彝是具有标志性的器物。我们可以通过分析应、晋、鲁、曾四国青铜器中这些酒器的数量与质量来评判各自受殷商文化影响的程度。

先看应国。平顶山应国墓地出土的酒器有M229出土的应事爵和应事觯，M242出土爵1件、觯2件，M210出土爵（明器）、觯（明器）各1件，M84出土爵、觯各1件，M85出土素面觯1件，M232出土觯或尊的残片，M231出土锡觯1件，M213出土锡爵、觯各1件，M86出土爵、觯的残片[12]。由应事爵和应事觯的铭文可知是应国贵族的青铜器，其他酒器虽无铭文，但从锈色和器物风格来看，不好说是外来之器，大致也是应国青铜器。传世应国青铜器中还有两件应公觯，一件有鋬（《商周》010269）[13]，一件或被称为尊（《商周》010269），其实还是觯。引人注目的是后一件应公觯腹部饰大兽面纹，其纹饰形态和布局都有浓郁的商器艺术风格。M242的年代大致在昭王时期，M229的年代已进入西周中期。爵与觯自西周早期晚段开始衰落，在周王畿地区的周人墓里已经很少见到爵和觯了，而在应国墓地还多次出现，考虑应国墓地被盗严重，实际上传统酒器数量还要多。例如，2008年苏富比春拍的一件应䛒方彝[14]，做工精致，可能来自平顶山应国墓地。西周中期方彝很少，且制作一般，应䛒方彝便显得引人注目。这些都说明在酒礼器方面，应国受殷商文化影响还是比较大的[15]。

再看晋国。山西天马—曲村北赵晋侯墓地的发掘资料至今没有详细公布，加之被盗严重，想对墓地的文化状态做一点研究是非常困难的。下面只是根据已公布的材料谈一点看法。M113和M114是墓地中年代最早的一组墓葬，在西周早中期之交，是最合适与其他三个诸侯国做比较的考古遗址，因为叶家山曾国墓地的下限在这个时期，平顶山应国墓地的材料也主要在这个时期，是最能反映诸侯国文化差异的时期。M114乃晋侯墓，被盗严重，出土觯1件；M113为晋侯夫人墓，此墓未被盗，出土爵2件、觯3件、觚1件[16]。按常理可推知M114出土的爵、觯、觚的数量应更多，种类也更多。中期偏晚的M33出土觯1件，晚期的M8、M62~M64、M91~M93、M102都出土有爵或爵、觯。M62、M63、M93、M102还出土了方彝[17]。M63出土的云纹方彝（M63：76），盖体连铸，无底，显然是一件明器。M93出土的龙纹方彝（M93：51），装饰比上一件讲究多了，在盖顶捉手两侧各装饰一只蹲踞状的小熊，在器盖四侧分别装饰顾首卧龙和卧虎各两只，器身上亦装饰爬兽4只，从器盖到器身及四角装饰扉棱，盖、沿下饰波带状云纹，近圈足处饰斜角云纹，圈足上饰重鳞纹。方彝在西周中期之后已很少见，西周晚期的晋侯墓葬出土这样装饰讲究的方彝，可见在晋国社会上层，受殷商文化的影响可谓绵长。

由于尚未发现西周时期鲁侯的墓葬，所以很难与其他诸侯国国君的墓葬做对比研究。迄今为止只见到一件鲁侯爵（《商周》08580），不知有觚、觯、斝、方彝否，所以鲁国在青铜器类方面所受殷商文化的影响难以判断。

最后谈曾国。湖北随州叶家山墓地保存完整，使我们有可能对西周早期的曾国青铜器的类别特点有比较清楚的了解。叶家山曾国墓地出土不少爵、觚、觯，但是其中有一部分缀有族徽，显然是外来之器，部分可能是"分器"所得的器物[18]，应剔除出去，以免影响我们的判断。曾经有人以叶家山墓地出土族徽青铜器多而否定墓地主人为姬姓贵族，显然是没有搞清楚它们的来源。

M1出土父乙爵1件（M1:010）、父癸觚2件（M1:013、M1:020）和冉父丁斝1件（M1:015），共4件[19]。这4件器物属于"分器"的可能性很大。

M27出土父乙觚1件（M27:13），觯4件：父癸觯、守父乙觯、冉觯、且南蘦觯（有人将蘦前二字释作"且南"，恐怕有问题，在早期金文中，通常人名之前是族徽，所以这也是一件有族徽的觯）[20]。这4件觯尺寸、形制、纹饰、族徽各不相同，可见是临时拼凑的一套器物，不是曾侯自己的器物。有一件举觚壶也是外来之器。还有一件兽面纹觥，发掘者认为有较早的年代特征，很有道理[21]。共7件。另外，M27出土2件青铜爵（M27:5、M27:6），尺寸、形制、纹饰基本一致，无族徽，很可能是曾侯自己的器物。

M28出土父辛爵1件（M28:172），另一件父辛爵（M28:171）与前者形态、风格接近，很可能是同时所铸。这两件爵年代较早。还有萋母辛觯（M28:168）1件[22]。这几件器物属于"分器"的可能性很大。

M46出土鸟父丁爵2件（M46:13、M46:14）、亚雋父丙觯1件（M46:11）、父乙尊（M46:16）、祖乙卣（M46:12）各1件[23]。这几件器物的年代都比较早，属于"分器"的可能性很大。

M65出土弦纹爵2件（M65:33）、云雷纹觯1件（M65:159）[24]。这3件器的年代也比较早。

M107出土父乙爵1件（M107:10）[25]，觚（M107:11）1件，戈父乙尊（M107:8）、戈父乙卣（M107:7）各1件。这些器的年代大致在昭王前后，所以不属于前面所说的"分器"，可能是通过助祭、通婚等途径获得的。M107出土西宫爵1件（M107:12），显然是曾侯的器物，还有父辛觯（M107:9）1件，从组合关系的角度看，也有可能为曾侯所作。

M111出土觚形器1件（M111:123）[26]，此器形制特殊，前所未见，又无族徽，装饰简单，与晚殷以来的觚有别，很可能是曾侯自作的器物。还有侯用彝斝（M11:111），上有铭文"侯用彝"，表明这是曾侯所用器。这些不是外来之器。

综上所述，叶家山曾国墓地出土爵、觚、觯、罍等酒器不少，其中至少有6件是曾侯自作的器物。其中曾侯用罍的出现，引人注目，因为西周早期罍特别少，而且在此之前还没有一件罍可以证明为姬周贵族所用。这些都表明曾国青铜器受到殷商文化的影响可能比较大[27]。

总而言之，在青铜酒器的使用方面，像应、晋、鲁、曾国这样远离西周王畿，靠近或者处于殷商文化氛围浓郁的地方的诸侯国，既不同于殷遗民对酒器的眷恋，也与西周王畿姬周贵族的态度有别。比较而言，在酒器方面所受殷商文化的影响，应、晋、曾三国为大，鲁国可能较小。

应、晋、鲁、曾四国青铜器不仅受到殷商文化的影响，也受到周边土著文化的影响。

正如《中国古代青铜器整理与研究·应国青铜器卷》指出的，应国部分青铜器受到南方青铜文化的影响。譬如，匍盉的形制与雁形近，明显是模仿水禽的造型，可能起源于地方青铜文化。M242出土的素面鼎（M242：13）很有特点，束颈、垂腹、细高足，这种薄壁细高足鼎不产于中原地区，从商代晚期到春秋战国时期，一直在南方地区流行。M85出土的蟠龙盖盉（M85：16），作为盖纽的蟠龙为高浮雕，与中原地区的蟠龙的造型和装饰风格不同。陈小三博士认为该器有典型的吴越风格特点[28]，很有道理。M84出土的箍棱鼎（M84：74）的形制也很特别，做束颈、垂腹状，但与一般束颈垂腹鼎不同的是颈与腹交界处呈凸起状，形成一周箍棱，这种形制的鼎在中原地区罕见，应是受到长江中游青铜文化影响的结果，或许是应国位置偏南的原因受南方青铜文化影响比较深。

与应国相反，晋国地处北土，受北方、西北青铜文化的影响要大一些。晋侯墓地M113出土一件青铜三足瓮（M113：37），乃仿陶三足瓮而成，极为少见，年代在西周早期。而陶三足瓮可能来自更北的内蒙古（朱开沟遗址）或较近的东下冯遗址，通过女性婚嫁（M113是晋侯夫人墓），将这些异族的器物带进晋国。M113还出土一件青铜双耳罐（M113：125），年代应在西周早期。青铜罐很少见于西周墓葬中。双耳折肩罐为齐家文化陶器中的常见形制，而这件铜双耳罐与齐家文化秦魏家下层出土的陶双耳罐（M89：3）相似。这些器物出在晋侯夫人墓中，晋侯夫人很可能与羌人有关系，至少表明晋文化与西方、北方的戎狄文化有频繁交流[29]。

西周时期鲁国的情况目前我们还不清楚，到了春秋早期，鲁国故城墓葬出土的一些青铜器有地方特色，如M48出土的裸体人形三足盘，据方辉先生研究，这种以裸体人形作足的器物多出于海岱莒文化区，如小邾国墓地M3、滕州后荆沟M1、临朐泉头M甲、沂源姑子坪M1等墓葬，是海岱地区的特色器物，年代也多在西周晚期至春秋早期[30]。鲁国故城M48出土的裸体人形三足盘可能是受其影响的产物。鲁国故城的两件卵形青铜壶（M30：32、M48：16）不见于中原及海岱境外的其他地区，但在鲁东南日照地区发现较多[31]，年代也略早，应来自海岱东南一带或者是受其影响。

曾国青铜器也受到其他青铜文化的影响。典型例子是M111出土的青铜镈（M111：5）。正如发掘者所言："器形、兽面纹、虎与鸟装饰与湖南邵东贺家村镈钟几乎相同。"[32]是南方地区的产品。M1出土的兽面纹小鼎（M1：14），与天马—曲村晋国墓地M6081出土的2件南宫姬鼎有点相似。从M2出土的曾侯谏作媿甗、簋来看：M1出土的这件兽面纹小鼎的纹饰风格与曾侯方鼎有关联，它有可能借鉴了北方媿氏青铜器的形制与纹饰[33]。

总而言之，在青铜器器类方面受其他文化的影响，应、晋、曾三国为大，鲁国可能较小。

三、墓葬出土青铜器组合形式的差别

我们在《西周早期铜器墓的分类与族属——兼论"分器"现象》一文中，为判定西周早期墓葬的族属提出五点标准。其中第四点是："凡是墓葬中酒器种类与数量超过食器，多使用青铜爵、觚、觯等酒器，这样的墓葬主人一般来说为商人，反之为周人。"[34]换言之，哪个姬姓诸侯国的青铜器组合中酒器种类与数量接近食器，这个姬姓诸侯国的青铜器受殷商文化的影响就深，反之则浅。需要说明的是，酒器中如有明器，则要酌情考虑。

先看应国。很遗憾，平顶山应国墓地被盗严重，西周早中期器物组合完整的墓葬不多。M242出土鼎、簋、觯各2件，尊、卣、爵各1件。酒器数量（5件）多于饪食器（4件）数量，颇不寻常。在饪食器中至少有1件柞伯簋是外来之器。在5件酒器中，表面锈色与风格比较一致，也没有族徽，不像是外来之器，应是当时当地铸造。鉴于一般殷商青铜器墓中酒器数量多于饪食器的特点，说明M242在青铜器组合方面受殷商文化的影响较大。

另一座墓葬是M229，器物组合是否完整，发掘者没有明确指出。年代应晚于M242，在昭穆之际。出土有鼎、簋、爵、觯各1件，酒器数量（2件）等于饪食器（2件）数量。这4件青铜器上都有器主的名字"应事"。尤其是应事爵，据报告说"器壁甚厚，做工精细"，且有铭文，显然它不是仓促制作的明器。锈色与风格比较一致，应是当时当地铸造。已经到昭穆之际了，此时爵、觯这样成组的酒器组合已经很少，而应事还在铸造爵、觯，可见墓主人更在乎酒器，在青铜器组合方面所受殷商文化更深。

M210出土青铜器6件：鼎、簋、尊、卣、爵、觯各1件，酒器数量（4件）大于饪食器（2件）数量。但尊、卣、爵、觯都是明器，其制作是为了体现墓主人的身份地位，文化方面的意义要弱一些。

M84（应侯再墓）出土青铜器10件：鼎2件，甗、盨、盘、盉、尊、卣、爵、觯各1件。酒器数量（4件）等于饪食器（4件）数量[35]。

从以上4座墓分析，出土酒器与饪食器数量非常接近，尤其是应侯再墓年代已进入西周中期，仍然有较多的酒器，表明受殷商文化影响之深。

研究晋国青铜器组合的好材料是北赵晋侯墓地出土的青铜器。年代较早的墓葬只有M113和M114，鉴于M114晋侯墓被盗严重，只能用M113晋侯夫人墓的资料。M113出土饪食器15件：鼎8、簋6、甗1，酒器12件：爵2、觯3、觚1、尊1、卣2、壶1、罐1、瓮1，饪食器数量大于酒器数量。较晚的资料有M91，出土饪食器17件：鼎7、簋5、鬲2、甗1、豆1、盂1，酒器6件：爵2、尊1、卣1、壶2，也是饪食器数量大于酒器数量。年代最晚的M93出土饪食器14件：鼎6、簋7、甗1，酒器7件：爵1、觯1、尊1、卣1、壶2、方彝1，饪食器数量大于酒器数量，而且酒器中除了壶都是明器[36]。

鲁国比较特殊，其青铜器的组合形式可以分为两个系统。一是以甲组墓为代表的、当地土著即东夷青铜器的组合形式：始终以卣为核心，每座青铜器墓至少有1件青铜卣随葬，大部分青铜器墓没有鼎，中原地区常见的鼎、簋制度在这里基本不存在。没有明器，多以实用器陪葬。二是以乙组墓为代表的、姬周贵族的青铜器组合形式：以鼎、簋组合为核心，卣少，有明器[37]。这说明鲁国对境内的殷遗民或东夷土著并没有彻底推行"变其俗，革其礼，丧三年，然后除之"的政策，姬姓鲁人与共居于鲁国都城的殷遗民或东夷土著保留了各自的风俗习惯[38]。

随州叶家山曾国墓地的资料比较丰富。其中M1出土饪食器13件：鼎8、簋2、甗1、鬲1、匕1，酒器10件：爵3、斝1、觚1、觯1、尊1、卣1、罍1，饪食器数量大于酒器数量。M2出土饪食器9件：鼎5、簋2、甗1、鬲1，无酒器。M3出土饪食器5件：鼎2、簋2、甗1，无酒器。M27出土饪食器12件：鼎5、簋4、甗1、鬲2，酒器13件：爵2、觚1、觯4、尊1、卣1、罍2、壶1、斝1，酒器数量大于饪食器数量。M28出土饪食器13件：鼎7、鬲1、甗1、簋4，酒器10件：尊2、卣2、爵2、觚1、觯1、罍1、壶1，饪食器数量大于酒器数量。M65出土饪食器13件：鼎7、簋4、甗1、鬲1，酒器6件：尊1、卣1、壶1、爵2、觯1，饪食器数量大于酒器数量。M107出土饪食器5件：鼎2、簋1、甗1、鬲1；酒器6件：尊1、卣1、爵2、觚1、觯1，饪食器数量小于酒器数量。总体来说，西周早期曾国墓葬出土青铜器组合中饪食器数量大于酒器数量[39]。

综上所述，除了鲁国情况不清楚之外，晋国和曾国基本奉行西周王畿地区实行的重食政策，应国稍差一些，究竟是重食还是重酒不明显，显然后者受殷商文化影响要大一些。

四、日名和族徽问题

20多年来我们相继发表了《周人不用日名说》《周人不用族徽说》《再论"周人不用日名说"》《三论"周人不用日名说"——兼答周言先生》《周人不用族徽、日名说的考古学意义》《周人不用族徽、日名说的考古学证明》一系列文章，旨在说明商周时期周人基本不用日名，至于极少数姬周贵族偶尔使用日名，是缘于相互间的文化影响。"作为殷商时期非常重要的日名制度在周人身上竟没有打下任何印记，那反而是一种不正常的现象，失去了历史的真实。"[40]当然周人使用日名是有限定的时空范围的：①周人使用日名的时间很短，主要在成康时期，个别进入西周中期，如应事爵、觯，还有漱姬簋，但不会晚于穆王。②周人使用日名的层面很窄，主要是大贵族，如武王以及召公、曾侯。③周人使用日名的地域偏东，譬如应事爵、觯作为应国青铜器出在远离西周王畿、殷商文化氛围浓郁的河南地区，有利于证明这一点。

在应、晋、鲁、曾四国中，曾国使用日名的现象比较突出。M111出土的曾侯作父乙方鼎铭曰："曾侯作父乙宝尊彝。"M1也出土了"师作父癸宝尊彝"铭文的方鼎，但不能确定其主人的身份。考虑到另外两位曾侯（M28、M65）的青铜器上并未出现日名，所以日名铜器所占的比例仍然比较低。

曾侯青铜器上不但有日名，还有族徽。譬如，M27出土的伯生盉（M27：15），铭文曰："白（伯）生作彝。曾。"作为国名的曾字缀在铭文末尾，与商代青铜器上族徽的位置一致，考虑西周早期族徽文字已经开始衰落，所以曾国青铜器上的所谓族徽已经丧失了意义，只是一种模仿而已，当然这种模仿还是折射出殷商文化的影响。

其次是应国。M229的应事爵、觯铭文相同："应事作父乙宝。"作为贵族，应事使用日名，有两种可能：一种是应事并非姬姓，与应公、应侯不属于同一家族；另一种可能是应事与应公、应侯属于同一家族，那就意味着应国贵族也使用日名。《河南平顶山应国墓地八号墓发掘简报》一文，介绍墓中出土的1件应公鼎，其铭曰："应公作尊彝簠鼎，武帝日丁子子孙孙永宝。"[41]铭文中的"武帝"就是周武王，日丁是武王的庙号。《左传·僖公二十四年》："邘、晋、应、韩，武之穆也。"应公一支以武王为其始祖，似乎应国也用日名。但在其他应公、应侯青铜器上并没有日名，M8出土应公鼎上有日名只是对周初应国祖先偶用日名的一种追述。如此来说，应国使用日名的比例也很低。

迄今在晋国和鲁国青铜器未见缀有日名，说明在日名制度方面，晋国和鲁国所受殷商文化影响小于曾国和应国。

五、结 语

以上我们从青铜器出土环境的差异、青铜器类别的差异、墓葬出土青铜器组合形式的差别、日名和族徽问题四个方面对应、晋、鲁、曾四个诸侯国的青铜器进行了考察。在墓葬的形制和葬式方面，曾国所受外来文化影响最深，其次是晋国，再次是应国，最后是鲁国。在酒器方面所受殷商文化的影响，应、晋、曾三国为大，鲁国较小。青铜器类所受其他文化的影响，应、晋、曾三国为大，鲁国较小。青铜器组合形式方面，除了鲁国情况不清楚之外，晋国和曾国实行重食政策，应国稍差一些，似乎酒、食并重。在使用日名方面，晋国和鲁国所受殷商文化影响小于曾国和应国。综合分析，四个诸侯国所受殷商文化和土著文化的影响程度，以曾国为最，应国和晋国次之，鲁国可能最小。从中可见，鲁国最为纯正，所谓"周礼尽在鲁矣"并非夸大之词。

造成以上态势的原因是多方面的，首先是地理方面的原因。原本周承殷制，西周姬姓诸侯国受到殷商文化因素的影响，是很自然的现象。如果从地域角度来看，同为姬姓诸侯国，由于居处的方位不同，所受到的殷商文化的影响程度也不同。曾国所在的江汉流域，虽然离殷都安阳遥远，但往昔毕竟是商人长期经略的南土，弥漫着浓郁的殷商文化气息[42]。应国虽然比曾国离周王畿要近一点，但处在河南的中部偏南，这里的殷商文化氛围较浓，受到的影响自然大一点。

还有社会制度方面的原因。鲁国距离周王畿虽然遥远，但曲阜一带受殷商文化的影响并不大，反而是东夷文化有实力。毕竟周礼对鲁国的影响太大，东夷文化对鲁国似乎也无可奈何。值得注意的是，曾国墓葬连葬制（出土青铜器的环境）都变了，可见真正做到了"入乡随俗"。然而，最纯正的鲁国始终没有成为大国，善于融合其他文化的晋国和曾国则一直延续到战国，这是值得深思的地方。

需要说明的是，以上对四个诸侯国的比较，往往是不对等的，或者不都在同一个年代范围，或者不全是同一级别的墓葬，或者墓葬出土的器物不都在同一阶层，因此以上比较的结果还存在很多问题。限于客观条件，只有请读者谅解了。

附注：本文系国家社科基金项目"夏商周青铜礼器的兴衰及其原因"（立项号：15BKG007）的阶段性研究成果

注　释

[1] 李学勤：《西周时期的诸侯国青铜器》，《中国社会科学院研究生院学报》1985年第6期；李学勤：《新出青铜器研究》（增订版），人民美术出版社，2016年，第28页。

[2] 李树浪：《中国古代青铜器整理与研究·应国青铜器卷》，科学出版社，2019年。本文凡引述该书的观点，不再一一注明。

[3] 张懋镕：《西周早期铜器墓的分类与族属——兼论"分器"现象》，《古文字与青铜器论集》（第五辑），科学出版社，2016年，第347～349页。

[4] 湖北省博物馆、湖北省文物考古研究所、随州市博物馆：《随州叶家山西周早期曾国墓地》，文物出版社，2013年，第12页。

[5] 李学勤、李伯谦、朱凤瀚等：《湖北随州叶家山西周墓地笔谈》，《文物》2011年第11期，第64～77页；黄凤春：《关于叶家山西周曾国墓地的族属问题》，《叶家山西周墓地国际学术研讨会会议论文》，内部资料，2013年，第5页。

[6] 北京大学考古文博学院、山西省考古研究所：《天马—曲村遗址北赵晋侯墓地第六次发掘》，《文物》2001年第8期，第9、10页。

[7] 北京大学考古学系、山西省考古研究所：《天马—曲村遗址北赵晋侯墓地第二次发掘》，《文物》1994年第1期，第3～6页；北京大学考古学系、山西省考古研究所：《天马—曲村遗址北赵晋侯墓地第五次发掘》，《文物》1995年第7期，第10页。

[8] 张懋镕：《晋侯墓地文化解读三题》，《古文字与青铜器论集》，科学出版社，2002年，第70~72页。

[9] 河南省文物考古研究所、平顶山市文物管理局：《平顶山应国墓地Ⅰ》，大象出版社，2012年，第18、92、144、188、219页。

[10] 山东省文物考古研究所、山东省博物馆等：《曲阜鲁国故城》，齐鲁书社，1982年，第214、215页。

[11] 张懋镕：《试论商周青铜器的文化属性与器类演变的关系》，《古文字与青铜器论集》（第四辑），科学出版社，2014年，第197~201页。

[12] 河南省文物考古研究所、平顶山市文物管理局：《平顶山应国墓地Ⅰ》，大象出版社，2012年，第27、96、154~156、190、191、391、407、408、449、583、670页。

[13] 吴镇烽：《商周青铜器铭文暨图像集成》（简称《商周》），上海古籍出版社，2012年。

[14] 李树浪：《中国古代青铜器整理与研究·应国青铜器卷》，科学出版社，2019年。

[15] 张懋镕：《西周早中期应国青铜礼器中的商文化因素》，《古文字与青铜器论集》（第五辑），科学出版社，2016年，第79~83页。

[16] 北京大学考古文博学院、山西省考古研究所：《天马—曲村遗址北赵晋侯墓地第六次发掘》，《文物》2001年第8期，第12页。

[17] M8、M13见于北京大学考古系、山西省考古研究所：《天马—曲村遗址北赵晋侯墓地第二次发掘》，《文物》1994年第1期，第4~6页。M31见于北京大学考古系、山西省考古研究所：《天马—曲村遗址北赵晋侯墓地第三次发掘》，《文物》1994年第8期，第22、33页。M62~M64见于北京大学考古系、山西省考古研究所：《天马—曲村遗址北赵晋侯墓地第四次发掘》，《文物》1994年第8期，第1~21页。M33、M91~M93、M102见于北京大学考古系、山西省考古研究所：《天马—曲村遗址北赵晋侯墓地第五次发掘》，《文物》1995年第7期，第4~38页。

[18] 张懋镕：《西周早期铜器墓的分类与族属——兼论"分器"现象》，《古文字与青铜器论集》（第五辑），科学出版社，2016年，第344页。

[19] 湖北省文物考古研究所、随州市博物馆：《湖北随州叶家山西周墓地发掘简报》，《文物》2011年第11期，第27~29页。

[20] 湖北省文物考古研究所、随州市博物馆：《湖北随州叶家山西周墓地发掘简报》，《文物》2011年第11期，第27~32页。

[21] 湖北省博物馆、湖北省文物考古研究所、随州市博物馆：《随州叶家山西周早期曾国墓地》，文物出版社，2013年，第210页。

[22] 湖北省文物考古研究所、随州市博物馆：《湖北随州叶家山M28发掘报告》，《江汉考古》2011年第4期，第26、27页。

[23] 湖北省文物考古研究所、随州市博物馆：《湖北随州市叶家山西周墓地》，《考古》2012年第7期，第47页。

[24] 湖北省文物考古研究所、随州市博物馆：《湖北随州叶家山M65发掘简报》，《江汉考古》2011年第3期，第21、22页。

[25] 湖北省文物考古研究所、随州市博物馆：《湖北随州叶家山M107发掘简报》，《江汉考古》2016年第3期，第13页。

[26] 湖北省博物馆、湖北省文物考古研究所、随州市博物馆：《随州叶家山西周早期曾国墓地》，文物出版社，2013年，第112~146页。

[27] 需要说明的是，叶家山有些资料没有发表或者不完整（如只有铭文拓片没有器形图），本文无法运用，故而会有议论不到的地方。

[28] 陈小三：《平顶山应国墓地新见铜盉与吴越地区西周铜器断代》，《考古》2015年第5期。

[29] 陈芳妹：《晋侯墓地青铜器所见性别研究的新线索》，《晋侯墓地出土青铜器国际学术研讨会论文集》，上海书画出版社，2002年，第163页。

[30] 齐皖（方辉）：《山东省博物馆馆藏裸人铜方鼎》，《文物天地》1990年第5期。

[31] 杨深富：《山东日照崮河崖出土一批铜器》，《考古》1984年第7期。

[32] 湖北省博物馆、湖北省文物考古研究所、随州市博物馆：《随州叶家山西周早期曾国墓地》，文物出版社，2013年，第252、253页。

[33] 张懋镕：《谈随州叶家山西周曾国墓地》，《古文字与青铜器论集》（第四辑），科学出版社，2014年，第18页。

[34] 张懋镕：《西周早期铜器墓的分类与族属——兼论"分器"现象》，《古文字与青铜器论集》（第五辑），科学出版社，2016年，第348页。

[35] 河南省文物考古研究所、平顶山市文物管理局：《平顶山应国墓地Ⅰ》，大象出版社，2012年，第149、189、191、405~408、572~583页。

[36] 北京大学考古文博学院、山西省考古研究所：《天马—曲村遗址北赵晋侯墓地第六次发掘》，《文物》2001年第8期，第12页；M8、M13见于北京大学考古系、山西省考古研究所：《天马—曲村遗址北赵晋侯墓地第二次发掘》，《文物》1994年第1期，第4~6页；M31见于北京大学考古系、山西省考古研究所：《天马—曲村遗址北赵晋侯墓地第三次发掘》，《文物》1994年第8期，第22、33页；M62~M64见于北京大学考古系、山西省考古研究所：《天马—曲村遗址北赵晋侯墓地第四次发掘》，《文物》1994年第8期，第1~21页；M33、M91~M93、M102见于北京大学考古系、山西省考古研究所：《天马—曲村遗址北赵晋侯墓地第五次发掘》，《文物》1995年第7期，第4~38页。

[37] 山东省文物考古研究所、山东省博物馆等：《曲阜鲁国故城》，齐鲁书社，1982年，第107~109、145~152页。

[38] 毕经纬：《鲁国铜礼器的初步整理与研究》，《考古与文物》2018年第1期，第91页。

[39] 张懋镕：《叶家山墓地出土非主流青铜礼容器研究》，《中国古代青铜器整理与研究·曾国青铜器卷》，科学出版社，2019年。

[40] 张懋镕：《再论"周人不用日名说"》，《古文字与青铜器论集》（第三辑），科学出版

社,2010年,第25页。
[41] 河南省文物考古研究所、平顶山市文物管理局:《河南平顶山应国墓地八号墓发掘简报》,《华夏考古》2007年第1期。
[42] 李学勤:《盘龙城与商朝的南土》,《新出青铜器研究》(增订版),人民美术出版社,2016年,第13~17页。

(原载李树浪:《中国古代青铜器整理与研究·应国青铜器卷》,科学出版社,2019年)

理论与方法探微

青铜簋：仿陶青铜器器类演进的典型代表

青铜簋是除青铜鼎之外，数量最多、流行时间最长、流行地域最广的一类器物。青铜簋仿自陶簋，作为一种仿陶青铜器，它何以能超越其他盛食器，经久不衰？任雪莉博士的《中国古代青铜器整理与研究·青铜簋卷》（以下简称《青铜簋卷》）为青铜簋的深入研究提供了很好的条件[1]，本文拟进一步讨论青铜簋演进的基本轨迹及其原因。

一、相生关系是青铜簋演进的重要推手

青铜簋来源于陶簋，这是考古界的共识，无须多说。问题是在青铜簋的演进过程中，陶簋究竟起了多大的作用？

不妨先来看看《青铜簋卷》对青铜簋的型式划分。共分三大类：甲类圈足簋，乙类方座簋，丙类附足簋。在这三大类中，只有甲类圈足簋与陶簋有直接的渊源关系，乙类方座簋和丙类附足簋都是从甲类圈足簋中演化而来的，与陶簋没有直接的关联。即便是甲类圈足簋，其中也只有A型的碗形簋和B型的盂形簋与陶簋相似，其他如C型的罐形簋、D型的豆形簋，已经与陶簋有了相当的距离。即便是A型的碗形簋和B型的盂形簋，其中也只有Aa型、Ba型的无耳簋与陶簋接近，Ab型、Bb型的环耳簋在陶簋中很少能见到，Ac型、Bc型的附耳簋与陶簋有很大差别，除非是仿铜的陶簋。换言之，在青铜簋出现不久的商代，簋的数量有限，型式也不多，刚开始出现的簋是甲A型碗形簋，其中以甲Aa型碗形无耳圈足簋与陶簋最接近。显然，在型式方面，尽管陶簋孕育了青铜簋，但是并没有给青铜簋的发展提供多少样板。

《青铜簋卷》对各类青铜簋的数量有一个统计。甲类圈足簋1156件，其中甲A型碗形簋共769件，甲Aa型碗形无耳圈足簋112件；甲B型盂形簋213件，Ba型无耳簋144件；甲C型罐形簋1291件；甲D型豆形簋45件。乙类方座簋202件，丙类附足簋615件。总计参与型式分析的青铜簋1973件。与陶簋有直接传承关系的甲Aa型碗形无耳圈足簋112件，Ba型盂形无耳圈足簋144件，仅占总数的12.98%，这意味着大部分青铜簋的造型与陶簋没有什么关系。这也从另一个方面说明陶簋对青铜簋的产生虽然具有决定性的作用，但是对青铜簋发展的影响则是很有限的。

如果按照器物惯性发展下去，似乎青铜簋就只有碗形无耳圈足簋和盂形无耳圈足

簋这两个亚型,如何能成就青铜簋的辉煌?我们都知道,进入西周以后,青铜簋的新型式纷纷出现,最初是方座簋、四耳簋、四足簋,中期以后更有圈三足簋、附耳簋、衔环耳簋、贯耳簋、豆形簋等。簋的发展靠的是什么?靠的是相生关系。青铜簋一旦成为青铜礼器组合中的重要成员,就意味着它逐渐脱离了陶簋的束缚,与陶簋分道扬镳,开始与其他青铜器相适应,建立自己的发展系统。

十年前,笔者写了一篇文章,题目是《试论中国古代青铜器器类之间的关系》(以下简称《关系》)[2],并归纳出器类之间的三种关系:派生关系、相生关系和更替关系。我们首先解释了什么是相生关系,相生关系是指两类不同的青铜器在发展演进过程中,形成一定的组合关系,因用途、功能相近,而相互吸引,相互影响,从而产生一种在形制上介乎两者之间的新品种。例如,鼎、鬲相生出分裆鼎,鼎、簋相生出蹄足敦,鼎、盨相生出鼎形盨,盂、簋相生出盂形簋,簋、豆相生出簋形豆和豆形簋等。接着,我们谈了研究相生关系的意义。第一,相生关系产生了一批新品种、新形态,如分裆鼎、蹄足敦、觚形尊。第二,有助于了解器物形态产生的原因和变化的轨迹。第三,有利于器物的定名。其中第一点和第二点表明在青铜器的产生和演进过程中,相生关系起着重要的推动作用。本文要说的是相生关系对簋的发展意义尤为重大。下面试做论证。

1. 首先给青铜簋带来发展契机的是方座簋

商人对青铜器的主要贡献是确立了青铜鼎在青铜器组合关系中的核心地位。周人对青铜器的贡献在于确立了青铜簋与青铜鼎的匹配地位。在商代,簋的数量有限,而且簋类器中始终缺乏大器。此时的青铜簋又小又矮,通高大部分在20厘米以下,口径不过20厘米左右,如果将它与鼎配置,有点不相称。这一局面,在西周早期有了改观,其标志是方座簋的出现。

在青铜方座簋出现之前,所有陶簋都不带方座。方座簋的产生很可能与西周早期青铜禁的出现有关,也可能受到其他方形器的影响,是青铜簋与包括青铜禁在内的方形器相互影响的产物[3]。

西周早期方座簋的出现,可以说第一次改变了人们对青铜簋的印象。《青铜簋卷》收录方座簋202件,占总数的10.24%,数量相当可观。引人注目的是方座簋的质量。方座簋绝大部分通高在20厘米以上,有近乎三分之一通高在30厘米以上,而且很重。如强伯方座簋通高38.7厘米,重13.45千克(《商周》04294)(图一);宰兽簋通高37.5厘米,重14.4千克;追簋通高38.6厘米,重18.9千克(《商周》05251~05256)。更有59厘米高的厉王㝬簋,重60千克(图二)(《商周》05372)[4]。而且方座簋大多铸造精良,纹饰繁缛,有五分之四的方座簋是满花器,这个比例是相当高的。还有四耳的方座簋,形制奇特,做工精良。其主人有强伯、鄂叔、太保、宜侯、邢侯等,多为诸侯与王朝重臣。有三分之二以上的方座簋有铭文。著名者有大丰簋、利簋(图三)、德簋、格伯簋等。迄今为止铭文最长的簋是牧簋（《商周》05403），221字，它就是一件方座簋。方座簋有时成套出现，如宰兽簋4件一组（《商周》收录两件，05376、05377），疾簋更是8件一组（《商周》05189~05196）。试想8件通高在35厘米以上的疾簋同时出现，场面该何等宏伟（图四）！方座簋通常出土于较大的墓葬中，如北京琉璃河燕国墓地、山西侯马晋侯墓地、陕西宝鸡强国墓地、湖北随州叶家山曾国墓地，为高级贵族所用。这些都是一般的簋无法企及的。可见方座簋的出现，弥补了一般青铜簋的不足，提升了青铜簋在青铜礼器组合中的地位，满足了高级贵族乃至周天子的需要。

图一　彊伯方座簋

（宝鸡青铜器博物院资料）

图二　㰼簋

（宝鸡青铜器博物院资料）

图三　利簋

（《全集》五，49）

图四　疾簋

（宝鸡青铜器博物院资料）

图五　曾侯乙簋
（《曾侯乙墓》图版五八，1）

即便在春秋中期之后，青铜簋的发展空间受到青铜敦、盨、豆的挤压，开始走下坡路时，一般的青铜簋数量很少，而方座簋仍然占据重要位置。1955年安徽寿县蔡侯墓出土8件蔡侯申簋（《商周》04393～04400），通高36.5厘米，重7.2千克，年代为春秋晚期[5]。1936年河南辉县琉璃阁甲墓出土6件无耳方座簋，年代在春秋中晚期之交[6]。湖北随州擂鼓墩M1出土8件曾侯乙方座簋（《商周》04473～04480），通高31.8厘米，重12.8千克（图五），年代在战国早中期[7]。方座簋依然体量超常，是诸侯国君的青睐之物，是其地位、身份的标志。

方座簋的年代从西周早期一直持续到战国中晚期，流行区域从陕西宝鸡地区到中原大地，后来又遍及长江南北，可以说方座簋一直延续着青铜簋的辉煌。大概只有方座簋这样宏大的簋形器，才能压住其他黍食器的发展势头，即使在青铜器不景气的东周时期，也多少为青铜簋争得了一点空间。

2. 盂形簋、豆形簋将簋的发展推向高潮

如《青铜簋卷》所言，西周早期是青铜簋发展的鼎盛期，那么青铜簋是如何登上高峰的？除了方座簋，还有两种型式的簋——盂形簋和豆形簋起着重要作用。

盂形簋，即《青铜簋卷》所分甲B型。盂形簋是在盂和簋相互影响下产生的新品种。盂形簋的流行时间不长，自商代晚期始出，主要见于西周早期至西周中期。据《青铜簋卷》统计，盂形簋计213件，约占圈足簋数量的18.43%，数量超过方座簋。盂形簋中以Ba型无耳簋数量居多，144件。前面谈到，Ba型无耳簋可能与陶簋有关，但也可能与盂的关系更大一些。因为盂形无耳簋多见于商代晚期和西周早期，此时距离青铜器模仿陶器的初级阶段已很遥远。盂形无耳簋虽然比盂小，但与同时期Aa型簋相比，普遍要大一些，通高绝大部分在15厘米以上，而大部分Aa型簋通高在15厘米以下。Ba型无耳簋有一些超过25厘米，如《青铜簋卷》附表序号772的乳钉纹簋，高26、口径25厘米（图六），序号862尖刺乳钉纹簋，高26.5、口径24.6厘米。Ba型无耳簋比较厚重，多有纹饰（以乳钉纹为多），有的还装饰扉棱，在早期簋类器中占有相当重要的地位。

《青铜簋卷》所分甲Bb型簋是一种盂形环耳

图六　乳钉纹簋
（《考古》1958.10，图版二，3）

圈足簋，共48件，数量也不少，也有部分器物尺寸较大，如《青铜簋卷》附表序号915妇好墓双耳簋（图七），高23、口径33.5厘米[8]。其中有一种四耳簋，引人注目，如纸坊头M1出土的四耳簋，高23.8、口径26.8厘米，重8.4千克[9]（图八）。此器装饰华丽，典雅大方。石鼓山出土的四耳簋高30、口径34.6厘米，重18.35千克（图九）。这大概是盂形簋中最重的一件[10]。戴家湾出土的四耳簋高23.2、宽36.5厘米[11]。这些四耳簋不仅体量大，而且造型独特，装饰别致，每一件都是青铜器中的珍品。

《青铜簋卷》所分甲Bc型簋是一种盂形附耳簋，形制十分像盂，但正如陈梦家所言："簋、盂之别恐在大小，盂通常较大。"[12]这种型式的簋最像盂，因此不少论著将其与盂混淆。林巳奈夫在《殷周青铜器综览》中就称其为小型盂。盂形附耳簋的年代绝大部分在西周，因为此时簋形器很活跃，在积极发展的同时，想方设法借鉴其他的器物，而此时的盂，也从高大变得横宽，形态靠近铜簋，二者相互影响，产生了这种盂形附耳簋[13]。

甲Bc型附耳簋有21件，数量不多，但很有特点，首先是所有附耳簋都有纹饰，其次大部分附耳簋有铭文，铭文最长的是齑簋（《商周》05295）（图一〇），有72字，年、月、日、干支四要素俱全，是穆王时的标准器，这对于历史研究有重要意义[14]。《青铜簋卷》附表序号973滋簋，通高24.5、口径23厘米，序号981命簋，通高24.1、口

图七　妇好墓双耳簋

（《殷虚妇好墓》图版一七，2）

图八　四耳簋

（宝鸡青铜器博物院资料）

图九　石鼓山四耳簋

（《文物》2016.1，封三，1）

图一〇　齑簋

（《文博》2013.2，20页，图七）

径21.6厘米，在西周时期也算得上比较大的器物了。

豆形簋，即《青铜簋卷》所分甲D型簋。豆形簋有54件，流行时间不长，自商代晚期始出，主要见于西周时期，其中以西周早期为多，有19件，与周人重食文化有关。豆形簋是两种盛食器豆和簋相互影响下产生的新品种。虽然它有点像豆，但稍加分析，它更接近簋[15]。有相当一部分豆形簋很有特色，一是体量稍大，二是形制奇特。1959年吕梁石楼桃花庄出土青铜簋，高26、口径33.5厘米，1962年清涧解家沟出土青铜簋，高27.3、口径28厘米，是豆形簋中的大型器物。在豆形簋中，数三耳簋极为稀有，迄今只发现两件，均以豆形簋的形制出现。一件是巴黎色努施奇博物馆藏的史簋，高16.5、口径30厘米（指两耳间距）。一件在故宫博物院，高19.1、口径30.5厘米。在簋类器中，四耳簋也很少，且多以豆形簋的形制出现，至少有12件。例如，鹿邑太清宫长子口墓出土的两件四耳簋，高13.3～14.4、口径20～20.2厘米，重3～3.4千克。虽然尺寸不是很大，但很重，可见其厚重程度。1954江苏镇江丹徒出土宜侯夨簋一件，高15.7、口径22.5厘米。宜侯夨簋有铭文126字，是西周早期最长的青铜簋铭文，有很高的历史研究价值（图一一）。传世的太保簋一件，高23.5、口径37.5厘米（指两耳间距），荣簋，高14.8、口径20.6厘米，也是四耳簋。长子口、宜侯夨都是诸侯国的国君，太保是鼎鼎有名的召公奭，荣是朝廷大臣、周王的叔父，地位都很高，由此可见四耳簋的价值。

图一一　宜侯夨簋
（《全集》六，118）

3. 附足簋助推簋的持续发展

《青铜簋卷》认为以大甸子墓地为代表的夏家店下层文化的附足容器，有可能是青铜附足簋最早的图范来源。我们认为从青铜器的发展演化史来看，附足簋更有可能是簋与鼎相生的产物。

所谓附足簋就是在簋的外底或圈足下增加三足或四足，借以提高簋体的高度，与方座簋在圈足下增加一个方座，有异曲同工之妙。附足簋即《青铜簋卷》所分的丙类簋。附足簋之所以重要，首先是数量多。据《青铜簋卷》统计有615件，比方座簋、盂形簋、豆形簋三者的总和460件还要多。其次，附足簋的型式也很丰富，《青铜簋卷》划为A、B、C、D四个类型。其中Cb型划分为六式，从西周中期偏早到春秋早期偏晚。正如《青铜簋卷》所言：西周中期后段至西周晚期，附足簋"取代了普通的圈足簋，一跃成为簋的主流型式"。这是一个很大的变化，非常值得关注。

附足簋的高度和重量也引人注目。在青铜簋中，除了方座簋，要数附足簋大气。通高超过25厘米的附足簋有：

（1）西周早期。

1974年北京琉璃河M53出土的攸簋，有盖，通高28.5厘米，重4.21千克（《商周》04813）。

琉璃河M209出土的乙公簋，有盖，通高28.2厘米，重4.96千克（《商周》04257）（图一二）。

臣辰父乙簋，有盖，通高25.6厘米（《商周》04215）。

（2）西周中期。

1984~1989年天马—曲村M7113出土的伯簋，有盖，通高25厘米，重3.51千克（《商周》03884）。

图一二　乙公簋
（《琉璃河》彩版一七）

1993年晋侯墓地M31出土的2件瓦棱纹簋，通高26厘米。

1961年陕西长安张家坡窖藏出土4件元年师旋簋，有盖，通高25.6厘米（《商周》05331~05334）。

1972年陕西周至下仓峪出土的太师簋，有盖，通高32厘米（《商周》04452）。

1974年陕西周至城关出土的王作姜氏簋，有盖，通高25厘米，重5.5千克（《商周》04289）。

1959年陕西蓝田寺坡村出土弭叔师察簋2件，有盖，通高26.6厘米，重7.75千克（《商周》05291、05292）。

1986年河南平顶山应国墓地M95出土敔簋4件，有盖，通高26厘米（《商周》收录两件，05072、05073）。

传河南平顶山应国墓地出土应侯见工簋，有盖，通高25.5厘米，重7千克（《商周》05231）。

（3）西周晚期。

芮公簋2件，有盖，通高26.7、28.5厘米（《商周》04825、04826）。

1975年陕西岐山董家村出土的此簋一套8件，有盖者通高23.8~25.7厘米，重4.93~6.15千克（《商周》05354~05361）。

1967年陕西永寿出土仲枏父簋2件，有盖，通高25.5~26厘米，重7.66~8千克（《商周》05156、05157）。

陕西长安马王镇出土太师小子簋3件，有盖，通高25厘米，重6.5~7.7千克（《商周》05123~05125）。

1995年河南三门峡李家窑出土追夷簋2件，有盖，通高25.6厘米（《商周》05222、05223）。

叔向父簋8件，有盖，通高25～25.6厘米，重8.42千克（《商周》04792～04799）。

郑虢仲簋2件，有盖，通高25厘米，重5.5千克（《商周》04995、04996）。

梁其簋5件，有盖者通高25.6厘米，重6.68千克（《商周》05161～05165）。

1972年湖北随县熊家老湾出土曾仲大父螰簋2件，有盖，通高26、27厘米，重6、7.2千克（《商周》05228、05229）。

1980年山东滕县后荆沟出土不嬰簋，有盖，通高26厘米，重8.5千克（《商周》05387）。

2001年山东姑子坪出土窃曲纹簋2件，有盖，通高27.3厘米。

史颂簋，有盖，通高26.9厘米，重9.35千克（《商周》05259）（图一三）。

师袁簋，有盖，通高27厘米，重9.18千克（《商周》05366）。

颂簋，有盖，通高30.1厘米，重13.2千克（《商周》05390）。

毛伯鬻父簋，有盖，通高25.8厘米，重6.09千克（《商周》04970）。

图一三　史颂簋

（《商周》05259）

1966年湖北京山苏家垅出土曾乎簋2件，有盖，通高24.6、25.2厘米，重5.4千克（《商周》05152、05153）。

（4）春秋早期。

1974年湖北随县尚店出土鄀公伯簋2件，有盖，通高25.2厘米，重5.8千克（《商周》04980、04981）。

1970年山东历城北草沟出土鲁伯大父簋，有盖，通高25.4厘米，重5.28千克（《商周》04863）。

杞伯每刃簋，有盖，通高25厘米，重8千克（《商周》04855）。

瓦棱纹簋，有盖，通高27.2厘米（《美集录》A247）。

昶伯簋2件，有盖，通高27厘米（《商周》04893、04894）。

（5）春秋晚期。

河南新郑郑公大墓出土窃曲纹簋8件，有盖者通高26～27.5厘米。

1978年河南淅川下寺M1出土蟠螭纹簋，有盖，通高28厘米。

淅川下寺M2出土䣄子佣簋2件，有盖，通高30.5厘米，重16千克（《商周》收录1件，04578）（图一四）。

之所以罗列以上这么多例子，是要说明以下七点。

第一，较大型的附足簋在西周早期数量少，中期增多，晚期达到高峰，进入春秋之后又逐渐减少，这与一般附足簋的发展轨迹是一致的。

第二，一般的圈足簋，高度在20厘米以下，甚至低于15厘米，重量不过1~2千克，而附足簋的高度和重量则大大超过一般的圈足簋。以上例子显示出附足簋在高度和重量上的优势，这正是包括附足簋在内的青铜簋在西周中晚期依然能有所发展的原因。

图一四　邾子佣簋
（《商周》04578）

第三，以上器物的主人不是国君就是大臣，说明附足簋受到当时社会各个贵族阶层特别是统治阶层的青睐。

第四，以上器物不少是成对成组出现的，最多达8件一组，有利于与同墓出土的青铜鼎相配置，形成西周特有的鼎簋制度。

第五，前面我们已经说到附足簋是簋与鼎相生的产物，证明附足簋与鼎有密切关系，而附足簋在西周中晚期的发展，正是西周特有的鼎簋制度形成并且完善的阶段，这也有助于解释为什么附足簋在西周中晚期可以大放光彩。

第六，附足簋的高度和重量虽然不及方座簋，但也差别不大，这就解释了一个问题：为什么方座簋从西周早期出现，并在西周早期已经攀上高峰，反而在西周中晚期数量有所减少，原来是附足簋挤占了它的发展空间。从方形器的价值可知，铸造一个方座簋比铸造附足簋要难。方座簋气势宏大，但并不很实用，在西周中晚期用附足簋部分替代方座簋显然是一种明智的策略。

第七，以上器物绝大部分有铭文，甚至有的铭文很长。这一点可能为人所忽视，就是附足簋上的铭文最多。从《商周》著录的金文来看，100字以上的铭文的青铜簋序号从05336~05403，除去没有器身图像的20件，还有48件（其中圈足簋9件、附足簋29件、方座簋7件、豆形簋2件、特殊形簋1件）。附足簋占总数的60.42%，有绝对优势。大量长篇铭文铸造在附足簋上，足见时人对附足簋的重视。显然附足簋的发展对于整个青铜簋的发展具有十分重要的推动作用。

从《青铜簋卷》的统计数据来看，西周早期的青铜簋数量最多，达582件，型式也最丰富，而西周中期要差一些，有317件，到了西周晚期数量有所回升，为369件。不过要是从附足簋及其铭文所包含的重要信息来看，西周中、晚期依然是青铜簋发展史上非常重要的阶段。

综上所述，青铜簋虽然仿自陶簋，但陶簋的型式毕竟有限，在青铜簋的发展初期，吸收陶簋的养分，似乎还能维持。但随着青铜器组合形式的复杂化，仅有的几种样式已经不能满足礼制的需要，如何解决这个难题？一种途径是另起炉灶，创造新的器类，以适应礼制的要求，然而这样做不仅需要全新的构想，而且需要很长的试验阶段。另一种途径就是借鉴，借鉴其他器类的特点，采用局部移花接木的办法，改变原有器类的面貌，这就是我们所说的相生关系出现的缘由。相生关系产生的方座簋、盂形簋、豆形簋、附足簋从西周早期一直活跃到春秋中期，这一阶段正是青铜簋发展的黄金时期，春秋中期之后，再不见因相生关系产生的新的型式的簋了，青铜簋开始走向衰落。

二、派生关系催生庞大的簋类器

我们在《关系》一文中[16]指出：中国古代青铜器器类的产生，包括簋在内的鼎、鬲、甗、豆、爵、觚、杯、盘、盆、盂等大部分器类乃模仿陶器而来，但也有一部分器类如盨、簠、敦是在簋的基础上衍生演化出来的，我们把这两者之间的关系称为派生关系。从簋派生出的簠、盨、敦，对簋的发展意义重大。

第一，产生了新的器种，延续了簋的生命。如前所言，青铜簋在西周早期步入兴盛时期，中期之后簋的发展速度减缓，正是在这个紧要关头，簋的派生物簠和盨相继出现，给盛食器的发展注入新的活力。春秋早期之后簋不再是盛食器的主角，作为簋的继承者，青铜敦异军突起，与簠相仲伯，成为春秋战国盛食器的主导者。

第二，增强了盛食器的实力。盨在初现时未有新名，暂且使用派生物簋的名字。年代稍早的盨，常自名为簋。如伯鲜盨："伯鲜作旅簋。"（《商周》05528~05531）伯庶父盨盖："伯庶父作盨簋。"（《商周》05600）在当时人们眼中，盨还是属于簋类器，这自然增加了簋的实力。簠和盨不同于簋的一点是体量通常要大于簋，它们只出现在中级以上的贵族墓葬中，这无疑提升了簋类器在青铜礼器组合中的地位。

同时，我们也看到，青铜簋的演进模式对派生物盨、簠、敦等盛食器的发展产生了深刻的影响。前面我们说到附足簋初现于西周早期，到西周中晚期和春秋时期，取代普通的圈足簋，成为簋的主流型式。这是一个很大的变化，值得关注。那么在青铜簋上发生的这种演变，仅仅存在于簋上吗？在夏商周青铜盛食器盨、盆、盂、敦、簠的演化过程中，会看到一个基本规律：从开始的平底器，或者圈足器，渐渐变为三足（或四足）器。尽管它们之间形态千差万别，功能也不一样，但这种变化却惊人的一致。

先说盨。我们在《两周青铜盨研究》一文中指出[17]，最早出现的是应侯禹盨（图一五），这是一种圈足盨，与最先出现的圈足簋很接近，所以我们认为盨来自簋，盨是簋的派生物。应侯禹盨的年代大致在共王时期，可见盨在初现时并没有附足。而后出现

图一五　应侯禹盨
（《商周》05639）

缺口圈足盨，与圈足盨的差别在于圈足的短边与长边的中间出现缺口。缺口将圈足分割成四块，从另一个视角来看，就像四个粗大的足，相当于附足盨的短足。代表器物是善夫克盨（图一六）、伯寛父盨，年代已到厉宣时期。还有一种型式的盨是圈足下设置四足，如晋侯对盨。有一种型式的盨没有圈足，四足直接连在盨的外底，看起来像鼎，如召伯虎盨、矢䞉盨（图一七）。有学者据此认为盨来源于鼎，这种看法值得商榷。这类盨的形制像鼎，只是表明在其发展过程中受到鼎的影响罢了。总体而言，真正的圈足盨只占少数，主流型式是有缺口的圈足盨和附足盨，由圈足盨发展到有缺口的圈足盨再到附足盨。附足盨晚于圈足簋，显然，盨在复制簋的演化模式，和青铜簋有惊人的相似之处。

图一六　善夫克盨

（《商周》05678）

图一七　矢䞉盨

（宝鸡青铜器博物院资料）

还有簠。我们已经著文论说过，与盨一样，青铜簠也是簋的派生物，所以巧得很，青铜簠的足部演化轨迹与青铜盨非常相似。目前所知年代最早的青铜簠出自陕西宝鸡石鼓山M4[18]（图一八）。其圈足形态与最早的青铜盨一样，呈封闭状。相似的器物还有故宫博物院藏的一件夔纹簠。这几件簠的年代在西周早期。直到西周中期的史免簠（《商周》05909），圈足的状态依然没有变化。有趣的是进入西周晚期后，簠的圈足的中部开始出现长方形或果叶形缺口，与同时期盨的圈足缺口一样，如函交仲簠（《商周》05788）（图一九）、虢叔簠（《商周》05813、05814）。到了春秋战国，圈足的缺口越来越大，原先所谓的圈足，看起来与四足差不多。典型器物如蔡

图一八　石鼓山青铜簠

（《文物》2016.1，图三三）

图一九　函交仲簠

（《商周》05788）

图二〇　陈曼簠
（《商周》05924）

侯申簠（《商周》05775）、中山国墓葬出土的左使车簠（《商周》05761、05762）、楚王酓肯簠（《商周》05842～05844）。极端的做法如陈曼簠（《商周》05923、05924）（图二〇），圈足缺口无限大，留下的部分已经与一般的器足没有什么区别了。还有一种型式的簠，器底下不接圈足，直接按四短足，如敔叔簠（《商周》05858）、京叔姬簠（《商周》05800）。可见，簠的演变也遵循从圈足到附足的规律。

再谈敦。最早出现的是平底敦，如洛阳中州路M2415∶7敦，与簠很相似，以至于相互混淆，时间在春秋中期早段。相近的器物还有1976年湖北随县出土的息子行敦（《商周》06262）、河北唐县出土的归父敦（《商周》06066）（图二一）。而后出现所谓盏式敦，在平底下伸出三小足。如楚王酓审盏（《商周》06056）（图二二）、黄子婁盏（《商周续编》0523），以上两器年代均在春秋晚期，可见有足敦要晚于平底敦。至于标准的青铜敦即球形敦，与同时期鼎非常接近，俗称"西瓜鼎"，如昭之王孙即盏[19]（《商周续编》0525）。有的下腹有三蹄足，足较长，如賸于噭盏（《商周》06059）（图二三），年代较晚，多数在春秋晚期偏晚和战国时期。在敦中，平底敦较少，多数是上述的盏式敦和球形敦。由此可见，敦的发展也是先有平底，再向有足器过渡。

图二一　归父敦
（《商周》06066）

图二二　楚王酓审盏
（《商周》06056）

图二三　賸于噭盏
（《商周》06059）

不仅簠的派生物与簠有相似的演进轨迹，其他饪食器如盆、盂也受到簠的影响，具有类似的演化痕迹，只是没有簋、敦、簠那么明显。

先谈盆。我们在《青铜盆小议》与《再议青铜盆——从新发现的中市父盆谈起》两文中谈到青铜盆最早出现在西周中期穆共之际[20]，如中市父盆（《商周》06258、06259）（图二四）、山西翼城县大河口墓地出土的夔纹盆，还有稍晚一点的微痋盆（《商周》06252、06253），其特点是器底为平底。后来出现三足盆，如陕西历史博物馆收藏的一件目云纹盆，盆底下接三短足，年代在西周晚期。有短足的盆还见于邛仲之孙伯戈盆（春秋早期器）（《商周》06272）（图二五）。从平底到有足，盆演化特点有点像簋。只是平底盆占绝对优势，有足的盆很少，可能和盆的发展空间不足有关。

再谈盂。盂是水器，也兼有盛食器的功能，所以其演化规律也会表现出类似盛食器的特点。最早出现的青铜盂是圈足盂，如妇好盂（《商周》06201），数量最多的还是圈足盂。但是到了西周中期，出现三足盂，如山西大河口墓地出土的霸伯盂（《商周》06229）（图二六）。其外底的三足间有"Y"形的阳线纹，这种铸造痕迹通常出现在鼎的外底，这有可能说明这件盂具有像鼎之类的烹煮器的功能。三足盂出现在西周中期，年代晚于附足簋。从圈足盂到三足盂，盂似乎在模仿簋的演变式样。

图二四　中市父盆
（《商周》06258）

图二五　邛仲之孙伯戈盆
（《商周》06272）

图二六　霸伯盂
（《商周》06229）

从以上事例我们不难看出：

（1）对于簋、盨、敦之类的盛食器来说，无论铸造技术水平发展到何等地步，都要经过一个由相对简单（无足或只有圈足）到相对复杂的过程（圈足或长足）。敦初现的时候，簋已经过了它的兴盛期，发展相当完备，各种类型都有，包括三足、四足簋，但敦还是从平底做起，过了一百年，到春秋晚期才出现三足、四足敦。

（2）演变的节点值得注意。尽管青铜簋早在商代早期就问世了，但是附足簋的出现要晚到西周早期。附足簋流行于西周时期，此时正是青铜簋大发展的时期。这说明，只有当青铜簋进入成熟期的时候，才会出现附足这样的演变特征。附足盨出现在西周中晚期，此时正是盨的鼎盛期。球形敦出现在春秋晚期，此时敦已步入高峰期。

（3）关于青铜盨的来源，学术界有两种意见：一种主张来自簋，一种主张来自鼎。当我们了解到盛食器的一般规律是从无足到有足或者从圈足到有足，就很清楚，青铜盨显然是来自簋而不是鼎。当然盨在发展过程中受到鼎的影响很大，于是才有了附足盨，但时间比簋要晚许多。

（4）与功能有关。《青铜簋卷》已经指出，相当一部分青铜簋有附足，附足除了有抬高簋体，还有加热的作用。大家都知道青铜簋是盛食器，但是青铜簋为什么会增加附足呢。洛阳北窑M452出土的邦簋,圈足下接三个小扁足,器底就有烟炱的痕迹。中期偏晚器。甘肃灵台出土的吕姜簋,圈足下接细长的附足,器底有灼烧的痕迹。中期偏早器。洛阳王城大道M8301出土的瓦棱纹簋,圈足下接三短足,器底也有烟熏的痕迹。西周晚期器。可见,盛食器从平底到附足,其内在动因是器物的用途变化了。

综上所述,至少从商代晚期开始,到战国时期,一直是簋类器的天下。虽然盨、簠、敦各有千秋,但都与簋有千丝万缕的联系,在功能、组合方面有诸多相似甚至重叠之处,我们不妨将它们看作簋在不同阶段、不同地区的代理者。这就是簋的魅力所在。

三、更替关系再现青铜簋的辉煌

我们在《关系》一文中已经指出,所谓更替关系,是指两类铜器之间既无派生关系,也无相生关系,但二者在年代上有明显或不明显的早晚衔接关系,在形态、组合、用途、功能上有相似之处。例如,盂和盆,盂流行于商代晚期至西周中期,中期之后就很少见了,而盆肇始于西周中期,流行于西周晚期至春秋早期;在形态上,西周中期的盂与盆有相似之处,如虢叔盆,形态是盆,但自名为盂。盂的功能有盛食器与水器两说,而盆也有相同的两说。再譬如盂和鉴,鉴流行于春秋中晚期至战国,此时盂几乎绝迹;鉴是水器,在这一方面与盂有相同功能。我们认为,盂与盆、盂与鉴之间存在一种更替关系。

再说敦,如前所言,它是簋的派生物。敦兴起之后,在很长时期内(春秋中期至战国),在相当广大的地区,取代了簋,与鼎一起成为墓葬盛食器组合中的核心器物,因此在某种意义上,它与簋又形成一定程度上的更替关系。敦与簋既有派生关系,又有更替关系,可见敦与簋关系十分密切。或许正是这种紧密的关系,作为簋在新时期的代言者,在造就敦的辉煌的同时,也在延续着簋的辉煌[21]。

附注:本文系国家社科基金项目"夏商周青铜礼器的兴衰及其原因"(立项号:15BKG007)的阶段性研究成果。本文插图得到任雪莉博士的帮助,谨致谢忱。

注　释

[1]　任雪莉:《中国古代青铜器整理与研究·青铜簋卷》,科学出版社,2016年。本文凡涉及该书的引文,不再一一注明。

[2]　张懋镕:《试论中国古代青铜器器类之间的关系》,《古文字与青铜器论集》(第二辑),科学出版社,2006年,第135页。

[3]　张懋镕:《西周方座簋研究》,《古文字与青铜器论集》,科学出版社,2002年,第88~97页;张懋镕:《再论西周方座簋》,《古文字与青铜器论集》,科学出版社,2002年,第

98~111页；张懋镕：《三论西周方座簋》，《古文字与青铜器论集》（第四辑），科学出版社，2014年，第106~109页。

[4] 吴镇烽：《商周青铜器铭文暨图像集成》（简称《商周》），上海古籍出版社，2012年。

[5] 安徽省博物馆：《寿县蔡侯墓出土遗物》，科学出版社，1956年，第4、17页。

[6] 河南省博物院、台北"历史博物馆"：《辉县琉璃阁甲乙二墓》，大象出版社，2003年，第21页。

[7] 湖北省博物馆：《曾侯乙墓》，文物出版社，1989年，第208、209页。

[8] 一件传世的祖丁簋，陈梦家在《美集录》（A193）中记载其通高35.7、口径22.8厘米，但是从图像来看，口径明明大于通高，所以很怀疑其记载的准确性。

[9] 卢连成、胡智生：《宝鸡强国墓地》（上册），文物出版社，1988年，第35页。

[10] 陕西省考古研究院等：《陕西宝鸡石鼓山商周墓地M4发掘简报》，《文物》2016年第1期，第28页。

[11] 任雪莉：《中国古代青铜器整理与研究·戴家湾卷》，科学出版社，2015年，第39页。

[12] 陈梦家：《西周铜器断代》，中华书局，2004年。

[13] 张懋镕：《论盂形簋》，《叩问三代文明——中国出土文献与上古史国际学术研讨会论文集》，中国社会科学出版社，2014年。

[14] 张懋镕：《新见金文与穆王铜器断代》，《古文字与青铜器论集》（第四辑），科学出版社，2014年，第95~97页。

[15] 张懋镕：《关于青铜器定名的几点思考——从伯湄父簋的定名谈起》，《古文字与青铜器论集》（第三辑），科学出版社，2010年，第139~145页。

[16] 张懋镕：《试论中国古代青铜器器类之间的关系》，《古文字与青铜器论集》（第二辑），科学出版社，2006年，第133~135页。

[17] 张懋镕：《两周青铜盨研究》，《古文字与青铜器论集》（第二辑），科学出版社，2006年，第135页。

[18] 张懋镕：《青铜簠兴起于宝鸡说》，《文博》2015年第1期。

[19] 吴镇烽：《商周青铜器铭文暨图像集成续编》（简称《商周续编》），上海古籍出版社，2016年。

[20] 张懋镕：《青铜盆小议》，《古文字与青铜器论集》（第二辑），科学出版社，2006年，第128~132页；张懋镕：《再议青铜盆——从新发现的中市父盆谈起》，《古文字与青铜器论集》（第三辑），科学出版社，2010年，第164~169页。

[21] 张懋镕：《青铜敦：非仿陶青铜器产生、演进的典型代表（代序）》，《中国古代青铜器整理与研究·青铜敦卷》，科学出版社，2016年。

（原载任雪莉：《中国古代青铜器整理与研究·青铜簋卷》，科学出版社，2016年）

青铜敦：非仿陶青铜器产生、演进的典型代表

十年前，我们写了一篇文章，题目是《试论中国古代青铜器器类之间的关系》（以下简称《关系》）[1]，归纳出青铜器器类之间的三种关系：派生关系、相生关系、更替关系。中国古代青铜器器类的产生，如鼎、簋、爵、斝、盘、盉等大部分器类是模仿陶器而来的，但也有一部分器类如盨、簠、敦、铺是在另一部分器类（簋、豆）的基础上衍生演化出来的，我们把后一种关系称为派生关系。派生关系有利于像敦这样的新的器类的诞生。所谓相生关系是指两类不同的青铜器在发展演进过程中，由于形成一定的组合关系，因用途、功能相近的缘故，相互吸引，相互影响，从而产生一种在形制上介乎二者之间的新品种。相生关系的意义是产生了一批新形态，如鼎、簋相生形成蹄足敦。通过相生关系有助于了解蹄足敦之类的新型式产生的原因和变化的轨迹。由此可见，青铜敦的产生既缘于派生关系，其演化又与相生关系有诸多关联，这种情况在其他青铜器器类中并不多见，而这也正是青铜敦能够成为青铜簋之后最重要的盛食器的原因之一。

以上认识由于篇幅所限，未能充分展开。而今谷朝旭的《中国古代青铜器整理与研究·青铜敦卷》（以下简称《青铜敦卷》）杀青[2]，为青铜敦的深入研究提供了很好的条件，本文拟进一步讨论青铜敦的产生和演进的基本轨迹及其原因。

一、派生关系催生敦的产生

关于青铜敦是如何产生的，学者间有不同的认识。大致可归为两种意见：一种看法认为敦由簋演变而来，代表人物是高明[3]、陈芳妹等先生[4]。另一种看法认为敦由盆演变而来，主张者有彭裕商先生[5]，刘彬徽先生将平底敦类器归入盆属[6]，说明他也认为这类敦器来源于盆。

《青铜敦卷》认为敦来自簋，用我们的说法即青铜敦系由青铜簋派生而来。《青铜敦卷》指出，最早的青铜敦出现于春秋中期偏早阶段，如洛阳中州路M2415出土的涡纹敦、山东曲阜鲁国故城M202出土的素面敦、河南信阳平西村M5出土的绚纹敦、湖北随县出土的息子行敦等。似乎最早的铜敦可能产生于中原和山东地区。这种型式的青铜敦属于《青铜敦卷》划分的甲类A型，"具有隆盖、圆腹的特征，与簋的形制相似，在形态上保留了较多的铜簋的特征"。当然《青铜敦卷》也承认敦同时又受到青铜盆的影响，具有青铜盆平底无足的特征。我们认为这种认识比较合乎情理。另外

还要补充两点。

第一，敦来源于簋的重要证据是敦继承了簋的优良特质，基本沿着簋的发展轨迹逐步演进。簋的发展演变有一个基本规律：从商代早期开始出现的圈足簋，渐渐演化出西周早期的三足（或四足）簋，即在圈足或耳的下端或外侧附着三足或四足。到西周中晚期和春秋时期，这种附足簋取代普通的圈足簋，成为簋的主流型式。无论铸造技术水平发展到何等地步，作为新出现的敦也经过了一个由相对简单（无足）到相对复杂（圈足或长足）的过程。敦在春秋中期初现时，簋已经越过了它的兴盛期，发展相当完备，各种类型都有，包括三足、四足簋，但敦还是从平底做起，春秋中期主要流行平底敦，过了一百年，到春秋晚期才出现三足、四足敦。由此足见簋对敦发展演进影响之巨大。

敦不仅继承了簋的诸多特质，而且还有发展。其中附足簋的比例值得注意。任雪莉博士认为：附足簋在形成伊始，可能受到了鼎的影响，这种长足对于加热食物来说十分便捷。在3000多件青铜簋中，附足簋615件，占有的比例不算高，在20%左右[7]。在盆、盨中占有的比例也不高。但在敦中占有的比例很高，据《青铜敦卷》统计，在出土的382件敦中，除12件型式不明外，平底敦72件，有足敦298件，比例为80.5%。这说明敦的演化继承了簋的优良传统，越到后来越讲究功能的多样化，发展更为完善了。

第二，强调敦与盆的区别。如前所言，关于青铜敦的来源，有一种主张敦来自盆。从形制来看，早期敦的颈部收缩，这一点很像盆，但是腹部圜收，这一点又像簋，不像盆，因为几乎所有盆的腹部都是从肩部开始斜收，如归父敦；几乎所有簋的腹部都不是从肩部开始斜收的，这是敦来自簋而不是盆的最重要的证据。敦的这一特征自始至终体现在其发展历程中，说明簋对敦的影响十分深远。

总之，簋自商代出现以来，一直发展到春秋中期，浩浩荡荡，气势磅礴，为敦的催生蓄积能量；敦也因此而根深叶茂，一旦问世，便发展迅猛，势不可挡。

二、相生关系成就敦的辉煌

据《青铜敦卷》统计，出土和传世的敦总共415件，仅从数量来看，并不算很多。但敦的影响很大，流传时间长，从春秋中期到战国晚期，流传地域广，遍及长江南北，所以研究者都认为青铜敦是青铜簋之后最重要的盛食器。为什么青铜敦会如此杰出？青铜簋也有400多件，从西周早期到战国晚期，流传时间比青铜敦还要长，但影响却不及青铜敦。我们认为很重要的一点是相生关系成就了敦的辉煌。

对于一些器类来说，相生关系都是发展、兴旺的重要推手。譬如盨与鼎相生产生鼎形盨，但是数量很少，影响有限。而敦不同，它的适应性强，与很多器类相生，产生出不少非驴非马的器物来，甚至让人难以分辨。主要有如下几个类型[8]。

图一　涡纹敦
（中州路M2415∶7）

（1）盆形敦。所谓盆形敦就是形制像盆的一种平底敦，即《青铜敦卷》所分甲类敦的A型，是敦与盆相生的产物。基本形制为：盖器扣合呈圜形，盖小器大，下为平底，腹部两侧有一对环耳。盆形敦出现在春秋中期早段，例子是中州路M2415出土的涡纹敦，是最早出现的这种型式的敦（图一）。青铜盆虽然初现于西周中期，但受到簋、盨、簠的压制，在西周时期一直得不到较大的发展空间[9]。春秋早期和中期，随着盨的衰落，簠也开始走下坡路，此时正是青铜盆流行的时候，盆形敦也应运而生。当青铜盆在战国早期式微，盆形敦也随之消失。盆形敦是敦从簋派生之后，第一次与其他器物发生相生关系的新品种，因此在敦的早期发展历程中，盆形敦发挥着重要作用。

这里顺便谈谈1976年湖北随县出土的息子行敦[10]（图二）。因为这件器物的形制与青铜盆近似，隆起的盖上有圈形捉手，平沿，束颈，平底，腹两侧有一对环耳，加上自名为盆，所以一般论著均认为它是敦（《商周》06262）[11]。其实它是敦与盆的相生物。说它是敦，如前所言，最主要的证据是腹部圆缓内收，这是一般盆没有的特征，却是敦的主要特征之一。我们这样说有没有道理呢？请看河北唐县出土的归父敦（图三）。此器盖面隆起程度较高，上有圈形捉手，颈部收缩，折肩鼓腹，平底微圜，口沿外侧左右各附一环形耳。盖内面有铭文两行共11字："鲁子中之子归父，为其膳敦。"通高16.5、器盖高7.1、口径23.3厘米[12]。时代为春秋中期偏晚。从外形看，此器与息子行敦非常相似。如果固守自名原则，息子行敦应是盆，归父敦自然是敦，二者岂不矛盾？所以我们一再强调，自名现象很复杂，要具体情况区别对待，不能一味盲从[13]。在息子行敦和归父敦都有自名且相互矛盾的情况下，唯一的选择是遵从考古学类型学的原则，先分析它们的形制特点。因为两者都符合敦的基本形制即腹部圆缓内收，所以它们都是敦，而不是盆。器身与息子行敦和归父敦形态一致的还有益余敦（《商周》06076），其自名"善（膳）敦"，齐侯敦（《商周》06072）也自名"善（膳）敦"，亦可证明我们称息子行敦为敦是有充分依据的。显

图二　息子行敦

图三　归父敦

然，大部分自名是可靠的，至于息子行敦自名为盆，只是说明这种类型的敦曾经受到盆的影响。

如果从这种平底敦的发展轨迹来看，就更清楚了。归父敦即《青铜敦卷》所分甲类敦的Aa型，它的发展趋向就是Ab型。《青铜敦卷》将Ab型分成三式。Ⅰ式标本是洛阳中州路M1出土的素面敦[14]（图四）。大致形态与归父敦相近，如作为盆式敦的主要特征的束颈还保留着，但是也有一些变化，如盖面隆起不高，原先的圈形捉手变成三环纽。年代在春秋中期偏晚。发展到Ⅲ式，这种盆式敦就有了质的变化，如山东莒南大店M1出土的蟠虺纹敦，虽然与中州路M1出土的素面敦形近，盖上也有三环纽[15]，但重要的区分是已经没有明显的颈部（图五）。如果单独来看莒南大店M1出土的蟠虺纹敦，已经看不出它与盆有什么关系了。莒南大店M1出土的素面敦的年代在春秋晚期偏晚，可见此时盆对于敦的影响已经很小了。

图四 素面敦
（中州路M1∶2）

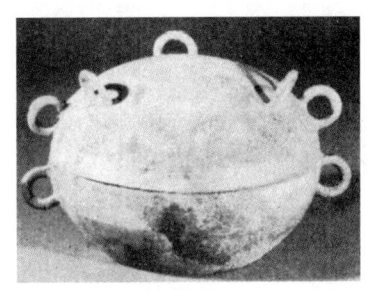

图五 蟠虺纹敦
（莒南大店M1∶15）

从息子行敦到莒南大店M1出土的蟠虺纹敦，我们可看到早期的青铜敦如何接受盆的影响，又如何借鉴盆的形态以求生存。甲类A型盆形敦是早期敦的主要型式，数量也不少，有72件，占出土敦总数的19.4%。作为一种非标准敦的型式，盆形敦处于孕育、派生出敦的关键阶段，在推动非标准敦向标准敦演进的过程中起着重要作用。

（2）盂形敦。当盆式敦在春秋中期偏早至春秋晚期流行时，又有一种型式的敦兴起，这就是盂形敦。前者主要流行于中原地区，后者主要流行于楚地。

盂形敦即《青铜敦卷》所分Ba型，实际上是在A型平底敦的基础上加了三足或四足，可以看作平底敦的一种自然延续。这种敦，通常叫盏式敦。以往有人喜欢谈论盏式敦，用盏来命名，似乎它是一个特点分明的类型，其实不然，自名为盏的敦的内涵并不纯粹，既包括《青铜敦卷》所分乙类的圆体敦，如大府敦（《商周》06055），也包括甲类的盏式敦。盏是敦在楚地的一种区域性称呼，在对敦的区域性研究时有用，但是在分类上用处不大。所谓盏式敦有如下三类。

第一类是球形敦，器盖相合呈球状，是标准的敦的形状，与盂的形态已相去较远。其中又可以分两小类，一小类是足作环纽状者，如仲姬齐敦（《商周》06054），铭曰"仲姬齐之盏"（图六）；大府敦（《商周》06055），铭曰"大府之馈盏"；昭之王孙即敦（《商周续编》0525）[16]，铭曰"昭之王孙即自作飤盏"。但这种类型的敦也有自名为盂的，如许子敦，铭曰："许子𠂤之盏盂。"（《商周》06058）（图七）单独来看许子敦，恐怕难以想象它与盂有什么关系。另一小类是足做蹄足状，如襄王孙敦（《商周》06068），铭曰："襄王孙□𡠦择其吉金，自作飤盏。"（图八）形状显然与盂没多大瓜葛。

　　第二类是鼎形敦。下腹有三蹄足，足较长，与盂形敦的蹄足还有所不同，形态近于鼎，如跨于𤔲敦（《商周》06059），铭曰："跨于𤔲之行盏。"（图九）这类敦将放在后面讨论。

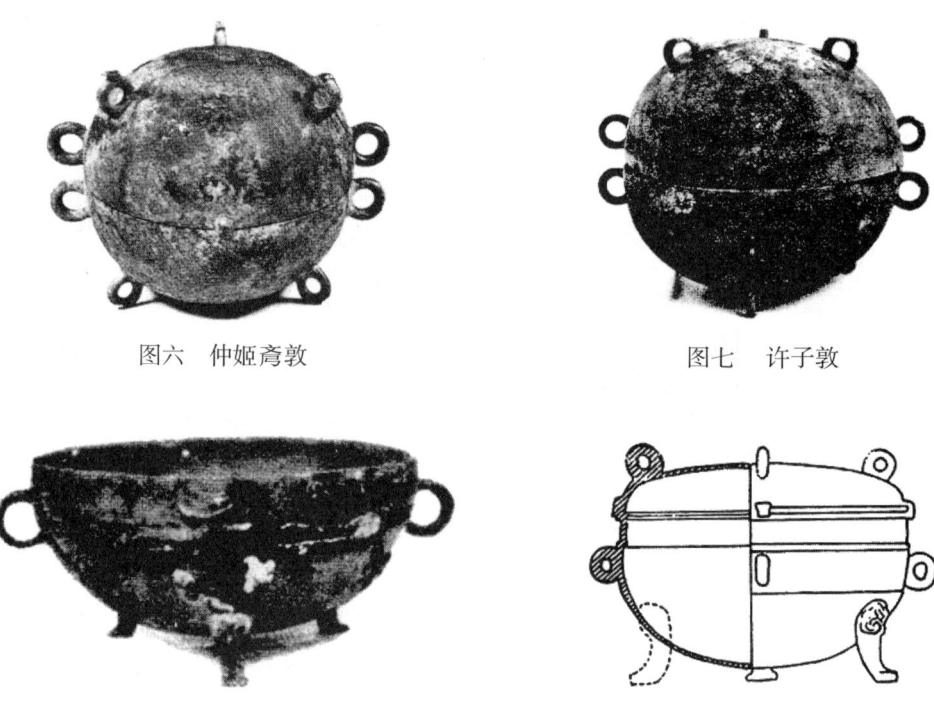

图六　仲姬𦉢敦　　　　　　　图七　许子敦

图八　襄王孙敦　　　　　　　图九　跨于𤔲敦

　　第三类才是真正的盂形敦，多自名为盂，如楚王酓审敦（《商周》06056），铭曰："楚王酓审之盂。"（图一〇）愠儿敦（《商周》06063），铭曰："愠儿自作铸其盏盂。"黄子婁敦（《商周续编》0523），铭曰："黄子婁以作叔𠂤盂。"或自名为盏，如毂儿敦（《商周续编》0524），铭曰："毂儿择其吉金，自作飤盏。"陈子毂敦（《商周续编》0526），铭曰："陈子毂择其吉金，自作飤盏"。以上诸器年代均在春秋晚期。

　　由上述例子可知，盏的内涵复杂。它之所以有"盏"这个总的名称，主要是因为它们出土在楚地。如仲姬𦉢盏在1990年出土于河南淅川和尚岭M2，大府盏在1933年出土于安徽寿县李三孤堆楚王墓，跨于𤔲盏1976年出土于湖北随县义地岗，愠儿盏1986年出土于湖南岳阳莲塘村，襄王孙盏1997年出土于湖北谷城过山镇。昭之王孙即盏的主人是楚昭王之孙，自然是楚器。春秋晚期许国已为楚国所灭，成为其附庸，许子盏盂出土于河南南阳市，有浓郁的楚文化色彩。总而言之，"盏"只是敦的一种地方性称谓，过去用"盏"来为敦划分型式，其实是不科学的。

本节要谈的是盂形敦，即《青铜敦卷》划分的Ba型：隆盖上置圈状捉手，下承三小矮足。根据器底形态及器腹的不同分为三式。从前面所说青铜器发展的一般规律，先是平底，然后才有足，可见在盆式敦流行一段时间后，盂形敦出现了，进一步推动了敦的演化。除了前面列举的有铭文的盂形敦，还有没有铭文的盂形敦，如《青铜敦卷》所举Ⅰ式的河南淅川下寺M7出土的蟠螭纹敦，年代为春秋中期偏晚（图一一）。湖北钟祥黄土坡东周墓M31出土的三角纹敦，年代为春秋中期偏晚。可见这种型式的敦还是流行于楚地。结合前面所述青铜敦的年代，盂形敦主要流行于春秋中期偏晚至春秋晚期。

图一〇　楚王酓审敦

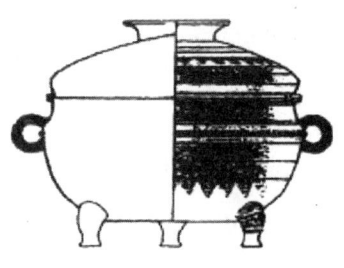

图一一　蟠螭纹敦

（下寺M7∶8）

盂形敦虽然主要流行于楚地，但对中原地区的敦也产生了很大的影响。正如《青铜敦卷》所说的山西临猗程村M0022出土的青铜敦、山东泰安市黄花岭村出土的青铜敦、河南新郑蔡庄M37出土的青铜敦、河南新郑铁岭墓地M1404出土的凸弦纹敦（图一二），应是受楚地文化影响所致。至于1990年湖北襄阳朱坡乡徐庄村出土的莽子䤿敦更有意义（《商周》06075）[17]（图一三）。此器主人舒子敢原本是群舒人，可能在楚灭群舒之后，成为楚的附庸。原本群舒没有这样的器形，当是受到楚文

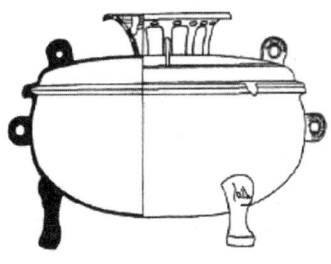

图一二　凸弦纹敦

（新郑铁岭墓地M1404∶13）

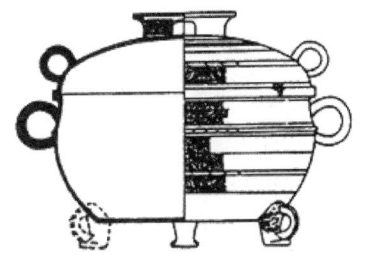

图一三　莽子䤿敦

化影响后的产物，与一般的楚国盂形敦没有什么差别。而器盖上所饰环带纹，则不见于其他楚器上，似乎表明此器文化的多元性。

《青铜敦卷》所分Ba型Ⅲ式敦接近标准的盂形敦。中原盂形敦与楚地盂形敦相比，两者相同的是：盖顶捉手均为圈形，颈部收缩，腹部圆鼓。不同的是：前者变平底为圜底，附足也较高。中原地区的盂形敦与楚文化区的盂形敦既有联系又有区分，可以看作楚地盂形敦在中原地区的变异。

相比盆形敦，盂形敦的数量不算多，有62件，占出土敦总数的16.8%。不仅行用地区扩大了，从中原到楚地，而且流行时间较长，从春秋中期偏晚到战国早期，在形制上更接近于标准敦，在敦由非标准向标准转化的过程中又向前推进了一步。同时，盂形敦处于非标准敦和标准敦中间，形态多变，盖、耳、足各有千秋，加上纹饰精细华美，在敦中十分耀眼，为敦类器增色不少。

（3）鼎形敦。是敦与鼎相生后的产物，即《青铜敦卷》所分甲类Bb、Bc型和乙类A型。之所以说它是鼎形敦，首先是器盖相合呈球状体或接近于球状体，其次是器底有足，有蹄足也有环耳形足，有的足还比较长，与同时期的鼎像。开始出现的型式如甲类Bb、Bc型和乙类Aa、Ab型还不大像鼎，越到后来越像，最像鼎的是Ad、Ae型，出现时间也最晚，说明这种相生有一个过程，同时也证明我们所说的相生关系在事实上是存在的。Ad、Ae型铜敦的数量很少，但甲类Bb、Bc型和乙类Aa、Ab型青铜敦的数量很多，一共有226件，占出土青铜敦总数的61%，可见鼎形敦在青铜敦类器中的重要地位。其实前面说过的盂形敦，从其足来看，也不能说它没有受到过鼎的影响。

关于鼎形敦，也有学者主张是从鼎演化出来的。诚然，像俗称西瓜鼎（主要指Ae型）那样的敦必定是受了鼎的影响，但其数量少，而且更重要的是出现的年代比较晚，是在敦成熟之后受鼎影响所致。年代较早的敦，如盆形敦、盂形敦，其形态都与簋相仿，直接或间接承袭簋而来。

鼎形敦有两类。

第一类是标准型敦。这一类又可以分三型。

扁球型，器盖相合呈扁球状，盖与器身都比较浅，相合之后高度小于器的宽度。扁球型即《青铜敦卷》所分乙类敦的Aa型Ⅰ式、Ab型Ⅰ式、Ac型Ⅰ式。标本是湖北麻城市李家湾M14出土涡纹敦（图一四）、湖北襄阳余岗山湾M22出土素面敦，年代为春秋晚期。这一类型的青铜敦还有《美帝国主义劫掠的我国殷周铜器集录》中编号为A286、A287的两件青铜敦[18]。

圆球型，器盖相合像一只足球，盖与器身的深度一样，相合之后高度等于器的宽度。圆球型即《青铜敦卷》所分乙类敦的Aa型Ⅱ式、Ab型Ⅱ式、Ac型Ⅱ式，标本有河南淅川下寺M10出土的涡纹敦（图一五）。

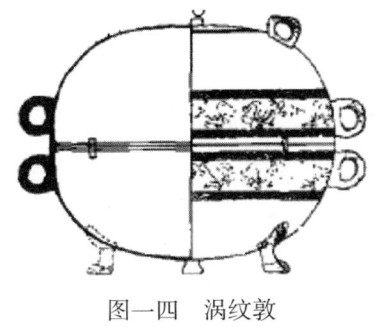
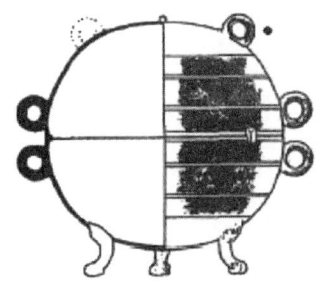

图一四　涡纹敦　　　　　　　图一五　涡纹敦
（麻城李家湾M14:2）　　　　（淅川下寺M10:46）

竖蛋型，器盖相合像一只竖立的鸡蛋，盖与器身都比较深，相合之后高度大于器的宽度。竖蛋型即《青铜敦卷》所分乙类敦的Aa型Ⅲ式、Ab型Ⅲ式、Ac型Ⅲ式，标本是安徽寿县蔡侯墓出土的镶嵌龙纹敦（图一六）。这一类型敦还有《美帝国主义劫掠的我国殷周铜器集录》中编号为A288、A289的青铜敦。

第二类是非标准型敦，其中又分三型。

A型，即《青铜敦卷》所分甲类Bb型，虽然与甲类Ba型有关系，同样是在A型平底敦的基础上加了三足或四足，可以看作平底敦的一种自然延续，但因为足比较长，直接腹底，与鼎的腹、足相似，应是受到鼎的影响所致。标本有河南洛阳中州路M4出土的蟠螭纹敦、山西临猗程村M1082出土的麻点纹敦（图一七）、山东长清仙人台M5出土的蟠螭纹敦、2007年河南新郑铁岭墓地M308出土的蟠螭纹敦。主要特征是盖隆起，上有三环纽。这种装饰，不同于早先出现的盆式敦和盂形敦，反而与鼎的形态接近。时代为春秋中期偏晚。一直流行至战国早期。主要发现于中原的洛阳及晋南地区。

图一六　镶嵌龙纹敦　　　　图一七　麻点纹敦
　　　　　　　　　　　　　（临猗程村M1082:9）

B型，即《青铜敦卷》所分甲类Bc型，也与Bb型一样，处于从非标准型敦向标准型敦演进的中间阶段。与盆形敦相同的是：颈部收缩，说明它还保留一些敦的早期形态。同时，它与盆形敦不同：盖顶有三个或四个蹄足纽，与器腹的三小足或四小足对称。这种对称的造型艺术正是敦的特质。标本有1987年山东省胶南县博物馆征集的荆公孙敦（图一八）。盖内有铭文："荆公孙铸其膳敦。"（《商周》06069、06070）也说明它具备更多敦的因素。此型蹄足敦大多出于山东，与中原及楚地的敦不同，但演进的基本规律是一致的。以上几件敦彼此形态、纹饰非常接近，其中山东出土7件，河北2件，大多出于山东。《青铜敦卷》指出这是山东地区特有的类型，出现于春秋晚期，下限为战国早期，这很正确。只有一件河北怀来甘子堡M2出土乳钉纹敦与其他8件有所差别，即盖顶上的纽不是蹄足而是环纽（图一九）。由于燕地没有这种型式的敦，所以《青铜敦卷》认为燕地的这种敦可能是受齐文化的影响而产生或直接从齐地输入的。有趣的是，同样在河北，平山县穆家庄M8102出土的乳钉纹敦与山东出土的乳钉纹敦一样，而距离比较遥远的怀来出土的敦就有了差别。这对我们研究不同地区的文化交流和器物演变有益。

图一八　荆公孙敦

图一九　乳钉纹敦

（甘子堡M2∶6）

这一类型敦的演变规律，如《青铜敦卷》所说：由平底发展为圜底，束颈消失，同时器腹弧度增大，盖面进一步隆起，从而使器盖相合更接近扁圆体。这一演进生动地说明非标准型敦是如何一步一步向标准型敦靠近的，这对我们了解标准型敦的来源有重要参考价值。

鼎形敦是鼎与敦相生的产物，从敦的角度来看，则是敦受到鼎的影响，形态趋向于鼎。在西周时期，簋也曾经受到鼎的影响，形成附足簋，但附足簋除了足长一点，与鼎的形态还是有相当距离的。然而鼎形敦不同，不但作为球状的器身，连盖上的纽都与鼎非常相似。在与鼎形成组合关系的饪食器中，没有其他器类像鼎形敦那样接近鼎的形态了。

或许是与鼎相近的缘故，相当一部分鼎形敦不仅体量大，而且装饰华丽，颇为引人注目，无疑提升了敦的地位。鼎形敦数量很多，它的出现，标志着敦的自身型式的完善，敦在墓葬出土青铜器组合中的地位进一步稳固，敦的发展也步入全盛阶段。

（4）簋形敦。所谓簋形敦就是形制像簋的一种敦，是敦、簋相生的产物，即《青铜敦卷》所分的乙类B型。盖、器同形，盖顶有圈形捉手，器底有形制相同的矮圈足。盖、器大小相同，皆有二环耳。标本有河南陕县M2040出土的涡纹敦，年代为战国早期（图二〇）；1959～1961年山西长治分水岭M26出土的涡纹敦，年代为战国中期；此型青铜敦时代较早的有《美帝国主义劫掠的我国殷周铜器集录》中收录的编号为A285的青铜敦，形制基本相同，唯器耳有异。年代为春秋晚期。簋形敦出现于春秋晚期，下限为战国中期。这种类型的青铜敦数量极少，只有9件，主要发现于中原地区，应为中原地区的一种特殊类型。

簋形敦就像两个簋器相扣合。单从器身来看，与一般的圈足簋无差别，但从盖与器身形制一样，器、盖扣合的方式来看，则是敦的特色。可以说簋形敦是簋、敦相生的产物，是簋、敦结合的完美体现。敦不仅是簋的派生物，而且与簋相生产生簋形敦，这种现象在其他器类中很少见，反映了敦在派生与相生的双重作用下，能产生更多的型式，从而加速了敦的蓬勃发展。

（5）豆形敦。所谓豆形敦就是形制像豆的一种敦，是敦、豆相生的产物。

《青铜敦卷》中披露一件方形青铜敦，系2008年河南省南阳市八一路楚彭氏家族墓地M1出土。通高26、口长26、口宽26厘米。形制很特别，盖、器均作方斗形，上下相扣，如同一个皮箱。盖面上四角处各有一兽首形环纽，器底有对应的四个外撇的兽蹄形足。器身与盖的四面中心处有上下对应的环耳。盖沿四边各有两个兽面形卡扣，用来卡住器口（图二一）。时代为春秋晚期。

图二〇　涡纹敦
（陕县M2040∶274）

图二一　蟠螭纹方敦

正如《青铜敦卷》所言，这种方形青铜敦目前仅见此一例，是很珍贵的资料，其形制显然是受到了方豆的影响[19]。

我们曾经说过，相生物的产生有一个条件，就是形成相生关系的双方必须具有强大的资源优势[20]。如前所言，春秋晚期青铜敦已经步入黄金时代，数量多、质量高、行用地区广，在墓葬出土青铜器组合关系中的地位越发重要，常常与鼎组合成为饪食器的核心。同时，青铜豆的发展也在春秋晚期达到了顶峰，在墓葬出土青铜器组合关系中，常常与鼎组合成为饪食器的核心，地位与敦仿佛。敦与豆在同一阶层的频繁相遇，导致豆形敦的出现。

图二二　镶嵌兽纹方豆

为什么这件独一无二的方形敦出现在河南南阳，而不是其他地方呢？我们不妨先看看方豆流行的区域。张翀在《中国古代青铜器整理与研究·青铜豆卷》中所分Bg型豆就是方腹型豆，腹部呈方形[21]。这类方腹青铜豆流行于春秋晚期至战国中期。器物有河南固始侯古堆所出的两件方豆[22]（图二二），擂鼓墩M2出土的一件素面方豆[23]、1935年河南汲县山彪镇出土的一件嵌绿松石方豆[24]、藤店M1所出两件铜方豆[25]。可见，方豆流行的区域主要在楚地，而楚地也同时流行敦，于是两者相互影响，从而促成豆形敦的出现。以前我们知道敦与盆、鼎、盂、簋发生关系，如今又发现敦与豆也能发生关系，产生新的品种，可见敦在演进历程中，是如何活力四射，不断开拓新的发展空间的。

综上所述，敦在演进过程中，分别与盆、鼎、盂、簋、豆发生关系，产生以上如此众多的新品种。在这一点上，盛食器中唯有簋能与之抗衡，演化出盆形簋、鼎形簋、盂形簋、豆形簋。敦具有与簋一样的秉性，由此也可判断，说敦源自簋，应该无错。

三、结　　语

青铜敦的产生、发展、演变的轨迹大致是：在春秋中期偏早阶段，青铜敦从青铜簋中派生出来，并相继受到青铜盆和青铜盂的影响，产生盆形敦和盂形敦。春秋晚期是盆形敦和盂形敦发展的高峰期，不仅数量剧增，行用地区也越发广大。盆形敦主要流行于中原，盂形敦主要流行于楚地。在盆形敦和盂形敦盛行时，有一部分敦受到鼎的影响，足开始加长，器身也向球体发展，形成标准型的青铜敦。此类球体敦流行于中原和楚地两大区域。进入战国，盆形敦和盂形敦、非标准型的球体敦相继退出历史舞台，标准型的球体敦则继续发展。此时敦的型式趋向单调，也意味着敦开始走向衰落。

从以上分析不难看出，青铜敦的产生得力于青铜簋，青铜敦的发展得力于盆、盂、鼎、簋、豆的影响。这种影响不是浮光掠影，而是帮助青铜敦改头换面，产生出一批又一批新品种、新类型来。青铜敦发展的每一步，都是器类之间的相生关系在起着助推作用。如果没有相生关系，便没有盆形敦、盂形敦、鼎形敦、簋形敦、豆形敦，没有了这些型式的敦，青铜敦还能剩下什么呢？

附注：本文系国家社科基金项目"夏商周青铜礼器的兴衰及其原因"（立项号：15BKG007）的阶段性研究成果。

注 释

[1] 张懋镕:《试论中国古代青铜器器类之间的关系》,《古文字与青铜器论集》(第二辑),科学出版社,2006年,第133~141页。

[2] 凡是本文提及《青铜敦卷》的有关说法,请阅读该书,文中不再一一注明页码。

[3] 高明:《中原地区东周时代青铜礼器研究(中)》,《考古与文物》1981年第3期。

[4] 陈芳妹:《簋与盂——簋与其它粢盛器关系研究之一》,《故宫学术季刊》第一卷第2期,1984年。

[5] 彭裕商:《东周青铜盆、盏、敦研究》,《考古学报》2008年第2期。

[6] 刘彬徽:《楚系青铜器研究》,湖北教育出版社,1995年,第152~164页;刘彬徽:《东周青铜敦研究》,《湖南博物馆文集》,岳麓书社,1991年。

[7] 任雪莉:《中国古代青铜器整理与研究·青铜簋卷》,科学出版社,2016年,第94页。

[8] 路国权博士在其博士学位论文《东周青铜容器谱系研究》(北京大学,2014年)中将敦划分为四个类型,A型是盆形敦,B型是盏形敦(即我们所说的盂形敦),C型是豆形敦,D型是球形敦,总体思路与我们相近。

[9] 张懋镕:《青铜盆小议》,《古文字与青铜器论集》(第二辑),科学出版社,2006年,第128~132页;张懋镕:《再议青铜盆——从新发现的中市父盆谈起》,《古文字与青铜器论集》(第三辑),科学出版社,2010年,第164~169页。

[10] 程欣人:《随县涢阳出土楚、曾、息青铜器》,《江汉考古》1980年第1期。

[11] 吴镇烽:《商周青铜器铭文暨图像集成》(简称《商周》),上海古籍出版社,2012年。

[12] 王敏之:《河北唐县出土西周归父敦》,《文物》1985年第6期。

[13] 张懋镕:《试论青铜器自名现象的另类价值》,《古文字与青铜器论集》(第三辑),科学出版社,2010年,第128~138页。

[14] 中国科学院考古研究所:《洛阳中州路(西工段)》,科学出版社,1959年,第93页。

[15] 山东省博物馆等:《莒南大店春秋时期莒国殉人墓》,《考古学报》1978年第3期。

[16] 吴镇烽:《商周青铜器铭文暨图像集成续编》(简称《商周续编》),上海古籍出版社,2016年。

[17] 吉林大学古籍所的张水根博士写有《舒子敢盏铭文考释》一文,曾寄来商讨,考释此器为舒国青铜器,窃以为很有说服力。

[18] 陈梦家:《美帝国主义劫掠的我国殷周铜器集录》,科学出版社,1962年。

[19] 路国权博士在其博士学位论文《东周青铜容器谱系研究》(北京大学,2014年)中将敦划分为四个类型,其中C型是带柄敦,也称为豆形敦(见该论文122~126、132页)。将以往我们认为的一批豆归属敦。这种观点很新颖,但值得商榷,因为豆(包括铺)与其他器类的最大差别在于豆有柄,而敦恰恰没有柄。只有一件梁伯可忌豆自名为敦(《商周》06152),若依此作为例证,也是孤证,况且我们已经著文说明这种名不副实的现象是器类之间相生关

系的反映，不能盲从自名来定名。

[20] 张懋镕：《试论中国古代青铜器器类之间的关系》，《古文字与青铜器论集》（第二辑），科学出版社，2006年，第135页。

[21] 张翀：《中国古代青铜器整理与研究·青铜豆卷》，科学出版社，2015年。

[22] 固始侯古堆一号墓发掘组：《河南固始侯古堆一号墓发掘简报》，《文物》1981年第1期。

[23] 湖北省博物馆、随州市博物馆：《湖北随州擂鼓墩二号墓发掘简报》，《文物》1985年第1期。

[24] 《中国青铜器全集》编辑委员会：《中国青铜器全集》第八册，文物出版社，1997年，第157页，图一七九。

[25] 荆州地区博物馆：《湖北江陵藤店一号墓发掘简报》，《文物》1973年第9期。

（原载谷朝旭：《中国古代青铜器整理与研究·青铜敦卷》，科学出版社，2016年）

叶家山墓地出土非主流青铜礼容器研究

西周时期的著名青铜器墓地，迄今已发现不少。譬如山西曲沃北赵晋侯墓地，北京琉璃河燕国墓地，河南平顶山应国墓地，陕西宝鸡戴家湾墓地、石鼓山墓地以及本文要研究的湖北随州叶家山墓地。要研究这些墓地出土的青铜器，首先应该分类。从研究墓地文化性质的角度出发，可先分成两大类。一类是能准确反映该墓地文化性质的主流青铜器，譬如在晋侯墓地，以晋侯所作青铜器为核心的晋侯世族青铜器就是该墓地的主流青铜器，因为凭借这些主流青铜器才能证明这个墓地是晋侯世族的墓地，其他的外来青铜器则是非主流青铜器。但并不是所有墓地都像晋侯墓地那样，容易识别出什么是确定墓葬性质的主流青铜器。譬如宝鸡戴家湾墓地，我们至今也不清楚哪些青铜器是主流青铜器，哪些是非主流青铜器，无法确定墓地的文化性质，导致墓地主人是西虢、夨国、殷商遗民、周公家族、当地土著等歧见的出现[1]。对于石鼓山墓地的性质，虽然可以根据墓葬葬制和同出高领袋足鬲来判断墓主人可能不是殷商遗民，但究竟是羌人还是周人，抑或既不是羌人也不是周人，没有哪位专家能说得清楚，拿出具有说服力的证据。换言之是无法界定出土的青铜器中哪些是代表墓地文化性质的主流青铜器[2]。

相比之下，湖北随州叶家山墓地可称得上是一个比较完美的典型。它同时具备以上青铜器墓地不具备的两个条件。第一是叶家山墓地的文化性质很明确，作为西周早期曾国的墓地，其主流青铜器就是以曾侯所作青铜器为核心的曾侯世族青铜器，而这正是区分主流青铜器与非主流青铜器的前提和首要条件；第二是叶家山墓地是迄今发现的唯一一座没有被盗且布局完整的西周诸侯国墓地。前面所说的晋侯墓地、燕国墓地、应国墓地均因为被盗掘而导致器物凌乱，无法对主流青铜器与非主流青铜器做量化分析，而没有量化分析，研究就难以深入和细致，很容易流于一般。

我们之所以要做叶家山非主流青铜器的研究，除了叶家山墓地是空前绝好的样板以外，还因为迄今为止叶家山墓地青铜器的研究，多偏重于对主流青铜器的研究[3]，包括即将出版的欧阳怡婷、刘树满的《中国古代青铜器整理与研究·曾国铜器卷》[4]（以下简称《曾国铜器卷》）。而且我们做叶家山墓地出土非主流青铜器的研究，也不仅仅着眼于叶家山墓地，而是希望通过对叶家山墓地的研究，积累对非主流青铜器研究的经验，为研究其他墓地的非主流青铜器提供意见。需要说明的是，利用叶家山非主流青铜器来做研究，也有不利的一方面。鉴于曾侯青铜器上也使用日名，故不能用"周人不用日名说"的标准来衡量，只能使用"周人不用族徽说"的标准，判断有族徽的青铜器当属非主流的青铜器[5]。没有曾侯或曾字名号但有日名的青铜器，究竟是主流青铜器还是非主流青铜器，辨别起来相当困难。另外，叶家山墓地的很多墓葬资料还未发表，已经发表的墓葬资料也不一定完整，给量化研究带来一些困难，所以本文的研究只是一种探讨，希望得到大家的指正。

一、叶家山出土非主流青铜器的鉴别与整理

首先是区分哪些是叶家山墓地的主流青铜器，哪些是非主流青铜器。凡是有曾侯或曾字名号的青铜器，当然是主流青铜器，凡是有族徽的青铜器，则是非主流青铜器。有些青铜器既无曾侯或曾字名号，也没有族徽，该如何归属？

有一个鉴别方法，就是看器物的年代。年代早于周初的青铜器几乎都是外来之物。这些器物如何来到曾国，有一种解释可能是周初"分器"的结果。《史记·殷本纪》提到："武王既胜殷，封诸侯，班宗彝，作'分殷之器物'。"说明武王克商后，曾将掳获商人的大量玉器、青铜器分赏给有功将士。我们在数量众多的西周早期墓葬中发现晚商铜器，上面往往有族徽与日名，其中不少属于"分器"[6]。因为属于"分器"，而一般不大可能将成组的战利品分给同一个人，所以我们看到的"分器"往往相互间没有关联。譬如叶家山M27出土的4件觯尺寸、形制、纹饰、族徽各不相同（M27：8～M27：11），可见是临时拼凑的一套器物，并非曾国自己铸造[7]。当然这4件觯上都有族徽，不难判断其来源。

有些器物年代晚到西周早期，又无族徽，则可能不是外来之器，属于墓主人自身的器物。M27出土两件青铜爵（M27：5、M27：6），尺寸、形制、纹饰基本一致，但无族徽，而且年代较M1出土的爵晚，不是外来之器，很可能是曾侯自己制作的器物。还有一件父乙觚（M27：13），未见族徽，且无地纹相衬，显得简约，有可能与M111出土的曾侯作父乙方鼎（M111：85）属于同一人所作器。此器年代要晚一点，不是"分器"所得，可能是曾侯自己的器物。

M65出土扁足鼎1件（M65：41），器上有铭文3字"作宝鼎"，应命名为"作宝鼎"扁足鼎。在西周早期常见"作宝尊彝"之类没有器主名字的短铭青铜器，这种器在商代没有，所以这件扁足鼎不大可能是外来的"分器"，通常属于墓主自己铸造的器物。况且这件扁足鼎的年代要晚于M111出土的扁足鼎（M111：69）。前者扁足接地的面积比较大，足尖勾起的幅度不大，而后者扁足接地的面积比较小，足尖勾起的幅度较大[8]。如果看铭文，则更清楚，前者"作宝鼎"三字的结构与形态都要晚。首先未见任何较粗的笔画，笔触较细且一致，看不出商末周初铭文波磔体的意味，可知铭文年代离周初已远。"宝"字最具特征，近于方形，宝盖头两端平直。与"宝"字字形书体相近的铭文铜器有叔簋："叔作宝尊彝。"（《商周》04179）[9]其尊字上端

有两竖，这种写法，只见于康王以后。既然"作宝鼎"扁足鼎的年代远离周初，它就不可能属于"分器"。

M111出土的觚形器（M111：123），形制特殊，前所未见，又无族徽，装饰简单，与晚殷以来的觚有别，很可能是曾侯自作的器物。还有一件兽面纹鼎（M111：75），没有族徽，通高49、口径37.5厘米，形制和纹饰很像M111：84鼎。从腹部倾垂的程度来看，年代似乎要晚于祖辛鼎。是否"分器"所得，存疑。

需要注意的一点是有族徽的青铜器不一定就属于"分器"，其中年代偏早的属于"分器"的可能性大，而年代晚的基本上都不是"分器"。有一个鉴别办法，就是寻找和这一件器物属于同一家族的其他青铜器，如果其他青铜器年代比较晚，说明这个家族一直从商代晚期延续到西周早期甚至中期，自然这些青铜器就不可能成为战利品而被"分器"。譬如M55出土的亚舲父乙尊（M55：4），无论形制还是花纹，看起来年代都早一点。但它是否属于"分器"呢？要看其他亚舲青铜器。有亚舲族徽的青铜器年代比较早，如亚舲方鼎（《商周》00533，通高27厘米，装饰华丽），还有亚舲林卣（《商周》12830）、亚舲父乙卣（《商周》12904），可早到商代晚期。但同时，更多的亚舲青铜器的年代较晚，如历鼎（《商周》01690，通高35厘米，重8.7千克，体量比较大；铭文："亞舲，历作祖己彝。"）；父庚祖辛分裆鼎两件（《商周》01852、01853）和父庚祖辛簋一件（《商周》04574），铭文相同"亞舲，父庚保口祖辛"；䋣鬲（《商周》02827）"林䋣作父辛宝尊彝。亞舲"；羴鬲（《商周》02907，铭文15字，缀有族徽"亞舲"）；亚舲父乙觯（《商周》10538）以及亚舲父辛觯（《商周》10550）。这些器的年代在西周早期。从器物数量与质量可见亚舲一族初现于商代晚期，进入西周后，发展更加迅速，所以此族的青铜器不属于"分器"。

下面具体分析叶家山出土的非主流的青铜器。

鼎（5件）：M111出土的㽙祖辛圆鼎（M111：84）引人注目。从鼎的厚重程度和形态来看，与商代晚期的戍嗣子鼎（《商周》02320）接近，只是腹部比后者浅，可能稍晚于后者。此器很大，通高56.5、口径42厘米，属于大型青铜鼎，超过曾侯作父乙方鼎（通高49厘米），在已发表的叶家山青铜器中是最大者。这件器年代较早，体量又大大超过M111的所有青铜器，极可能系"分器"所得。曾国能分得如此大型的器物，也显示出曾国的实力以及周王室对曾侯的宠信。

M2出土父乙亚疌舟分裆鼎1件（M2：4），通高21.2厘米，重1.68千克。腹部饰大兽面纹，以云雷纹衬地，地纹细密，主纹粗犷有力，相互映衬，艺术感染力很强。M3出土亚娟分裆鼎1件（M3：7），通高21.7厘米，口沿下饰云雷纹组成的兽面纹。以上两器可能只是一般的外来之器。M65出土束父己分裆鼎1件（M65：51），通高19.6厘米，重1505克。腹部饰兽面纹，以云雷纹衬地。腹底近平，三足较细，属于分裆鼎较晚的型式，大致在昭王时期，故而与"分器"无关。M107出土尧父乙鼎1件

（M107∶5），通高23.6厘米，重2615克。口沿下饰四瓣目纹与涡纹相间的纹饰。此器足较细，年代稍晚，也不属于"分器"。

簋（3件）：M3出土亚娳簋1件（M3∶9），通高12.6厘米，重1715克。口沿下饰云雷纹组成的兽面纹弦纹间浮雕兽头，此器与亚娳分裆鼎同出，年代稍晚，不属于"分器"。M27出土戈父癸簋1件（M27∶28），通高13厘米，重2070克。颈部饰涡纹，上下以两道弦纹为界边。戈族在西周时期依然兴旺，如在陕西泾阳高家堡有墓地，可见戈父癸簋出土在叶家山并非缘于"分器"，可能是联姻或助葬的原因。M65出土亚禽父癸簋1件（M65∶53），通高12.8厘米，重2510克，颈部与圈足饰夔纹，腹部饰兽面纹，以云雷纹衬地。这件簋的年代不早，可能不是"分器"。

斝（1件）：叶家山墓地出土两件斝，一件是M1出土的冉父丁斝（M1∶015），通高34.9、口径19.2厘米，重4430克。一件是M111出土的侯用彝斝，通高33.5、口径18厘米。报告作者认为前者年代可能早于西周，有道理。西周早期的斝与商代末年的斝形制变化不大，从冉父丁斝的瘦高程度及柱帽的粗壮程度来看，年代可能要早一点。判断冉父丁斝可能为"分器"还有一个重要原因，此器与M1的墓葬规模和出土的其他青铜器很不协调。M1的墓室面积为9平方米，是一座中型偏小的墓葬，怎能拥有与M111的侯用彝斝那样相近的重器？所以冉父丁斝属于"分器"的可能比较大。M111出土的侯用彝斝不仅尺寸与冉父丁斝非常接近，整体形态以及鋬的牛首装饰也十分相似，很有可能是对前者的模仿。如果此说成立，我们可以看到姬姓周人是如何通过获得"分器"，在仔细考察实物的基础上，对殷商器物进行仿制的。到了西周早期，青铜斝数量已经很少，我们曾统计西周早期出土的青铜斝只有37件[10]，而湖北大概只有叶家山墓地出土的这两件了。这两件斝的通高接近1976年陕西扶风庄白一号窖藏出土的折斝，后者通高35厘米[11]，在出土的青铜圆斝中可排到前三名。如今侯用彝斝的出现，是唯一一件姬周贵族用斝的实例，由此可见珍稀程度，也显示出曾国青铜器独有的品质与魅力。

觥（1件）：M27出土1件兽面纹觥（M27∶7），通高27厘米，重3350克。与商代晚期觥相比，腹部较宽，且无地纹，年代可能不会早到晚商。与西周早期的守宫觥相似，但腹部不像后者那么宽侈，比守宫觥要早一些，可能在周初。发掘者认为有较早的年代特征，很有道理。我们曾经对青铜觥的演变及其原因做过一点研究，发现进入西周之后，青铜觥开始发生变化。从铭文分析，绝大部分有日名与族徽，表明它们是殷商后裔的器物，剩下很少一部分没有日名与族徽，但也没有证据可以证明它们是姬周贵族的器物。总而言之，在65件商与西周的有铭文的青铜觥中，迄今没有见到一件可以证明是姬周贵族的[12]。这件觥上没有族徽、日名之类的铭文，很难判断它的族属，推测它是外来之器。西周早期的觥一般来说装饰简约，纹饰较少，而这件觥全器布满花纹，铸造精良，有殷商遗风。

壶（1件）： M27出土举觚壶（M27∶3），通高45.6厘米，重3270克。在盖沿和颈部装饰顾龙纹，圈足装饰目云纹。考虑到这种橄榄形贯耳壶初现于西周早期，举觗壶的年代在康昭时期[13]，所以与"分器"无关。此壶形态与󰀀壶（《商周》11983）形态接近，后者通高41.7厘米。举觗壶在橄榄形贯耳壶中体量算是比较大的。M28出土曾侯谏作媿壶（M28：178），通高46.5厘米，重3310克。与举觗壶尺寸、重量、形制、纹饰都非常接近。差别是前者所饰顾龙上下没有连珠纹镶边，精细程度也稍逊于后者，推测曾侯谏作媿壶有可能仿造举觗壶而来。

尊（3件）：M27出土鱼伯彭尊（M27：14），通高28.1厘米，重3890克，从颈部到圈足依次装饰蕉叶纹、夔纹、兽面纹，并有四条扉棱，扉棱在口沿处出戟，无地纹。形制及装饰风格与陕西扶风庄白一号窖藏出土的商尊（76FZH1：11）很相似[14]，年代大致在康昭之际。考虑到此尊和鱼伯彭卣一起出土（下详），应该不属于"分器"。M55出土亚舿父乙尊（M55：4），通高28.5厘米，重3065克。虽然这件器年代较早，但如前所言，亚舿器不可能是"分器"。M107出土戈父乙尊1件（M107：8），通高23.6厘米，重2250克，素面。如前所言，戈族器不属于"分器"，况且这件尊上没有一点装饰，是昭王时期流行的风格，年代大致在昭王前后，可能是通过助祭、通婚等途径获得的。

卣（3件）：M27出土鱼伯彭卣（M27：12），通高35.6厘米，重6870克，有提梁，从盖面到圈足依次装饰兽面纹、夔纹、兽面纹、夔纹，并有四条扉棱，无地纹。形制及装饰风格与陕西扶风庄白一号窖藏出土的商卣（76FZH1：42）十分相似[15]，年代大致在康昭之际。应该不属于"分器"。M46出土󰀀祖乙卣1件（M46：12），通高32.7厘米，重5330克。盖面和口沿下饰夔纹，圈足饰两周弦纹。腹部圆鼓，最大腹径在中线，是年代较早的标志，可能属于"分器"。M107出土戈父乙卣1件（M107：7），通高27.2厘米，残重3260克。素面，口沿下正中有浮雕羊首。与上述戈父乙尊的装饰风格一致，年代大致在昭王前后，所以不属于前面所说的"分器"。

罍（5件）：M111出土䍙父丁罍1件（M111：109），通高41.2厘米，此器高大厚重，发掘者认为有晚商时代特征，有可能属于"分器"。颈部饰两周弦纹，肩部饰涡纹。报告作者已经指出M111出土的蟠龙兽首罍（M111：120）、M28出土的兽首悬铃罍（M28：177）、M27出土的立鸟盖悬铃罍（M27：1、M27：2）具有一些不同于周文化的特征，有可能属于外来之器。

爵（6件）：M1出土󰀀父乙爵1件（M1：010），通高21.2厘米，残重615克。腹部装饰兽面纹。M28出土󰀀父辛爵1件（M28：172），通高19.9厘米，重775克。父辛爵1件（M28：171），通高19.7厘米，重615克，这两件父辛爵形态、风格非常接近，很可能是同时所铸的一对器物。M46出土鸟父丁爵两件（M46：13、M46：14），一件通高21.9厘米，重810克。腹部饰夔纹，并有扉棱装饰。以上5件爵年代较早，多缀有族徽，可能属于"分器"所得。M107出土󰀀◇父乙爵1件

（M107∶10），通高21.1厘米，重900克。腹部饰兽面纹。爵足呈刀形，年代明显要晚，可能不属于"分器"。

觚（4件）：M1出土父癸觚两件（M1∶013、M1∶020），一件通高28.2厘米，重1035克；一件残高22.5厘米，残重715克，属于大型觚。从颈部到圈足依次装饰蕉叶纹、四瓣目纹、兽面纹，纹饰细密，尤其四瓣目纹很少装饰在觚上。父乙觚1件（M27∶13），通高26.8厘米，重1150克。颈部饰蕉叶纹，腹部与圈足饰兽面纹，未用云雷纹衬地，给人清爽、明净的感受。加之腹部与圈足装饰四条扉棱，整器显得颇为挺拔。以上3件觚年代较早，又缀有族徽，可能属于"分器"所得。M107出土觚1件（M107∶11），高24.4厘米，残重455克，圈足饰目云纹和简化兽面纹。这件觚腰身很细，装饰简约，与陕西扶风庄白一号窖藏出土的目纹觚（76FZH1∶84）很相似[16]，是青铜觚的晚期型式，年代大致在昭王前后，所以不属于前面所说的"分器"，可能是通过助祭、通婚等途径获得的。

觯（6件）：M27出土4件觯。父癸觯（M27∶11），高16.3厘米，重455克，颈部饰两道弦纹；守父乙觯（M27∶8），通高13.7厘米，重345克，素面。冉觯（M27∶9），高16.6厘米，重260克，颈部饰一周云雷纹，圈足饰两道弦纹。且南蘿觯（M27∶10）（有人将蘿前二字释作"祖南"，恐怕有问题，在早期金文中，通常人名之前是族徽，所谓"且南"也是族徽，只是我们无法将它厘定而已），通高18.8厘米，重730克，盖面、颈部、圈足均饰弦纹。出土时觯内附斗，斗柄与斗身连接处装饰兽形纹。现今发现带斗的酒器不多，可见珍稀程度。M28出土冀母辛觯1件（M28∶168），通高12.6厘米，重305克，素面。M46出土亚犟父丙觯1件（M46∶11），通高14.8厘米，残重275克。圈足饰两周凸弦纹。以上觯的年代都不会很早，属于"分器"的可能性不大。

以上总计非主流青铜器38件，其中属于"分器"的可能有12件，占三分之一弱。由于叶家山墓地考古资料没有全部披露，所以两者的实际数量还要多一些。

二、非主流青铜器的特点及其研究的意义

关于叶家山墓地出土的非主流青铜器的特点和意义，大概有如下几点。

第一，非主流青铜器数量较大，来源不同，对判定叶家山墓地族属具有重要意义。

在以上列举的38件非主流青铜器中，族徽铜器有29件，占有相当大的比例。这些族徽铜器对推定叶家山墓地的族属很有帮助。

早在2011年和2012年叶家山墓地发掘初期，关于墓地的性质即曾国的族属就爆发了激烈的争论。西周早期的曾国究竟是姬姓还是非姬姓，学界产生了严重分歧。这个问题事关重大，如何抉择将决定今后叶家山墓地考古与研究的基本走向。判断族属的依据有很多，其中一点就是看墓葬出土族徽铜器的情况。由于叶家山墓地出土了不少

族徽铜器，于是有学者据此认为墓地主人是殷商遗民[17]。当时我们就提出："在叶家山西周曾国墓地，什么是占主流地位的铜器？当然是铸有'曾侯''曾侯谏'字样的铜器。"至于出土族徽铜器，并不奇怪。这些族徽铜器"多数是酒器，来自不同的国族，很杂乱，不代表墓葬的主流文化"[18]。而后我们又对使用族徽铜器判别墓葬的方法提出更具体的标准："如果出土的青铜器上有数量较多的族徽文字，而且这些族徽相同，或者虽然族徽不同，但其中有一种族徽占有相对优势（超过三分之一），那么基本上可以推定这个墓葬或墓地的主人是殷遗民。反之，族徽很多很杂乱，如果没有一种族徽占有相对优势（超过三分之一），基本上可以推定这个墓葬群或墓地的主人不是殷遗民。"[19]叶家山墓地出土的族徽铜器就属于后一种情况，所以曾侯世族不是殷商遗民。我们也曾经用这个标准判断出宝鸡石鼓山墓地的主人不是殷商遗民，这一点与发掘者的意见不谋而合[20]。

第二，非主流青铜器体量大，铸造精良，装饰考究，成为西周早期曾国青铜器模仿的对象。

如前所言，38件非主流青铜器的体量在中上等水平，绝大部分装饰花纹，很少素面，有些更是满花三层器，铸造精良，有很高的艺术价值。几乎都有铭文，这也有助于证明器主对器物的重视程度。因为非主流青铜器中一部分属于"分器"所得，而作为战利品，往往是出类拔萃之器，譬如㠱祖辛圆鼎、冉父丁斝等，所以多数情况下"分器"要比墓葬出土的主流青铜器更大一些，更精美一些。"分器"之外的一些非主流青铜器，出于婚嫁和助葬等原因，馈赠的一方出于重视，青铜器的体量和质量也往往不同凡响。早在商代晚期的妇好墓，就出土过非主流的青铜器，如亚弜鼎（M5∶808），通高72.4厘米，重50.5千克（《商周》00520），十分伟岸。再看看宝鸡戴家湾、石鼓山出土的那些缀有族徽的非主流青铜器，不仅数量大大超过主流青铜器，质量也好得出奇。

前文已经分析侯用彝斝极有可能是对冉父丁斝的复制，曾侯谏作媿壶也有可能仿造举妣壶而来。随着研究的进一步深入，我们会发现更多这样的例子。这使我们找到了周人仿制商人青铜器的比较可靠的证据。它告诉我们在西周早期，姬周贵族是如何通过"分器"等形式获得大量高品质的殷商青铜器，并经过模仿，铸造出自己的作品，从而提高主流青铜器的水平的。

第三，从非主流青铜器的分布，看墓葬的年代早晚。

叶家山墓地出土的非主流青铜器分布范围广，见于大、中、小各类墓葬。大型墓有M111，墓室面积为135.32（上口）~47.03（下口）平方米，出土非主流青铜礼容器至少3件。M28墓室面积为44.4（上口）~44.64（下口）平方米，出土非主流青铜礼容器至少4件。M27墓室面积为33.66平方米，出土非主流青铜礼容器至少12件。中型偏大墓有M107，墓室面积为21.42平方米，出土非主流青铜礼容器至少5件。M65墓室面积为18.17（上口）~15.78（下口）平方米，出土非主流青铜礼容器至少2件。M2墓室面积为14.26平方米,出土非主流青铜礼容器至少1件。M3墓室面积为15.48平方米,出土非主流青铜礼容器至少2件。中型偏小墓有M1,墓室面积为9平方米,出土非主流青铜礼容器至少4件。小型墓有M55,墓室面积为4.64平方米,出土非主流青铜礼容器至少1件。

由以上数据可见,非主流青铜器尤其是"分器"的分布特点与墓葬的大小没有关系,而是与墓葬的年代关系重大。年代越早,出土的非主流青铜器尤其是"分器"的数量越多。关于叶家山墓地M1等墓葬的年代,有不同的排序方式。主流意见是:M1→M65→M28→M111[21]。也有学者持相反的意见,排序为:M111→M28→M65,并认为M1并非一代曾侯,不在以上序列之中[22]。从"分器"的角度看,M1被公认为叶家山墓地中最早的墓葬,如前所言,其墓室面积只有9平方米,却出土了4件"分器",尤其拥有通高35厘米的冉父丁罍(M1:015),墓主人的级别似乎很高。可以设想,他生活的年代离周初不远,加之有功于王朝,于是得到了较多的"分器"。随着时间的推移,之后的贵族就很难得到这些器物了。M111的墓室面积尽管最大,但出土的"分器"却最少,只有3件,因为墓主人远离周初,获得"分器"的机会少了。M65出土两件非主流青铜器,其中并无"分器",推测此墓的年代可能晚于M28。

三、从非主流青铜器的分布,看曾国与中原文化交流

在同一时期,非主流青铜器的分布是墓室面积越大,出土数量越多,换言之,等级越高的贵族,拥有的非主流青铜器越多,所受的外来文化主要是殷商文化的影响越大。有趣的是,地位低的小贵族(M55)也拥有非主流青铜器,说明殷商文化对曾国的影响是普遍且深远的。

且以与戈族的交流为例。叶家山墓地出土外族青铜器较多的是戈族的青铜器,有3件,M27出土戈父癸簋1件,M107出土戈父乙尊、戈父乙卣各1件。前面我们已经论证戈族青铜器不属于"分器"。值得注意的是,它们都出现在大型及中型偏大的墓葬中,说明作为中原地区的望族——戈族与曾国上层贵族保持紧密的联系。如前所言戈父乙尊、戈父乙卣是昭王时器,它们是否与昭王南征有关,令人玩味。

戈族与南方国族的关系由来已久。很多戈族青铜器出现在两湖地区。1986年湖北新洲县架子山砖瓦厂出土两件戈乙鼎(《商周》00429),形制、纹饰、铭文相同,通高25厘米,颈部饰云雷纹衬地的涡纹。1980年湖北随州羊子山西周墓葬出土一件戈父辛爵(《商周》07900),通高20厘米,重750克。腹部饰夔龙纹。1970年湖南宁乡王家坟出土戈卣1件(《商周》12567),通高37.7厘米,重10.7千克,三层满花器,装饰、做工极其精美,年代在商代末年。还有一件戈卣(《商周》12948),1985年出土于湖南衡阳杏花村,通高33厘米,重3.6千克,盖面、颈部、圈足饰夔龙纹。1981年湖南湘潭县青山桥镇老屋村窖藏出土1件戈觯(《商周》10134),通高20.1厘米,颈部饰

云雷纹衬地的鸟纹，西周中期器[23]。由此可见戈族的青铜器不但铸造精良，而且从商代晚期到西周中期，一直影响着包括曾国在内的南土各国族。

四、从非主流青铜器在叶家山墓葬出土青铜器组合中的地位看商周青铜器组合的差别

为了便于说明问题，我们借用《曾国铜器卷》的表格（表一），并补充了一些资料，来分析主流和非主流青铜器在组合中的特点与作用。

表一　叶家山墓地出土青铜饪食器、酒器组合表

器形 墓号	方鼎	圆鼎	簋	甗	鬲	爵	觚	斝	觯	尊	卣	罍	壶	觥
M1	4	5	2	1	1	2+1	2	1	1	1	1	1		
M2		4+1	2	1		1								
M3		1+1	1+1	1										
M8	1		1			1				1	1			
M27	2	3	3+1	1	2	2	1		4	1	1	2	1	1
M28	3	4	4	1	1	2	1		1	2	2	1	1	
M50	2		2	1		1			2	1	2			
M55	1													
M65	1	5+1	3+1	1	1	2			1	1	1		1	
M107		1+1	1			1+1								

第一点是饪食器以主流青铜器为主，很少有非主流青铜器。M1共出土饪食器13件，酒器10件，饪食器数量大于酒器，组合关系以鼎、簋为中心，有9鼎2簋，饪食器中没有非主流青铜器。这一点显示出曾国在随州立国之初，就遵循与西周王畿地区早期周人墓葬出土青铜器相近的组合形式。M27共有饪食器12件，酒器13件，饪食器数量略小于酒器。饪食器组合关系以鼎、簋为中心，有5鼎4簋。饪食器基本上是自己制作的，并非拼凑而成，非主流青铜器只有戈父癸簋（M27：28）1件，数量极少。与其他墓葬相比，M28出土的曾侯自作饪食器数量最多：曾侯方鼎1件（M28：156）、曾侯谏方鼎两件（M28：157、M28：165）、曾侯谏圆鼎两件（M28：152、M28：164）、曾侯谏分档鼎两件（M28：158、M28：181）、曾侯铜鬲1件（M28：151）、曾侯甗1件（M28：159）、曾侯谏作媿簋两件（M28：153、M28：154）、曾侯谏簋1件（M28：162），可见饪食器基本上为曾侯所作；曾侯谏作媿尊1件（M28：174）、曾侯谏作媿卣两件（M28：167、M28：169）、曾侯谏作媿壶1件（M28：178），可见一部分酒器也是曾侯所作；曾侯谏盉1件（M28：166）、曾侯谏盘1件（M28：163），水

器也是曾侯自己制作的。共18件，占总数25件的72%，接近四分之三。M65出土的曾侯自作饪食器也很多：曾侯谏方鼎（M65：47）、曾侯谏圆鼎（M65：44）、曾侯谏簋（M65：49）。作尊彝簋（M65：50），未署名的器物也应是墓主人自作的器物。由此可见，西周早期曾国青铜器组合具有明显的重食特点，而且基本上不借助外来之器，这对研究西周早期周人礼制的形成很有意义。

第二点是酒器来源复杂，有不少属于非主流青铜器。从年代的角度来讲，越早的墓葬，酒器中非主流的青铜器比例越大。M1的酒器组合为觚、爵、斝，明显是殷商墓葬青铜酒器的翻版。大约有一半数量的酒器属于非主流青铜器（由于尊、卣、罍为残器，暂不定为主流青铜器，所以非主流青铜酒器数量可能超过主流的青铜酒器），从这个角度来看，则有别于同时期殷遗民墓葬的酒器组合形式。这也是从器物组合来判断墓葬主人是殷商遗民还是姬周贵族的重要标准之一。越晚的墓葬，越是没有非主流的青铜酒器，如M65。此墓共有饪食器13件，酒器6件，饪食器数量明显大于酒器。青铜器组合关系以鼎、簋为中心，有7鼎4簋。有族徽的食器只有2件，数量很少。以往常见缀有族徽的酒器，在M65中反而没了踪影。

从等级角度来讲，等级越高，酒器中非主流的青铜器比例越大。将M27出土青铜酒器与M1相比，共同点是都有不少外来之器，不同在于M27的年代虽然晚于M1，但酒器数量更多。原因则是M27的规格要比M1高，周初所谓禁止酗酒，主要针对中下层贵族，地位越高的贵族，越是不受约束。李伯谦教授认为叶家山曾国墓地青铜礼器常见组合多为鼎、簋、甗、尊、卣、斝、觚、爵、觯、罍、壶等，酒器仍占重要地位[24]。这一点值得注意。虽然在叶家山曾国墓地可以看到明显的重食倾向，但依旧出土了不少爵、觚、觯，而且其中一部分还是曾侯所作器物，这表明曾国青铜器受到殷商文化较大的影响。

总而言之，通过对叶家山墓地出土主流与非主流青铜礼容器的分析，有助于认识这两类青铜器的性质与作用，从而加深对叶家山墓地以及青铜器的理解，并有望为分析其他墓地的非主流青铜器和解决这些墓地的文化属性等问题提供帮助。

附注：本文系国家社科基金项目"夏商周青铜礼器的兴衰及其原因"（立项号：15BKG007）的阶段性研究成果。

注　释

[1] 任雪莉：《中国古代青铜器整理与研究·戴家湾卷》，科学出版社，2015年，第127～132、138、139页。

[2] 王颢等：《石鼓山西周墓葬的初步研究》，《文物》2013年第2期，第77～85页；张懋镕：《宝鸡石鼓山墓地文化因素分析》，《古文字与青铜器论集》（第四辑），科学出版社，2014年，第29～36页。

| [3] | 张昌平、李雪婷：《叶家山墓地曾国铭文青铜器研究》，《江汉考古》2014年第1期，第65～75页。
| [4] | 欧阳怡婷、刘树满：《中国古代青铜器整理与研究·曾国铜器卷》，科学出版社，2019年。以下本文引用该书的观点，不再一一注明
| [5] | 张懋镕：《周人不用日名说》，《历史研究》1993年第5期；张懋镕：《周人不用族徽说》，《考古》1995年第9期。
| [6] | 黄铭崇：《从考古发现看西周墓葬的"分器"现象与西周时代礼器制度的类型与阶段》，《"中央研究院"历史语言研究所集刊》第八十三本第四分、第八十四本第一分，2012年、2013年；张懋镕：《西周早期铜器墓的分类与族属——兼论"分器"现象》，《古文字与青铜器论集》（第五辑），科学出版社，2016年，第341、342页。
| [7] | 本文涉及叶家山墓地的考古资料见以下发掘简报和报告，不再一一注明。湖北省博物馆等：《随州叶家山西周早期曾国墓地》，文物出版社，2013年；湖北省文物考古研究所、随州市博物馆：《湖北随州叶家山西周墓地发掘简报》，《文物》2011年第11期，第27～29页；湖北省文物考古研究所、随州市博物馆：《湖北随州叶家山M28发掘报告》，《江汉考古》2011年第3期，第26、27页；湖北省文物考古研究所、随州市博物馆：《湖北随州叶家山M65发掘简报》，《江汉考古》2011年第3期，第21、22页；湖北省文物考古研究所、随州市博物馆：《湖北随州市叶家山西周墓地》，《考古》2012年第7期，第47页；湖北省文物考古研究所、随州市博物馆：《湖北随州叶家山M107发掘简报》，《江汉考古》2016年第3期，第13页。
| [8] | 张懋镕：《扁足鼎简论》，《古文字与青铜器论集》（第五辑），科学出版社，2016年，第106页。
| [9] | 吴镇烽：《商周青铜器铭文暨图像集成》，上海古籍出版社，2012年。
| [10] | 张懋镕：《中国古代青铜酒器器类演变的差异性研究——从青铜斝谈起》，《古文字与青铜器论集》（第五辑），科学出版社，2016年，第327页。
| [11] | 宝鸡市周原博物馆：《周原庄白西周青铜器窖藏考古发掘报告》，科学出版社，2016年，第27、28页。
| [12] | 张懋镕：《试论商周青铜器的文化属性与器类演变的关系》，《古文字与青铜器论集》（第四辑），科学出版社，2014年，第207、208页。
| [13] | 张懋镕：《旨壶及相关问题浅议》，《古文字与青铜器论集》（第四辑），科学出版社，2014年，第56页。
| [14] | 宝鸡市周原博物馆：《周原庄白西周青铜器窖藏考古发掘报告》，科学出版社，2016年，第15、16页。
| [15] | 宝鸡市周原博物馆：《周原庄白西周青铜器窖藏考古发掘报告》，科学出版社，2016年，第16、17页。
| [16] | 宝鸡市周原博物馆：《周原庄白西周青铜器窖藏考古发掘报告》，科学出版社，2016年，第

62、63页。

[17] 李学勤等：《湖北随州叶家山西周墓地笔谈》，《文物》2011年第11期，第64~77页；黄凤春等：《湖北随州叶家山新出西周曾国铜器及相关问题》，《文物》2011年第11期，第78~86页。

[18] 张懋镕：《谈随州叶家山西周曾国墓地》，《古文字与青铜器论集》（第四辑），科学出版社，2014年，第16页。

[19] 张懋镕：《如何利用族徽铜器识别西周早期墓地的族属》，《古文字与青铜器论集》（第四辑），科学出版社，2014年，第219页。

[20] 张懋镕：《如何利用族徽铜器识别西周早期墓地的族属》，《古文字与青铜器论集》（第四辑），科学出版社，2014年，第220页。

[21] 张昌平：《叶家山墓地相关问题研究》，《随州叶家山西周早期曾国墓地》，文物出版社，2013年，第282页。

[22] 张天恩：《试论随州叶家山墓地曾侯墓的年代和序列》，《文物》2016年第10期，第53页。

[23] 熊建华：《湖南商周青铜器研究》，岳麓书社，2013年，第573~575页。

[24] 李学勤等：《湖北随州叶家山西周墓地笔谈》，《文物》2011年第11期，第65页。

（原载欧阳怡婷、刘树满：《中国古代青铜器整理与研究·曾国铜器卷》，科学出版社，2019年）

再论青铜器组合关系定名法
——以尊、罍、瓿的区分为例

一、引　　言

  2004年，张小丽在提交的硕士学位论文《出土商周青铜尊研究》（以下简称《张文》）中，将二里冈期和殷墟一期出土的小口、广肩、深腹的盛酒器归入青铜尊范围内[1]。2010年，王宏在提交的硕士学位论文《商周青铜罍研究》（以下简称《王文》）中，持不同意见，认为这种小口无耳折肩型式的盛酒器是罍而不是尊[2]。如今在本文中，王宏又修改了自己的观点，将这种型式的盛酒器剔除出罍的范畴，认为它是尊，等于赞同《张文》的观点。对于某一个问题，出现分歧意见，甚至观点有反复，这都是很正常的现象，也说明这个问题的难度很大。为此，就这种小口无耳折肩的盛酒器是尊还是罍，我同张小丽和王宏讨论过。

  关于尊与罍的分歧意见，由来已久，焦点就集中在这种小口无耳折肩的盛酒器上。马承源先生在他主编的那本声名远播的教科书《中国青铜器》中，也未能给出令人满意的答案。在罍一节中，他的表述为："罍的器形，见于商代晚期。至今未发现商代早期和中期有罍这种器形。"言下之意，马先生不认为二里冈期的小口广肩的盛酒器是罍。紧接着，马先生又说："当时大的容酒器是大口有肩尊和瓶（瓿），瓶和罍在商代中期前段有一个并存的阶段，之后不久瓶便基本消失了，而代之罍这种大型酒器。"[3]意思是说罍在商代中期之前即商代早期就有了。这句话与上一句话显然是不相吻合的。既然马先生不认为二里冈期和殷墟一期出土的小口广肩的盛酒器是罍，那么是否能将它们归入尊类？否也。马先生将其归入瓮、瓶类，即常说的瓿类，而这种看法似乎没有得到学术界的认同。当时资料匮乏，我们也不应苛求马先生。

  由中国社会科学院考古研究所编辑的《中国考古学·夏商卷》，在谈到郑州商城窖藏青铜器的器类时，有"方鼎、圆鼎、甗、斝、爵、鬲、簋、尊、卣、盘等"[4]，没有提到罍，似乎也将向阳回族食品厂窖藏出土的小口折肩罍看作尊，不认为商代早中期已经产生罍，与马承源先生的观点接近。

  朱凤瀚先生在《中国青铜器综论》（以下简称《综论》）一书中，将郑州白家庄M2出土的小口折肩罍（M2∶1）等器物归入罍中[5]（图一），从分类学的角度来看，显然比前人要做得好多了。不过朱先生又将郑州白家庄M3出土的小口折肩器（M3∶9）归入尊类[6]（图二），这件器与M2出土的小口折肩器没有多少差别，而在朱先生所划分的尊类器中，只有这一件是小口的，其他均为大口尊，这不免让人感到疑惑。

图一　小口折肩罍（M2∶1）　　图二　小口折肩器（M3∶9）
　　　（白家庄）　　　　　　　　　　（白家庄）

青铜尊、罍相互混淆的情况，已经影响到具体的考古工作。具有代表性的例子是湖北省文物考古研究所编著的《盘龙城——1963～1994年发掘报告》[7]（以下简称《盘龙城》）。城址M1出土罍1件（89HPCYM1∶7）（图三），小口折肩，《盘龙城》定为罍（72页），《综论》也定为罍（930页），应该没有问题。王家嘴M1出土小口折肩器1件（PWZM1∶2）（图四），形制与上器相似，只是形态瘦高一点，《盘龙城》却定为尊（138页），似乎缺乏证据，而《综论》则定为罍（929页），可信从。李家嘴M2出土大口折肩器1件（PLZM2∶75）（图五），这件器与上述两件器物有所不同，一是口径比较大，二是颈部与肩部分界明确，《盘龙城》定为尊（168页），《综论》也定为尊（917页），我们认为是对的。李家嘴M1出土青铜罍2件（PLZM1∶7、PLZM1∶8）（图六），《盘龙城》认为两件都是尊（194页），《综论》定PLZM1∶7为尊，PLZM1∶8为罍（921页）。我们认为这两件器均为小口折肩，虽然彼此有一些差别，但总体来说很接近，与PLZM1∶8罍、王家嘴M1（PWZM1∶2）小口折肩器很相似，所以定其为尊是有问题的，应该定为罍。杨家湾M4出土一件小口折肩器（PYWM4∶1）（图七），《盘龙城》定其为尊（252页），《综论》也定其为尊（925页）。这件器与李家嘴M1出土的青铜罍（PLZM1∶8）很接近，与尊还是有一定的差别的，我们认为应定其为罍。杨家湾M7出土一件小口折肩器（PYWM7∶6）（图八），《盘龙城》定其为尊（252页），《综论》也定其为尊（926页）。这件器与李家嘴M2出土的青铜尊很接近（PLZM2∶75），定其为尊是有道理的。杨家湾M11出土一件小口折肩器（PYWM11∶34）（图九），《盘龙城》定其为尊（281页），《综论》也定其为尊（927页）。这件器与杨家湾M4出土的青铜罍（PYMM4∶1）很接近，恐怕不能叫尊，应称其为罍。

图三 罍（89HPCYM1∶7）
（城址M1）

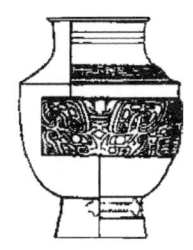
图四 小口折肩器（PWZM1∶2）
（王家嘴M1）

图五 大口折肩器（PLZM2∶75）
（李家嘴M2）

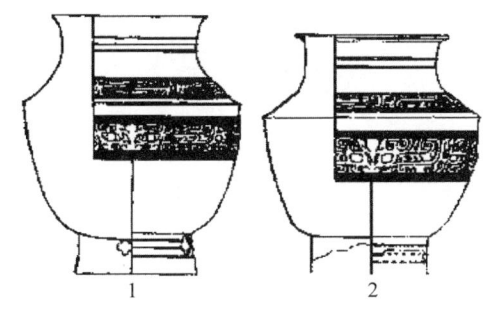
图六 李家嘴M1青铜罍
1. PLZM1∶7 2. PLZM1∶8

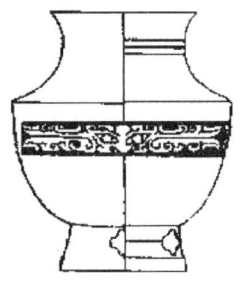
图七 小口折肩器（PYWM4∶1）
（杨家湾M4）

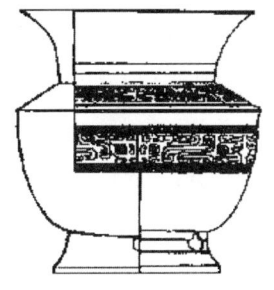
图八 小口折肩器（PYWM7∶6）
（杨家湾M7）

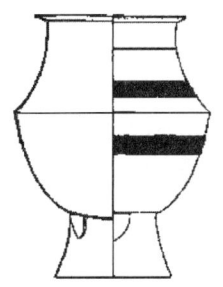
图九 小口折肩器（PYWM11∶34）
（杨家湾M11）

综上所述，不仅诸家对尊和罍的区分存在巨大分歧，即使在同一本书中，关于尊与罍的鉴别也缺乏标准。《张文》曾经综合了各家观点，对青铜尊做了以下限定：①一般为高体的大型或中型的盛酒器，不排除某些形制与一般的尊相同但已经明器化的小型器；②一般口部外张程度较大，不排除因时代的差异口部外张程度较小的器物；③均有较高的圈足；④形制类似于觚、觯但体高粗者。这四条标准很好，关键是在实践中如何把握分寸，做综合考察。

我是一直认为应将这种小口无耳折肩器归入罍中的。

去年，我为马军霞的书稿《中国古代青铜器整理与研究·青铜卣卷》写了一篇序言《青铜器定名的新方法：组合关系定名法——以青铜卣的定名为例》[8]，认为青铜器的定名方法，除了学界公认的三条：有自名的器物要依自名定名；无自名的可以参考宋代学者依据史籍著录做出的命名；既无自名，又缺乏史籍著录者，则根据其造型、用途予以定名。窃以为还有第四条，即根据器物在青铜器组合中的相互关系来定名，并以青铜卣的定名为例来论证这种定名方法的有效性。本文将通过对青铜尊、罍、瓿等器类的区分，进一步阐述和论证组合关系定名法的合理性与有效性。

二、从出土的尊、卣组合推断青铜尊的基本形态

在青铜器器类中，青铜尊的定名很难。首先，没有自名，什么是青铜尊的标准器，不清楚。虽然金文中常见"尊彝""宝尊彝"字样，但那是共名，是泛称，而非专名。其次，青铜尊的定名始于宋人，但《考古图》设定的标准并不严格，界限模糊导致后人无所适从，错误频出；最后，如前所言，在造型与用途上，尊极易与青铜罍相混淆，究竟哪些是尊，哪些是罍，尊与罍的区分在哪里，长期以来都讲不清楚。

图一〇 金文"尊"字

先看一看商周甲骨金文中"尊"字的形体，像两手捧着一件酒器（图一〇）。这件酒器的特点是大口、直领、宽肩、收腹、圜底，和大口尊很相似。至于尖底，是视觉与书写的需要，因为如果画成平底，就缺乏作为器物的立体感了。

考虑到在尊、罍、瓿三类器物中，只有尊与卣形成明确而且稳定的组合形式，所以我们的论证从讨论尊和卣的组合开始。在《青铜器定名的新方法：组合关系定名法——以青铜卣的定名为例》一文中，我们已经举出很多尊和卣组合的例子，为了说明问题，还是需要将这些资料全部罗列，行文不免冗长，敬请读者谅解。以下按铭文字数多寡排序。

其中，尤为重要的证据是一尊二卣的例子。因为一尊配二卣（一大一小）的组合形式为学术界所公认，最有说服力。如果墓葬出土一大一小两件卣，就必然存在与之相配的一件尊，而且尊与卣在纹饰、铭文、艺术风格方面有超乎同墓其他器物的相似性，这样我们就能准确判断与卣相配的器物是尊而不是罍或瓿。下文括号内注明是何种型式的尊。

（1）1901年陕西宝鸡戴家湾墓地出土：鼎尊1件（《商周》11113）[9]、鼎卣2件（《商周》12525、12526，一大一小），为一尊二卣组合。西周初年器。（大口觚形尊）

（2）1986年山东青州苏埠屯M8出土：融尊1件（《商周》11121）、融卣1件（《商周》12563），为一尊一卣组合。商代晚期器。（大口觚形尊）

（3）1994年山东滕州前掌大M11出土：史尊1件（《前掌大》264页）、史卣2件（《商周》12631、12632），为一尊二卣组合。西周早期器。（大口觚形尊）

（4）1999年河南安阳郭家庄M160出土：亚址尊1件（《商周》11212）、亚址卣1件（《商周》12647），是一尊一卣组合。商代晚期器。（大口觯形尊）

（5）1999年河南安阳刘家庄北M1046出土：亚觑尊1件（《商周》11213）、亚觑卣1件（《商周》12648），另外还有一件卣无铭文，但与亚觑卣形制、纹饰相同，唯大小不同，可知这是一尊二卣组合。商代晚期器。（大口瓠形尊）

（6）2004年安阳大司空村M303：马危尊1件（《商周》11236）、马危椭圆体卣2件（《商周》12702、12703），形成一尊二卣组合。商代晚期器。（大口瓠形尊）

（7）1981年河北正定县新铺商代墓葬出土：□□羊尊1件（《商周》11249）、□□羊卣1件（《商周》12727），是一尊一卣组合。商代晚期器。（大口瓠形尊）

（8）1927年陕西宝鸡戴家湾墓地出土：用征尊1件（《商周》11282）、用征卣1件（《商周》12733），是一尊一卣组合。西周早期器。（大口瓠形尊）

（9）2011年湖北随州叶家山M65出土：作尊彝尊1件（《商周》11411）、作尊彝卣1件（《商周》12875），形成一尊一卣组合。西周早期器。（大口瓠形尊）

（10）1981年陕西长安县斗门镇花园村M17出土：作尊彝尊1件（《商周》11412）、作尊彝卣1件（《商周》12876），形成一尊一卣组合。西周早期器。（大口觯形尊）

（11）1984～1989年山西曲沃县天马—曲村M6214出土：作旅彝尊1件（《商周》11415）、作旅彝卣1件（《商周》12880），属于同一组合。西周早期后段器。（大口瓠形尊）

（12）1952年河南辉县褚邱出土：聑𡩜妇𩵋尊1件（《商周》11467）、聑𡩜妇𩵋卣1件（《商周》12938），是一尊一卣组合。商代晚期器。（大口瓠形尊）

（13）1978年扶风齐家村M19出土：作宝尊彝尊1件（《商周》11527）、作宝尊彝卣1件（《商周》12965），形成一尊一卣组合。西周中期器。（大口觯形尊）

（14）陕西宝鸡竹园沟M8出土：作宝尊彝尊1件（《商周》11521）、作宝尊彝卣2件（《商周》12967、12968），形成一尊二卣组合。西周早期器。（大口瓠形尊）

（15）1984～1989年山西曲沃县天马—曲村M6231出土：伯尊1件（《商周》11503）、伯卣1件（《商周》13001），形成一尊一卣组合。西周早期后段器。（大口觯形尊）

（16）1971年河南洛阳北窑铁路二中M26出土：登尊1件（《商周》11507）、登卣1件（《商周》13008），是为同一组合。西周早期器。（大口瓠形尊）

（17）1982年安徽颍上出土：马天豕父丁尊1件（《商周》11538）、马天豕父丁卣1件（《商周》13039），形成一尊一卣组合。商代晚期器。（大口瓠形尊）

（18）1984～1989年山西曲沃县天马—曲村M6081出土：伯尊1件（《商周》11572）、伯卣1件（《商周》13059），形成一尊一卣组合。西周早期后段器。（大口觯形尊）

（19）1972年甘肃灵台白草坡M2出土：潶伯尊1件（《商周》11595）、潶伯卣2件（《商周》13094、13095），形成一尊二卣组合。西周早期器。（大口瓠形尊）

（20）1967年甘肃灵台白草坡M1出土：泾伯尊1件（《商周》11596）、泾伯卣2

件（《商周》13096、13097）。形成一尊二卣组合。西周早期器。（大口觚形尊）

（21）宝鸡竹园沟M4出土：1件彊季尊（《商周》11602）、1件彊季卣（《商周》13101），形成一尊一卣组合。西周早期器。（大口觯形尊）

（22）1980年陕西宝鸡竹园沟M7出土：伯各尊1件（《商周》11606）、伯各卣2件（《商周》13103、13104），形成一尊二卣组合。西周早期器。（大口觚形尊）

（23）1997年河南鹿邑太清宫长子口墓出土：长子口尊1件（《商周》11583）、长子口卣2件（《商周》13153、13154），形成一尊二卣组合。西周早期器。（大口觯形尊）

（24）2011年湖北随州叶家山M27出土：鱼伯彭尊1件（《商周》11622）、鱼伯彭卣1件（《商周》13159），形成一尊一卣组合。西周早期器。（大口觚形尊）

（25）1976年湖北随州安居公社羊子山出土：厝季尊1件（《商周》11688），与传世铜器厝季卣（《商周》13202）的风格非常相似，这无疑大大提高了二者为同一组合的可能性。西周早期器。（大口觯形尊）

（26）1961年湖北江陵万城出土：小臣尊1件（《商周》11633）、小臣卣1件（《商周》13166），形成一尊一卣组合。西周早期器。（大口觚形尊）

（27）1999～2000年郑州洼刘西周墓出土：陆尊1件（《商周》11647）、陆卣2件（《商周》13187、13188），形成一尊二卣组合。西周早期器。（大口觚形尊）

（28）1984～1989年山西曲沃县天马—曲村M6210出土猁尊1件（《商周》11643）、猁卣1件（《商周》13190），是为同一组合。另外，M6069出土猁卣1件（《商周》13189），虽然两件卣不在同一墓葬，但相距不远，大小不同而形制、纹饰、铭文相同，入葬前应为同一组合，并与尊形成一尊二卣组合。西周早期后段器。（大口觚形尊）

（29）1989年山东滕州庄里西村M7出土：史𢘆尊1件（《商周》11662）、史𢘆卣1件（《商周》13199），形成一尊一卣组合。西周早期器。（大口觚形尊）

（30）1981年陕西长安县斗门镇花园村M15出土：戎帆尊1件（《商周》11682）、戎帆卣1件（《商周》13209），形成一尊一卣组合。西周早期器。（大口觯形尊）

（31）1981年陕西长安县斗门镇花园村M15出土：麃父尊1件（《商周》11716）、麃父卣1件（《商周》13229），形成一尊一卣组合。西周早期后段器。（大口觯形尊）

（32）1991年扶风齐家村（91FQ）出土：都尊1件（《商周》11706）与都卣1件（《商周》13235），形成一尊一卣组合。西周早期后段器。（大口觯形尊）

（33）1972年陕西扶风刘家村丰M2出土：憧季遽父尊1件（《商周》11731）、憧季遽父卣2件（《商周》13248、13249），这是一尊二卣的组合。西周早期后段器。（大口觚形尊）

（34）1992年河南平顶山应国墓地M84出土：禹尊1件（《商周》11744）、禹卣1

件(《商周》13273),形成一尊一卣组合。西周中期器。(大口觯形尊)

(35)1976年长安县马王镇西周铜器窖藏出土:雔尊1件(《商周》11748)、雔卣1件(《商周》13277),形成一尊一卣组合。西周早期器。(大口觚形尊)

(36)1984~1989年山西曲沃县天马—曲村M6384出土:叔尊1件(《商周》11759)、叔卣1件(《商周》13282)。形成一尊一卣组合。西周早期后段器。(大口觚形尊)

(37)传1929年河南洛阳马坡出土:作册翻尊1件(《商周》11787)、作册翻卣1件(《商周》13308),形成一尊一卣组合。西周早期后段器。(大口觯形尊)

(38)1976年陕西扶风庄白一号窖藏出土:商尊1件(《商周》11791)、商卣1件(《商周》13313),是为尊卣组合。西周早期器。(大口觚形尊)

(39)1976年陕西扶风庄白一号窖藏出土:丰尊1件(《商周》11796)、丰卣1件(《商周》13316),为同一组合。西周中期器。(大口觯形尊)

(40)1969年山东黄县归城小刘庄出土:启尊1件(《商周》11778)、启卣1件(《商周》13321),形成一尊一卣组合。西周早期后段器。(大口觯形尊)

(41)1948年洛阳出土:保尊1件(《商周》11801)、保卣1件(《商周》13324)。应为同一组合。西周初年器。(大口觚形尊)

(42)传河南洛阳出土:召尊1件(《商周》11802)、召卣1件(《商周》13325)。形成一尊一卣组合。西周早期后段器。(大口觚形尊)

(43)传1929年洛阳马坡出土:士上尊1件(《商周》11798)、士上卣2件(《商周》13333、13334),是为一尊二卣组合。西周早期后段器。(大口觚形尊)

(44)《捃古录》记载"器出洛阳":效尊(《商周》11809)1件、效卣1件(《商周》13346),形成一尊一卣组合。西周中期器。(大口觯形尊)

根据上述44件尊的形态,我们可以总结出判断何者为青铜尊的两条标准。

第一,大口,这是最主要的条件。上述44件尊中,大口觚形尊28件,大口觯形尊16件,但无论腹部作觯形还是觚形,共同的特点是口大。这是尊与罍的最大区别。尊的口径通常等于或者大于肩的宽度,而罍的口径通常小于肩的宽度,甚至不到肩宽的一半。《王文》列举有自名的6件罍,均为小口,以此可以反证尊为大口器物。

第二,一般来说这些青铜尊形体瘦高,通高大于腹径。就高度而言,罍最高,尊其次,瓿最低。与尊相比较,瓿的形态要矮胖得多。

三、从传世的青铜尊推断青铜尊的基本形态

对于传世的青铜尊和卣来说,虽然缺乏出土环境信息,不知道其组合关系,但是根据形制、纹饰与铭文的高度相似性,可以判断它们是否为尊卣组合,从而知道与卣关系密切的酒器是尊而不是罍或瓿了。以下按年代前后排序。

（1）羕尊1件（《商周》11104）、羕卣2件（《商周》12537、12538），有可能是一尊二卣的组合形式。商代晚期器。（大口瓠形尊）

（2）危耳尊1件（《商周》11246）、危耳卣1件（《商周》12723），可推断为同一组合。商代晚期器。（大口有肩尊）

（3）何父癸𪭨尊2件（《商周》11458、11459）、何父癸𪭨卣1件（《商周》12936），应为一组器物。商代晚期器。（大口瓠形尊）

（4）母鞍日辛尊1件（《商周》11461）、母鞍日辛卣1件（《商周》12937），这两件器物原本应为一组器物。商代晚期器。（大口有肩尊）

（5）何尊1件（《商周》11705）、何卣1件（《商周》13224），这一尊一卣原本应属同一组合。西周早期前期器。（大口瓠形尊）

（6）㝯尊3件（《商周》11698～11700）、㝯卣1件（《商周》13237），这三尊中的某一尊与一卣原本应属同一组合。西周早期前段器。（大口觯形尊）

（7）戈尊（《商周》11179）、戈卣（《商周》12637），这两器很可能为一组器物。西周早期后段器。（大口瓠形尊）

（8）仲𩰬尊（《商周》11607）、仲𩰬卣（《商周》13109），两器为同一组合的可能性极高。西周早期后段器。（大口觯形尊）

（9）㪜尊1件（《商周》11644）、㪜卣1件（《商周》13191）。可以推定尊与卣为同一组合。西周早期后段器。（大口瓠形尊）

（10）冈劫尊1件（《商周》11763）、冈劫卣1件（《商周》13289），应属于同一组合。西周早期前段器。（大口瓠形尊）

（11）𦎧伯尊1件（《商周》11597）、𦎧伯卣1件（《商周》13093），应属于同一组合。西周早期后段器。（大口瓠形尊）

（12）丮尊1件（《商周》11641）、丮卣1件（《商周》13182），应属于同一组合。西周早期后段器。（大口觯形尊）

（13）册㝿尊1件（《商周》11668）、册㝿卣1件（《商周》13220），属于同一组合。西周早期后段器。（大口瓠形尊）

（14）䚃司土幽尊1件（《商周》11720）、䚃司土幽卣1件（《商周》13225），它们属同一组合。西周早期后段器。（大口觯形尊）

（15）卫尊1件（《商周》11669）、卫卣1件（《商周》13222），应属同一组合。西周早期后段器。（大口瓠形尊）

（16）敌尊1件（《商周》11723）、敌卣1件（《商周》13254），应属同一组合。西周早期后段器。（大口觯形尊）

（17）否叔尊1件（《商周》11771）、否叔卣1件（《商周》13299），推定此为尊、卣组合。西周早期后段器。（大口觯形尊）

（18）遣尊1件（《商周》11789）、遣卣1件（《商周》13311），这一尊一卣应

属同一组合。西周早期后段器。（大口觯形尊）

（19）作册睘尊1件（《商周》11788）、作册睘卣1件（《商周》13320），两器应属同一组合。西周早期后段器。（大口瓠形尊）

（20）邢季㚸尊1件（《商周》11603）、邢季㚸卣1件（《商周》13102），原本应属同一组合。西周中期器。（大口觯形尊）

（21）屯尊1件（《商周》11727）、屯卣1件（《商周》13232），它们属同一组合。西周中期器。（大口觯形尊）

（22）对尊1件（《商周》11708）、对卣1件（《商周》13239），应属同一组合。西周中期器。（大口觯形尊）

（23）述尊1件（《商周》11710）、述卣1件（《商周》13240），应属同一组合。西周中期器。（大口觯形尊）

（24）次尊1件（《商周》11792）、次卣1件（《商周》13314），应属同一组合。西周中期器。（大口觯形尊）

（25）免尊1件（《商周》11805）、免卣1件（《商周》13330），可以推定为一组器物。西周中期器。（大口觯形尊）

（26）录㲋尊1件（《商周》11803）、录㲋卣2件（《商周》13331、13332），这是一尊二卣的组合形式。西周中期器。（大口觯形尊）

（27）叔尊1件（《商周》11818）、叔卣1件（《商周》13347），属同一组合。西周中期器。（大口觯形尊）

以上我们列举的27件传世青铜尊，都符合前面我们判断何者为尊的两条标准。其中危耳尊和母鞍日辛尊属于大口有肩尊，这种形态的尊与罍相近，最容易混淆。这两件尊的甄别，为我们判断何者为青铜尊增加了两条标准。

第三，尊的颈部收缩厉害，颈部与肩部有明显或比较明显的分界，而罍的颈部收缩不明显，颈部与肩部分界也不明显，通常从口沿下到折肩处是一条曲线。

第四，相比而言，尊的腹部深度与宽度之比要小于罍的腹部深度与宽度之比。

综上所述，关于尊和罍的区分，我们有了四条标准。窃以为这四条很重要，有可能将衡量的标准进一步细化，便于操作。

四、从墓葬、窖藏青铜器组合看尊、罍、瓿的区分

在同一座墓葬中，青铜器的组合关系是很严密的，其中何者为尊，何者为罍，通常会看得更清楚一点。即便在窖藏中，通过对比，也能判断它们的不同属性。

譬如郑州白家庄M2出土一件兽面纹酒器（M2：1）[10]，简报定其为罍，似乎没有什么反对意见，即学术界倾向于认为它是罍（图一一）。它的特点是：第一，器口比较小，明显小于肩径；第二，颈部收缩，颈部与肩部没有分界；第三，腹部有一定

的深度。这三点与我们所定罍的标准是比较吻合的,所以它是一件罍。

郑州向阳回族食品厂窖藏出土一件牛首尊(图一二)、一件羊首罍[11](图一三)。尊口大,口径甚至超过肩径,颈部收缩明显,颈部与肩部分界比较明显,腹部较浅,腹的深度只有宽度的一半。相反,罍口小,口径明显小于肩径,颈部与肩部分界不明显,颈部较长,腹很深,接近腹部的宽度。两相对比,判然有别,是绝好的资料。

 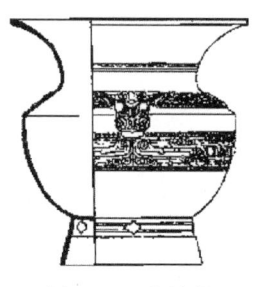 

图一一　兽面纹酒器（M2∶1）　　图一二　牛首尊　　　　图一三　羊首罍
　　　（白家庄M2）　　　　　（向阳回族食品厂窖藏）　（向阳回族食品厂窖藏）

安阳小屯M232出土两件大型盛酒器,R2057形态低矮,颈部极短,圆肩,腹部硕大,是为瓿(图一四)。R2056形体较高,颈部较长,折肩,腹部较深,与瓿差别很大,是为罍[12](图一五)。

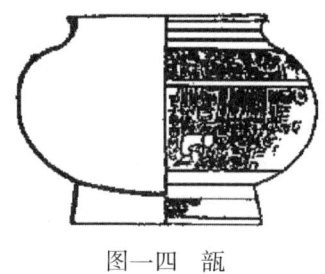 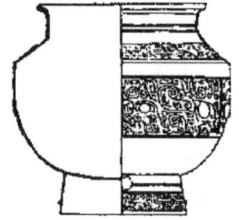

图一四　瓿　　　　　　　图一五　罍
（小屯M232∶R2057）　　（小屯M232∶R2056）

与M232相近的例子是M388,也出土两件大型盛酒器,R2062形态低矮,圆肩,腹部硕大,是为瓿(图一六),R2061形体较高,口不大,颈部与肩部分界不明显,腹部较深,与瓿差别很大,是为罍[13](图一七)。

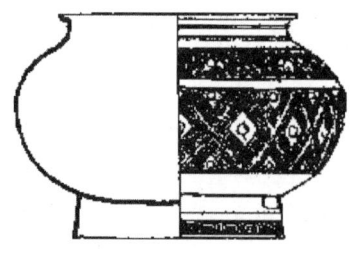 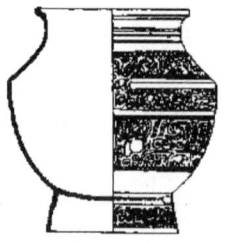

图一六　瓿　　　　　　　图一七　罍
（小屯M388∶R2062）　　（小屯M388∶R2061）

安阳小屯M331出土3件大型酒器[14]（图一八）。可以看出两件大口的酒器（R2070、R2071）与一件小口的酒器（R2058）明显不同，前两者为尊，口大，口径超过肩径，颈部与腹部分界明显，腹部较浅；后者为罍，口小，口径明显小于肩径，颈部与腹部分界明显，腹部较深。

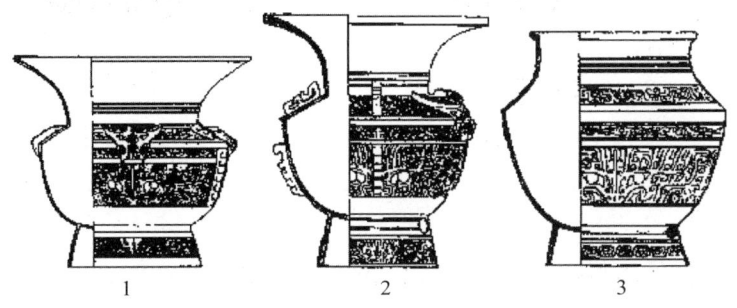

图一八　安阳小屯M331出土大型酒器
1、2.尊（小屯M331：R2070、小屯M331：R2071）　3.罍（小屯M331：R2058）

综上所述，从二里冈期到殷墟一期，作为尊、罍的早期形态，两类器物之间确实有一些相近之处，但出自同一窖藏或墓葬，两相比较，还是能看出尊与罍的区分。这些同墓出土的尊、罍、瓿可以作为标准器，成为我们鉴别这三种器的重要参考。

五、尊与罍区分的意义

以上所论并不意味着尊、罍、瓿的区分就很容易，器物千变万化，有些器物就在两者之间，要区分，须细加考量。

郑州白家庄M3出土的兽面纹罍（C8M3：9）（图一九），简报称罍[15]，《综论》称之为尊（869页），称尊也不能说没有道理。它介于尊和罍之间，器口比一般的尊小，但比一般的罍大，颈部收缩的程度小于尊但大于罍，它究竟是尊还是罍？我们不妨将它与同时期同一地点出土的郑州白家庄M2兽面纹罍做比较。如

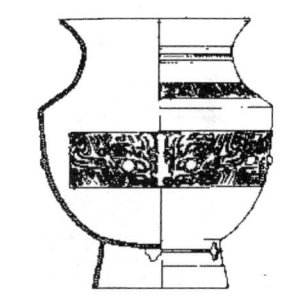

图一九　兽面纹罍（C8M3：9）
（郑州白家庄M3）

前所言，白家庄M2出土的兽面纹罍恐怕是年代最早的罍，也是比较为大家认可的罍。相比之下，两者很相似，只是M3兽面纹罍比M2兽面纹罍口径大了一点。虽然口大了一点，但与尊的口径相比，还是有差距。再说它们同属于一个地点一个文化层，内涵是一致的，所以M3兽面纹罍是罍而不是尊。

1980年陕西汉中城固县龙头镇出土3件酒器，《综论》认为都是尊（912页）。其中一件（1981CHLTT：8）（图二〇）曹玮先生也认为是尊，但认为另一件（1981CHLTT：2）（图二一）是罍[16]。这两件器差别很大，不能归为一类。我们赞同曹先生的看法，后

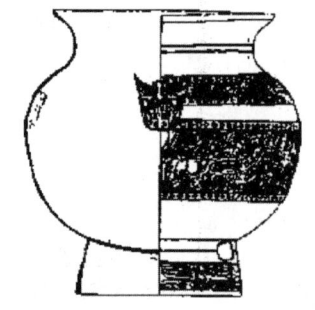
图二〇 尊（1981CHLTT：8）
（汉中城固县龙头镇）

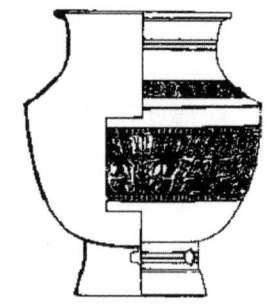
图二一 罍（1981CHLTT：2）
（汉中城固县龙头镇）

一件应该是罍，它与郑州向阳回族食品厂出土的罍很相似，符合器口较小、颈部与腹部分界不明显、腹部较深等特点。

安阳小屯M333出土两件大型盛酒器[17]（图二二），《综论》认为R2060是罍，R2059是尊。后者口不大，而且颈部与肩部没有明显分界，与李家嘴M1出土青铜罍（PLZM1：7）很相似，应该还是罍。至于为什么同一墓葬出土的两件罍形态与装饰风格都有较大差别，还需要研究。

济南大辛庄M106出土一件大型盛酒器[18]（图二三），简报认为是尊。这件器物与安阳小屯M232出土的一件罍（R2056）很相似，口小，颈部与腹部分界不明显，腹较深，所以不是尊，应是罍。简报中器物的线图与照片有细微不同，看照片比看线图更真切，避免视觉误差。

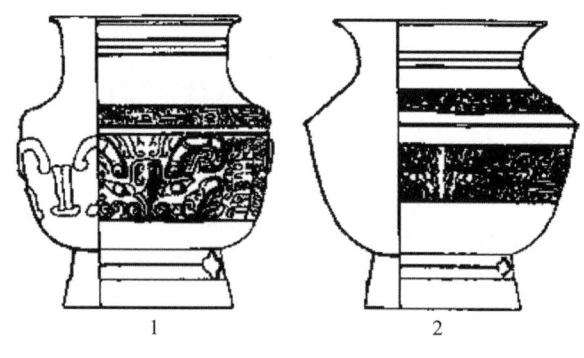
图二二 安阳小屯M333出土罍
1. 小屯M333：R2060　2. 小屯M333：R2059

图二三 罍（M106：5）
（大辛庄M106）

北京平谷刘家河商墓出土两件形体较大的盛酒器[19]（图二四），简报认为形体高者为罍，矮者为瓿，应该是正确的判断。相比之下，这件罍形体不高，单独来看，容易造成误判。当然与瓿相比之后，还是比较清楚的。罍的颈部长而瓿的颈部短，罍的形体高而瓿低矮，罍是折肩而瓿是圆肩。

图二四 刘家河商墓出土盛酒器
1. 罍 2. 瓿

总而言之，殷墟二期及其以后的尊、罍、瓿容易区分，而二里冈和殷墟一期的尊、罍、瓿，尤其是尊和罍不容易区分。本文的研究思路是利用组合定名法，从晚期的尊、罍、瓿形态去推导早期的尊、罍、瓿形态。由于条件的限制，以上所论未必妥当，证据也很欠缺，希望得到大家的批评指正。

附注：本文系国家社科基金项目"夏商周青铜礼器的兴衰及其原因"（立项号：15BKG007）的阶段性研究成果。本文插图得到刘树满博士的帮助，谨致谢忱。

注　释

[1]　张小丽：《出土商周青铜尊研究》，西北大学硕士学位论文，2004年。

[2]　王宏：《商周青铜罍研究》，陕西师范大学硕士学位论文，2010年。

[3]　马承源：《中国青铜器》，上海古籍出版社，2003年，第234页。

[4]　中国社会科学院考古研究所：《中国考古学·夏商卷》，中国社会科学出版社，2003年，第380页。

[5]　朱凤瀚：《中国青铜器综论》，上海古籍出版社，2009年，第212页。

[6]　朱凤瀚：《中国青铜器综论》，上海古籍出版社，2009年，第184页。

[7]　湖北省文物考古研究所：《盘龙城——1963～1994年发掘报告》，文物出版社，2001年，第194页，图一三二、图一三三。

[8]　张懋镕：《青铜器定名的新方法：组合关系定名法——以青铜卣的定名为例（代序）》，《中国古代青铜器整理与研究·青铜卣卷》，科学出版社，2015年。

[9]　吴镇烽：《商周青铜器铭文暨图像集成》（简称《商周》），上海古籍出版社，2012年。

[10]　河南文物工作队第一队：《郑州市白家庄商代墓葬发掘简报》，《文物参考资料》1955年第10期，第37页，图版十二。

[11]　河南省文物研究所、郑州市博物馆：《郑州新发现商代窖藏青铜器》，《文物》1983年第

3期，第53页，图十一~图十三。

[12] 石璋如：《小屯》第一本《遗址的发现与发掘·丙编·殷墟墓葬之三——南组墓葬附北组墓补遗》，"中央研究院"历史语言研究所，1973年。

[13] 石璋如：《小屯》第一本《遗址的发现与发掘·丙编·殷墟墓葬之五——丙区墓葬上》，"中央研究院"历史语言研究所，1980年。

[14] 石璋如：《小屯》第一本《遗址的发现与发掘·丙编·殷墟墓葬之五——丙区墓葬上》，"中央研究院"历史语言研究所，1980年。

[15] 河南文物工作队第一队：《郑州市白家庄商代墓葬发掘简报》，《文物参考资料》1955年第10期，第6页，图版十一。

[16] 曹玮：《汉中出土商代青铜器（1）》，巴蜀书社，2006年，第106页。

[17] 石璋如：《小屯》第一本《遗址的发现与发掘·丙编·殷墟墓葬之五——丙区墓葬上》，"中央研究院"历史语言研究所，1980年。

[18] 山东大学东方考古研究中心等：《济南市大辛庄商代居址与墓葬》，《考古》2004年第7期，第29页，图版肆：6。

[19] 北京市文物管理处：《北京市平谷县发现商代墓葬》，《文物》1977年第11期，第2页，图版叁：1，图版肆：4

（原载王宏：《中国古代青铜器整理与研究·青铜罍卷》，科学出版社，2016年）

试论纹饰对青铜器定名的意义

对于青铜器研究来说，纹饰的研究非常重要。1994年，李学勤先生在为朱凤瀚先生的《古代中国青铜器》所作序言中倡导要加强美术史层面的研究。他说："其间美术史这一层面，国内的工作应该说较为薄弱，有必要注入更多力量，开辟新的局面。"[1]朱凤瀚先生在《古代中国青铜器》一书中，将纹饰研究工作归纳为三个方面：第一，在青铜器断代上发挥重要作用，这是中国学者做得最多也是最有成就的方面。第二，从艺术和工艺史角度探讨纹饰的艺术成就和工艺水平。第三，从宗教、神话以及社会史的角度论述纹饰的内涵，即当时人们的意识形态及社会政治制度。朱先生认为关于第二、第三方面的研究相对比较薄弱[2]。2009年，朱凤瀚先生的新作《中国青铜器综论》出版，可以说是《古代中国青铜器》的增订本。全书页码翻了一倍，但具体到纹饰一章，只增加了16页，从侧面反映了纹饰研究进展不大，依然落后于形制和铭文的研究[3]。

当然，近十年来，关于纹饰的研究还是有进展的。表现在两个方面：一是有不少美术史专业出身的人在研究青铜器。这些论著，大量使用青铜器纹饰资料，然后从艺术角度观察分析[4]。二是文物考古专业的研究人员和硕博士生撰写的论文，有的是在文中专辟一章来论述，有的则专以某一时代、某一地区、某一类纹饰作为研究对象[5]。可以说纹饰的研究遵从考古学的研究方法，正在细致、深入地向前发展。大量硕博士研究生的加入，有望开创青铜器纹饰研究新的局面。

十年前，卢昉博士的硕士学位论文杀青，是当时少有的研究青铜器纹饰的学位论文[6]。不久，她进入西安美术学院，从事美术学的教育工作，可谓如鱼得水。我也曾在西安美术学院做过演讲，也担任过该学院的硕博士论文答辩的委员，多少有些感受。过去，做文物考古工作的学者，很少从艺术的角度去审视青铜器，即使有，也往往是粗线条的，较少有艺术的眼光，难有独到的见解。艺术工作者在分析青铜器时往往出现常识性错误，譬如误判年代，对青铜器的发展脉络和特点把握不准，也不大熟悉相关成果，所以研究很难深入。我们有对夏商周青铜艺术的宏观研究，也有对某一件青铜器的个案研究，但缺乏对某一类、某一地区青铜器的造型、纹饰做艺术方面的研究，从而导致宏观研究较为空洞，个案研究则很零碎。常见描述性文字，缺乏理论概括。比如某一类纹饰（涡纹）为什么要装饰在一些特定的器物上，纹饰的选择如何影响器物的造型等问题，很少有研究者涉及。窃以为一个好的青铜器研究者，应该具有历史文献学、古文字学、考古学、美术学四个方面的素养。卢昉博士早先毕业于西北大学考古专业（本科），继而在西北大学考古专业攻读硕士学位，研习青铜器，后来又在西安美术学院攻读文学（具体为美术学）博士学位，现在又在西安美术学院任教，对历史文献学、古文字学、考古学、美术学四个方面都有所涉猎，所以我对她的这部书稿寄予希望。

我对美术学知之甚少，无法像卢昉博士那样纵论艺术。记得朱凤瀚先生在"青铜器纹饰"一章中，有一小节是专门谈纹饰与器物造型的关系。他认为具体表现在两个方面：第一，使用什么样的纹饰，要从器物的造型特点来考虑，使纹饰与造型相协调，从而增强器物的美感。第二，对于动物造型的足、鋬、耳、捉手等部位，要装饰与之相适应的纹饰，达到造型与纹饰的完美统一。我的这篇序言要谈的是如何通过纹饰与装饰风格来推定青铜器的名称和功能，将容易混淆的器类区分开来。关于这个问题，以往的研究尚少，本文将提出众多例子来论证。

一、盂与无耳簋

在青铜器类中，以盛食器的相互混淆现象最为常见，因为盛食器的基本构造比较接近，差别不大。例如，盂与无耳簋都是盛食器，功能相近，形制也有一定的相似之处，有时存在混淆的现象，而纹饰则有助于我们将二者加以区分。下面略举几例。

有一件商代晚期的传世器葡簋（《商周》06202）[7]（图一），常常被称作盂。形制像无耳的铜簋，从口沿以下腹部逐渐内收，不像盂的腹壁近于直壁，腹又那么深，而且通高只有22.5厘米，与一般的簋的大小相仿，如何称得上盂？陈梦家先生早就说过："簋、盂之别恐在大小，盂通常较大。"[8]从纹饰看，葡簋也更接近铜簋。葡簋颈部饰带状兽面纹，腹部没有纹饰，这一点像簋而不像盂。商代晚期的盂腹部很深，有很大的空间，通常装饰有花纹。葡簋圈足饰云雷纹，与九簋（《商周》03401）、耒册簋（《商周》03628）、屮鱼簋（《商周》03715）的纹饰与装饰风格一样，而盂的圈足是不装饰云雷纹的，大概是因为簋的圈足小，适合装饰云雷纹这样简单的纹饰，而盂的圈足大，理应装饰兽面纹之类复杂的纹饰。形制与葡簋相似的簋还有𠀠簋（《商周》03428）（图二）、䰻簋（《商周》03440）（图三）、卫簋（《商周》03458）（图四）、矧簋（《商周》03552）（图五）、尹舟簋（《商

图一 葡簋

图二 𠀠簋

图三 䰻簋

周》03639)(图六)等。既然这些器物都被定名为簋,也反证葡盂应改名叫葡簋才对。

与葡簋相似的例子还有燕侯旅簋(《商周》06207)(图七),因其铭文"燕侯作旅盂"而定其为盂。此器连盖通高仅18厘米,如果减去盖高,在12厘米左右,如此小型的器物是不能称作盂的。只要将它与另一件燕侯餽盂(《商周》06209)(图八)做比较,就一目了然。后者通高24.5、口径33.8厘米,重6.45千克,只有如此体量的器物才能称作盂。这也有利于说明燕侯旅簋应是簋而不是盂。新近出版的《商周青铜器铭文暨图像集成续编》著录一件燕侯簋(0322)[9](图九),通高12、口径19.5厘米,与燕侯簋(《商周》06207)大小差不多,也属于无耳簋,同样装饰兽面纹。此器被称作簋而非盂,可见类似燕侯旅簋这样的器物应是簋而不是盂。

图四 卫簋　　　　　图五 矧簋　　　　　图六 尹舟簋

图七 燕侯旅簋　　　图八 燕侯餽盂　　　图九 燕侯簋

二、盂与盂形簋

盂形簋是簋的一个亚种,是盂和簋相互影响产生的新品种,也有附耳,所以盂形簋很像盂,人们往往将二者混淆。盂形簋与盂的区别除了表现在器的大小之外(如前所言盂形簋小而盂大),重要的差别之一在花纹装饰上。

先归纳一下盂形簋的纹饰种类与装饰特点。盂形簋体量比较小,腹部比较浅,从观赏的角度而言,颈部是最重要的位置,自然也是纹饰布局的位置。所以我们看到,盂形簋的纹饰主要装饰在颈部,有一条带状纹饰,而腹部与圈足很少装饰花

图一〇　叔宾父簋

纹。另外我们已经说过，盂形簋是簋的一个亚种，与簋关系密切，盂形簋兴盛的时期在西周中期，此时的簋装饰崇尚简约，往往在口沿下布局带状纹饰，至于腹部有没有装饰，并不重要，盂形簋自然受到簋的影响[10]。盂形簋的腹部通常没有纹饰或纹饰简洁。即使有也主要是瓦棱纹，像叔宾父簋（《商周》04462）（图一〇）那样装饰兽面纹的盂形簋，也只有一件。这一点与一般的簋的装饰风格很相似。

盂的腹部则多有花纹，常见有垂叶纹、大环带纹，而这几种纹饰恰恰不见于盂形簋上。究其原因，是盂的腹部宽大，适合装饰垂叶纹、大环带纹这样需要较大空间的纹饰。

综上所述，盂与盂形簋的装饰风格有别，换言之，什么样的纹饰装饰在什么样的器物上是有讲究的。了解这一点有利于区分盂和簋。

叔簋（《商周》04128）（图一一），或称为叔盂。其器腹壁较直，颈部两侧有一对附耳，与盂的形态一致。但它的通高只有15.5厘米，与盂的体量相去甚远。叔簋颈部所饰分尾鸟纹并不见于盂上，而多见于簋上，如伯戜簋（《商周》04226）（图一二）、伯百父簋（《商周》04778）、伯椃簋（《商周》05078）、命簋（《商周》05082）（图一三）等，所以叔簋应是簋而不是盂。

图一一　叔簋

图一二　伯戜簋

图一三　命簋

滋簋（《商周》04697）（图一四），与叔簋一样，是一种盂形簋，或称为滋盂。其铭曰："滋作盂簋。"称盂的同时又称簋，难免让我们的研究者为难了。其实自名"盂簋"正好说明这种盂形簋是盂与簋相生的产物，既有盂的部分特点，也有簋的部分特点[11]。它通高24.5、口径23厘米，体量接近簋而与盂差别较大。有趣的是滋簋口沿下饰两道弦纹，这种装饰未见于盂上。与滋簋装饰风格相同的还有一件所谓的伯索史盂（《商周》06224）（图一五），颈部饰两道弦纹，但是这一件伯索史盂也不是盂而是簋。伯索史盂通高19.7厘米，与一般的簋相仿，也证明它不可能是盂，而是一件盂形簋。

图一四　滋簋

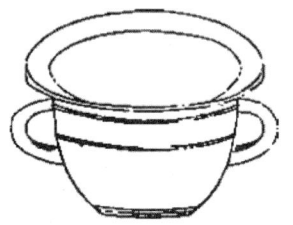
图一五　伯索史盂

三、豆与豆形簋

顾名思义，豆形簋形制如豆。其腹较浅，圈足高，上部如豆的柄部，有的在柄部中间有一圈凸起的箍棱，与豆几乎没有什么差别。这是豆形簋易与豆混淆的一个重要原因。为此，我们曾经专门著文讨论过豆与豆形簋的差别[12]。绝大部分豆形簋口沿宽侈，腹壁自上而下内收，与豆不同。豆形簋都不高，在13～18厘米，而同时期豆的通高大部分在13厘米以下。豆形簋口径在17～24厘米，而同时期豆的口径没有达到15厘米的。豆形簋的腹深在7厘米以上，而同时期豆的腹深多在4～5厘米。

除了形制的不同，豆与豆形簋在纹饰和装饰风格上也有所差别。豆形簋装饰有瓦棱纹，如2006年陕西扶风五郡村窖藏出土的伯湄父簋（《商周》04358）（图一六）；装饰长尾凤鸟纹，如父辛簋（《综览》小型盂94）（图一七）；还有装饰顾龙纹以及兽头，如姜林母簋（《商周》04376）（图一八）。以上三种纹饰频繁地出现在其他形态的簋上，但不见于同时期的青铜豆上。商周时期青铜豆上最常见的涡纹也同样不见于豆形簋上。这两点有力地说明豆形簋与簋关系密切，而与豆比较疏远。

图一六　伯湄父簋

图一七　父辛簋

图一八　姜林母簋

1977年山东沂水县刘家店子墓葬出土的公豆（图一九），因为自名为"簋"，所以发掘简报就理所当然地将它视为簋（《商周》06104）[13]，其实它是一件豆。公豆通高35.4、口径24厘米，体量颇大，符合春秋时期豆的形制通则，簋是没有这么大尺寸的[14]。除了形制，从装饰方面也可以看出这件公豆与簋的差别。值得注意的是，公豆有盖，盖上有八瓣镂空莲花形捉手。这种装饰从未见于铜簋，而在豆类器上常见，如1932年山东曲阜林前村出土的厚氏元铺（《商周》06154、06156）（图二〇）、宋公司铺（《商周》06157）（图二一）、宋公固铺（《商周续编》0531、0532）（图二二）。附带说明一点，学术界的主流意见认为铺属豆类，是豆的一个分支，而不是簠[15]。铺是圆器，簠是方器，二者绝不混淆。从豆与铺的盖上都装饰镂空莲花形捉手这一点来看，也可以说明两者的密切关系，而与簠没有什么牵连，簠上是没有这种装饰的。

图一九　公豆　　　图二〇　厚氏元铺　　　图二一　宋公司铺　　　图二二　宋公固铺

四、盂与盆

盂与盆也是容易混淆的两类器物。我们曾经写过两篇文章来说明两者的相同和相异之点，以及区分的方法[16]。将同一时期的盂与盆比较，两者在纹饰以及装饰风格方面还是有很大的区别的。盂与盆颈部所饰纹饰的差别不大，主要表现在腹部。如前所述，因为盂的腹部较深，腹壁较直，所以适合装饰垂叶纹，有足够的空间来展示其下垂的态势，如伯盂（《商周》06222）（图二三）、1969年陕西蓝田泄湖镇出土的永盂（《商周》06230）（图二四）。也可以装饰庞大的顾龙纹，如1955年辽宁喀左马厂沟窖藏出土的燕侯盂（《商周》06209）（图二五）。而盆的腹部较浅，腹部斜收，像一个倒梯形，无法装饰垂叶纹这样上下垂直的纹饰，所以看不到有装饰垂叶纹的盆，也没有庞大的顾龙纹。正是由于形制上的这种局限，很多盆选择素面的腹部，如中市父盆（《商周》06258、06259）（图二六）、1976年陕西扶风庄白窖藏出土的微疾盆（《商周》06252、06253）（图二七）、曾太保庆盆（《商周》06256）（图二八）、虢叔盆（《商周》06210）（图二九）。中市父盆是年代最早的自名为盆的青铜器，盆一开始就选择素面的腹部，为盆的装饰定下基调，显示了盆与盂的差别。微疾盆和虢叔盆的体量都较大，通高分别为25.3、18.8厘米，口径分别为40、34.7厘米，重量分别为5.996、4.98千克，主人都是大贵族，他们也选择素面的腹部，说明这种选择更多是基于器形的需要而不是级别的差异。

虢叔盆（《商周》06210）因其自名盂而被称为盂，其实它的形制与盂没有相似

图二三　伯盂　　　　　图二四　永盂　　　　　图二五　燕侯盂

图二六　中市父盆　　　　　图二七　微痎盆

图二八　曾太保庆盆　　　　　图二九　虢叔盆

之处，反倒与盆十分接近。侈口，束颈，折肩，敛腹，小平底，肩两侧双耳做半环状，这都是盆的基本特征。肩部所饰斜角目云纹，常见于簋类器上（无论是体量还是功用，盆与簋更相似一些），而不见于盂上。与虢叔盂相仿的例子还有善夫吉父盆（《商周》06223）（图三〇）、吴季大盆（《商周续编》0534）（图三一），此二器也因自名为盂而被称作盂，但同样与盂在形态上没有什么相似之处。善夫吉父盆肩部所饰重环纹，常见于簋类器上而不见于盂上，所以善夫吉父盂应称为盆。善夫吉父

图三〇　善夫吉父盆　　　　　图三一　吴季大盆

盆通高20、口径35.1厘米,重7.6千克,体量与虢叔盆接近。附带说明一点,虢叔盆、善夫吉父盆都是盆类中较大者,就体量而言,不同于一般的盆而接近于盂,所以被冠以"盂"的自名。

有人固执于自名原则,对于虢叔盆、善夫吉父盆、吴季大盆等所具备的盆形器特点视而不见,这恐怕不是考古学研究应遵循的准绳。其实与虢叔盆、善夫吉父盆、吴季大盆形态一样的行氏伯为盆(《商周续编》0539)(图三二)就自名为盆。还有一件吴叔襄鼎,其铭曰:"唯吴叔襄自作宝盂。"(《商周续编》0171)(图三三)明明是鼎,却自名为盂,难道我们也一味地跟着自名称其为盂吗?此鼎之所以自名为盂,只是源于其腹部形态像盂而已。明白了其中的原委,我们就可以不拘泥于所谓自名原则了。在尊重自名的前提下,更要用考古学类型学的分析方法来界定器类。

图三二　行氏伯为盆

图三三　吴叔襄鼎

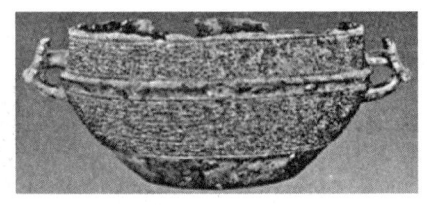

图三四　婁君盆

婁君盆(《商周》06226)(图三四),通常被称作盂。敛颈,折肩,腹部斜收,平底较小,无圈足,这些形制特点,均符合盆的特征,而与盂相去甚远。虽然铭文自名为馈盂,但其实是盆,只不过它是盆中体量较大者,通高12.8、宽33.2厘米,与盂有一些相似之处。颈、腹饰蟠虺纹,这种纹饰也不见于盂上,所以从纹饰的角度,也能判断婁君盆是盆而不是盂。

《商周续编》著录一件比盂(《商周续编》0533)(图三五),私人收藏,此前未曾见过。其铭曰:"比易(锡)金于公,用作宝彝。"铭文没有提到这件器是不是盂,《商周续编》定其名为盂,大概是看到此器有附耳,与盂极像。这件器形制罕见,像盆,因为它是束颈折肩、收腹平底,符合盆的基本要求;又像盂,因为它有附耳,迄今未见西周青铜盆有附耳者。不过,我们还是认为它不是盂而是盆。从形制看,它是盆,至于有附耳,应是受到盂的影响。很重要的一点是这件器上的纹饰特别,肩部饰一周菱形纹,这种纹饰以及装饰风格,不曾出现在青铜盂上,恰恰出现在盆上。譬如天马—曲村M7176和M7164分别出土一件菱形纹盆[17]（图三六），除了颈部设有衔环耳外，形制、纹饰都和比盆非常相似，都是束颈，折肩，斜收腹，底部较小，肩部饰一周菱形纹。年代与比盆一样，在西周中期。

图三五　比盆　　　　　　　图三六　菱形纹盆

与比盆铭文相同的还有一件比簋（《商周》04537）（图三七），其铭曰："比易（锡）金于公，用作宝彝。"不仅内容一样，字形书体也无二致，故知为同人之器。这两件器的字形书体与同时期的晋国铭文相近，锈色也有晋南青铜器的特点，很可能出土于晋南地区。目前看到的青铜盆以晋南地区出土为多，这也为比盆的定名增加了胜算。

图三七　比簋

不过有一点很有意思，到了西周晚期，盆与盂的纹饰及装饰风格有趋近的表现，这是青铜器器类之间相互影响的结果。譬如伯盂（《商周》06206）（图三八），颈部饰顾龙纹，圈足饰目雷纹，其装饰部位和纹饰特点与盆没有什么区别，不同的是形制与体量。伯盂有附耳，腹壁圜收程度不大，这些都是盂的特征。伯盂通高28.7、口径42.8厘米，重12.2千克，比盆要大得多。所以伯盂是盂而不是盆。与伯盂情况相似的还有作父丁盂（《商周》06219）（图三九），体量也很大，通高29、口径42厘米，只是纹饰与同时期盆相似，颈部饰窃曲纹，圈足饰斜角目雷纹。显然，对它们的鉴别，就只能看大小，而不能看纹饰了。

图三八　伯盂　　　　　　　图三九　作父丁盂

五、盂 与 鉴

盂既是食器,也是水器,而鉴是水器,所以盂与鉴也有相互混淆的例子,这从自名现象中可以看出。只不过当青铜鉴在春秋中期兴起时,青铜盂正走向衰落,所以两者相处的机会和时日不多,混淆的例子自然少之又少。

1994年山东海阳嘴子前村春秋墓出土听鉴(《商周》06215)(图四〇),因其铭文曰:"听所献为下寝盂。"故论者都名其为盂。然而观其形制,敞口,宽平沿,颈部收缩,腹部较深,下腹收敛,平底无圈足,颈部双耳扁平,这都是铜鉴的特征。纹饰与装饰风格也与盂迥然不同,从口沿下到下腹部,装饰四道双头龙纹。有纹饰的铜鉴大多是这样装饰的,如智君子鉴(《商周》15052、15053)(图四一)、吴王夫差鉴(《商周》15059~15063)(图四二)。如果不是因其自名为盂,相信没有人会将其归为盂类,所以不能盲目地相信自名。可见,听盂应更名为听鉴。

图四〇　听鉴

图四一　智君子鉴

图四二　吴王夫差鉴

六、尊缶与浴缶

在春秋战国时期,南方盛行缶器。一种是盥洗用的缶器,自名浴缶,一种是盛酒用的缶器,自名尊缶。两者功能不同,形制也有差异,通常尊缶高大,通高超过腹径许多;浴缶宽侈,通高与腹径基本相当。有趣的是两者的纹饰也有区别。浴缶上常常装饰涡纹,因为涡纹与水器有关。张婷和刘斌有一篇论文,指出涡纹多装饰在盘等水器上[18]。这说明过去将涡纹指认为火纹,是没有多少依据的说法。作为酒器的尊缶则极少装饰涡纹。要证明这一点,看看同一器主拥有的浴缶与尊缶的差异就一目了然了。譬如作为同人之器的倗浴缶(《商周》14053、14054)(图四三)盖面与腹部装饰涡纹,而倗尊缶装饰蟠虺纹,未见涡纹(《商周》14055、14056)(图四四);彭射浴缶盖面与腹部装饰涡纹(《商周》14058)(图四五),而彭射尊缶通体素面(《商周》14057)(图四六);蔡侯盥缶盖面与腹部装饰涡纹(《商周》14063)(图四七),而蔡侯尊缶装饰兽纹,未见涡纹(《商周》14065)(图四八);曾侯乙浴缶盖面与腹部装饰涡纹(《商周》14072)(图四九),曾侯乙尊缶装饰蟠螭纹和垂叶纹（《商周》14071）（图五〇）。只有极少数尊缶如曾侯乙尊缶、昭王之即尊缶装饰涡纹（《商周续编》0909）（图五一）。同人之器的浴缶和尊缶装饰不同的纹饰，有力地证明了纹饰与器形之间存在着一种对应关系。

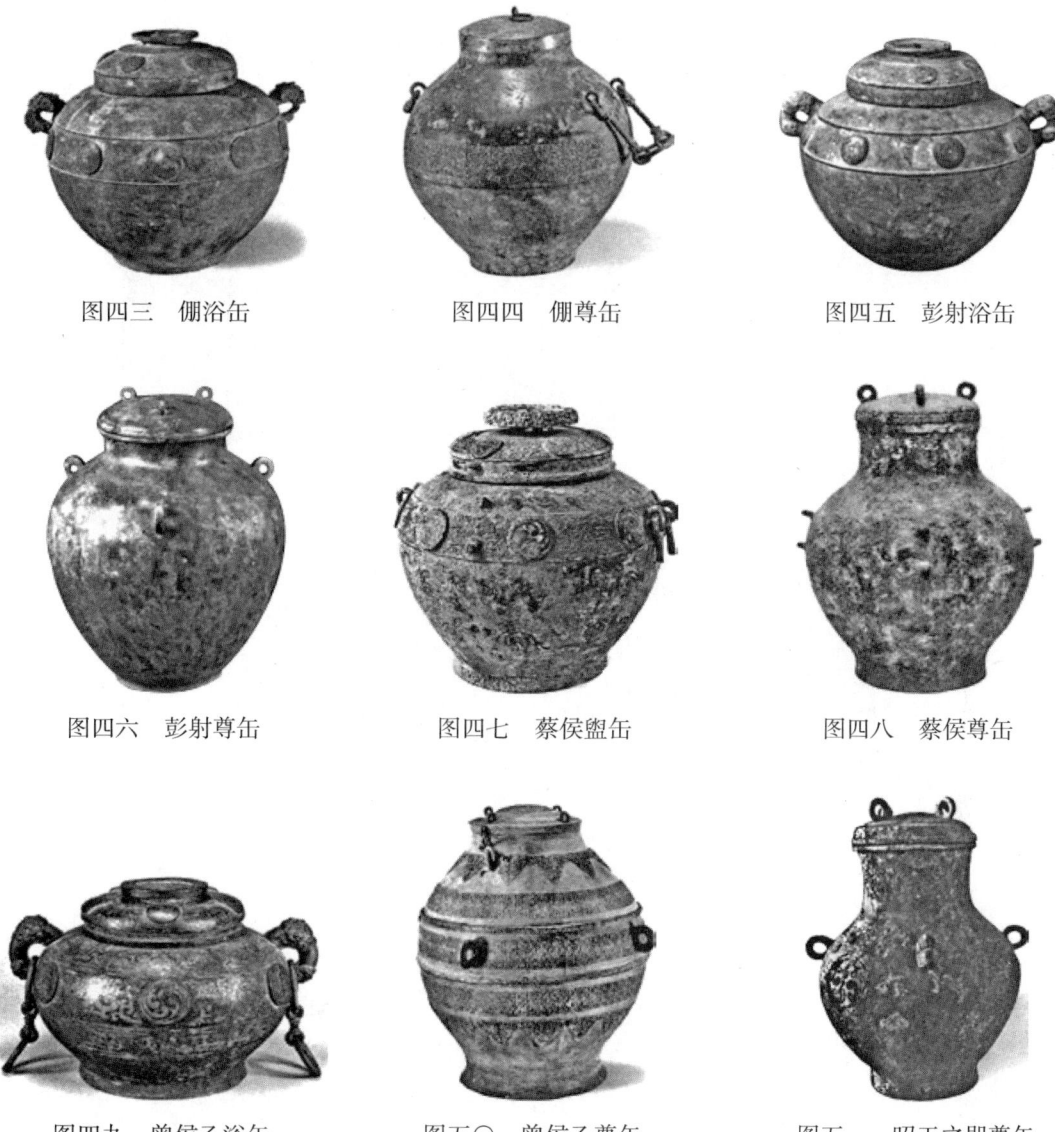

图四三　倗浴缶　　　　图四四　倗尊缶　　　　图四五　彭射浴缶

图四六　彭射尊缶　　　图四七　蔡侯盥缶　　　图四八　蔡侯尊缶

图四九　曾侯乙浴缶　　图五〇　曾侯乙尊缶　　图五一　昭王之即尊缶

研究尊缶与浴缶装饰风格的不同，其意义在于：可以有效地区分尊缶、浴缶。譬如若儿缶（《商周》14088）（图五二），也有论著称其为罍，但其形制、纹饰都和浴缶近，所以应该是一件浴缶，而不是罍。宽儿缶有两件，铭文相同，曰："苏公之孙宽儿择其吉金，自作行缶。"（《商周》14091、14092）但是形制与纹饰各有差异。宽儿缶甲通高37厘米（图五三），宽儿缶乙通高34厘米，宽儿缶甲饰蟠螭纹，未见涡纹，宽儿缶乙盖沿与腹部饰涡纹（图五四）。鉴于无论尊缶还是浴缶，如果出土一对，那么两件缶的大小基本一样，所以说大小不一样的这两件宽儿缶的功能也不一样，宽儿缶甲可能是尊缶，宽儿缶乙可能是浴缶。相近的例子还有黄子娄缶两件（《商周续编》0906、0907）。黄子娄缶甲的铭文是："黄子娄择其吉金，以作其妻叔芈母宾缶。"这是一件浴缶（图五五），所以盖面和上腹部饰圆饼纹，这种圆饼纹应是涡纹的变种。黄子娄缶乙的铭文是："黄子娄择其吉金，以作其妻其口母飤缶。"这显然不是一件浴缶（图五六），所以盖面和上腹部的重圈纹与圆饼纹有差别，以显示其功能的特殊性。

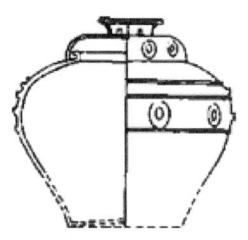
图五二　若儿缶

图五三　宽儿缶甲

图五四　宽儿缶乙

图五五　黄子娄缶甲

图五六　黄子娄缶乙

七、方彝盖与方罍盖

方彝盖与方罍盖有一些相似之处，有时也难免混淆。《商周》著录一件趠方彝盖（13536），盖作四阿屋顶形，顶部有纽，纽的形态与盖相同，盖下沿饰两道弦纹，其中有涡纹（图五七）。就形制而言，趠方彝盖与一般方彝的盖形近，也和方罍的盖形近。《三代》《攈古》《愙斋》《周金》《小校》以为是尊的盖，《商周》以为是方彝的盖，《夏商周青铜器研究》定为罍的盖[19]。当以《夏商周青铜器研究》所定为是。陈佩芬先生没有做解释，我们想谈一点看法。第一，绝大部分方彝的盖的四角及中线都有扉棱，但是在趠方彝盖上没有。第二，一般来说方彝上的纹饰有兽面纹、夔纹、鸟纹、龙纹、鸱鸮纹、虎纹、象纹、蝉纹、弦纹、连珠纹、三角目纹等，绝大部分方彝上不装饰涡纹，但是趠方彝盖上的主要纹饰是涡纹。与方彝相反，大部分罍上装饰涡纹，相当一部分罍的盖上装饰涡纹，与趠方彝盖相同。盖上装饰涡纹的方罍有史方罍（《商周》13728）（图五八）、亚朏方罍（《商周》13738）、敔■方罍（《商周》13763、13764）（图五九）、史方罍（《商周》13780）、⊠方罍（《商周》13808）（图六〇）、⊠方罍（《商周续编》0897）等器。第三，几乎所有方彝上的铭文拓片呈方形、长方形或不规则形，但是趋方罍盖上铭文拓片作梯形（图六一）。趋方罍盖的形制与纹饰都与《夏商周》278著录的冉方罍盖十分相似，所以它应是方罍的盖而不是方彝的盖。如果将趋方罍盖与齐生鲁方彝盖（《商周》13543）（图六二）、作册吴方彝盖（《商周》13545）（图六三）做比较，就很清楚了，后两者装饰有扉棱，但不见涡纹。所以说，所谓趋方彝盖应定名为趋方罍盖。

图五七　趋方彝盖　　　图五八　史方罍　　　图五九　敔■方罍　　　图六〇　⊠方罍

图六一　趋方罍盖铭文　　　图六二　齐生鲁方彝盖　　　图六三　作册吴方彝盖

八、敦 与 鼎

1950年，河南洛阳市西宫出土一件铜器，盖、器同铭，各一字"軌"，被称为"軌敦"[20]。也有学者读"軌"为"簋"，命其名为"軌簋"，认为这不是敦而是簋。根据谷朝旭的统计，类似"軌"敦的器物有15批次，30件，包括新近著录的一件"公敦"（《商周续编》0520）（图六四），与"軌敦"（《商周》06051）（图六五）的形态非常接近。迄今为止，学术界对这类器的命名看法不一，马承源先生将其归入敦类，称其为斂口扁圆体环耳三足式敦[21]，高明先生也将其归入敦类，称其形似联裆鼎，是南方形式的敦受到了北方器形影响的产物[22]。朱凤瀚先生将其归入鼎类，称为联裆鬲鼎[23]。

谷朝旭认为从形制上看，"公敦"和"軌敦"的特点是足较粗，与腹底呈联裆式，这一点与鼎近而与敦远。从功用上看，有12件的器底有烟炱痕迹，16件的腹内残

图六四　公敦　　　　　图六五　轨敦

留肉类食物，这与鼎盛放肉类食物的功用相符，而青铜敦的主要功用为盛放黍稷。从墓葬出土青铜器的组合来看，这类器形制、纹饰相同，大小相次，是一套列鼎，而铜敦中未见有列敦现象。同时谷朝旭也从装饰风格上指出，这类器上的绹索纹、团花纹等，多见于鼎，而在敦上少见。这类器上的铺首衔环耳在鼎上常见[24]。

谷朝旭的论证很有说服力。本文要强调的一点是这类器上的铺首衔环耳不见于敦类器上。在春秋战国时期，铺首衔环耳常见于鼎上，而很少见于簋上，原因在于敦是簋的派生物，与簋有更深的亲缘关系，所以敦继承了簋更多的特质，不用铺首衔环耳来装饰。所以"公敦"和"轨敦"应称为"公鼎"和"轨鼎"。

九、结　语

综上所述，青铜器纹饰的研究，不仅有利于青铜器的分期断代，对于区分不同的器类，正确地加以命名，也具有一定的意义。如果连簠与盂、簋与豆、盂与鉴、鼎与敦也不能区分，又如何把握这些器物的性质和功用。在鉴别器类时，要坚持考古学的类型分析的原则，要关注器物的自名，但不要盲目地相信自名现象。当然本文的写作是一种尝试，有些想法也有待验证，提出来希望得到大家的批评指正。

附注：本文系国家社科基金项目"夏商周青铜礼器的兴衰及其原因"（立项号：15BKG007）的阶段性研究成果。

注　释

［1］　李学勤：《古代中国青铜器·序》，《古代中国青铜器》，南开大学出版社，1995年，第1页。

［2］　朱凤瀚：《古代中国青铜器》，南开大学出版社，1995年，第380～451页。

［3］　朱凤瀚：《中国青铜器综论》，上海古籍出版社，2009年，第534～621页。

［4］　杨远：《透物见人：夏商周青铜器的装饰艺术研究》，科学出版社，2015年；莫阳：《战国中山王墓研究——一种艺术史的视角》，中央美术学院博士学位论文，2015年。

［5］　岳洪彬：《殷墟青铜器纹饰研究》，《三代考古（二）》，科学出版社，2006年；唐际根：《关于中国青铜器纹饰的含义问题》，《三代考古（四）》，科学出版社，2011年；苏辉：

《中原地区商西周青铜器夔纹研究》，清华大学博士学位论文，2010年；张德良：《西周青铜器窃曲纹研究》，清华大学博士学位论文，2010年。

[6] 卢昉：《商周青铜器人兽母题纹饰研究》，西北大学硕士学位论文，2006年。

[7] 吴镇烽：《商周青铜器铭文暨图像集成》（简称《商周》），上海古籍出版社，2012年。

[8] 陈梦家：《西周铜器断代》，中华书局，2004年。

[9] 吴镇烽：《商周青铜器铭文暨图像集成续编》（简称《商周续编》），上海古籍出版社，2016年。

[10] 张懋镕：《试论中国古代青铜器器类之间的关系》，《古文字与青铜器论集》（第二辑），科学出版社，2006年，第137页；张懋镕：《论盂形簋》，《叩问三代文明——中国出土文献与上古史国际学术研讨会论文集》，中国社会科学出版社，2014年。

[11] 张懋镕：《试论中国古代青铜器器类之间的关系》，《古文字与青铜器论集》（第二辑），科学出版社，2006年，第135~138页。

[12] 张懋镕：《关于青铜器定名的几点思考——从伯湄父簋的定名谈起》，《古文字与青铜器论集》（第三辑），科学出版社，2010年，第139~145页。

[13] 山东省文物考古研究所、沂水县文物管理站：《山东沂水县刘家店子春秋墓发掘简报》，《文物》1984年第9期，第4页。

[14] 一件传世的祖丁簋，陈梦家在《美帝国主义劫掠的我国殷周铜器集录》（科学出版社，1962年）中记载其通高35.7、口径22.8厘米，但是从图像（A193）来看口径明明大于通高，所以很怀疑其记载的准确性。

[15] 李学勤：《青铜器中的簠与铺》，《中国古代文明研究》，华东师范大学出版社，2005年；张懋镕：《试论中国古代青铜器器类之间的关系》，《古文字与青铜器论集》（第二辑），科学出版社，2006年，第134页。

[16] 张懋镕：《青铜盆小议》，《古文字与青铜器论集》（第二辑），科学出版社，2006年，第128~132页；张懋镕：《再议青铜盆——从新发现的中市父盆谈起》，《古文字与青铜器论集》（第三辑），科学出版社，2010年，第164~169页。

[17] 邹衡：《天马—曲村（1980~1989）》，科学出版社，2000年。

[18] 张婷、刘斌：《浅析商周青铜器上的圆涡纹》，《四川文物》2006年第5期，第69页。

[19] 陈佩芬：《夏商周青铜器研究》（简称《夏商周》），上海古籍出版社，2004年。

[20] 杜廼松：《记洛阳西宫出土的几件铜器》，《文物》1965年第11期，第47~49页。

[21] 马承源：《中国青铜器》，上海古籍出版社，1988年，第152~156页。

[22] 高明：《中原地区东周时代青铜礼器研究（中）》，《考古与文物》1981年第3期。

[23] 朱凤瀚：《中国青铜器综论》，上海古籍出版社，2009年，第103~105页。

[24] 谷朝旭：《"轨"敦非敦》，待刊。

（原载卢昉：《中国古代青铜器整理与研究·人兽母题纹饰卷》，科学出版社，2016年）

青铜器轻重论
——从诸侯国青铜器的轻重谈起

在《再谈随州叶家山西周曾国墓地》（以下简称《再谈》）[1]中，我举例曾侯、康侯、晋侯、燕侯、鲁侯、应侯青铜器的重量数据，来证明曾侯青铜器的胜出之处，进一步说明曾国是西周早期的一等大国。

去年我在为《吉金石刻编》所作序言中谈到[2]，现在新出的不少考古文物报告和青铜器著录书，常常漏写器物的重量。或认为有尺寸就可以了，殊不知通过重量，方能测知器物的厚重或轻薄，不仅有利于器物的断代和辨伪，更重要的是重量体现了青铜器的自身价值。在夏商周时期，作为青铜器主要原料的铜、锡是紧缺的物资，商王朝却为了一件后母戊方鼎，舍得消耗重达875千克的铜和锡。为什么不用这些原材料制作体量小一点的但数量更多的青铜鼎呢？值得思考。楚庄王问九鼎之轻重的故事，很能说明问题。在青铜时代，青铜器特别是青铜礼乐器，是当时礼乐制度的物化。青铜礼乐器的轻重大小，既是不同等级的贵族身份的重要标志，也是衡量国家实力的尺度。所以青铜器的轻重也是重要的信息，不应欠缺。关于青铜器的重量，自古以来青铜器的著录书就很重视，从北宋吕大临《考古图》到清末刘喜海的《长安获古编》（胡琨整理本）都有重量方面的记载，可见重量数据的意义和价值。鉴于青铜器重量方面的研究很少，本文打算做一点论证。

一、从重量看西周诸侯国的实力

刘树满的《中国古代青铜器整理与研究·晋南地区卷》通过大量青铜器的数据，比较了晋国与周边小国以及晋南地区和其他地区的青铜器的品质，期望勾勒出晋国及晋南地区的文化面貌及特征[3]。这样的研究很有意义。本文原先打算从青铜器重量的差异来分析晋南地区诸国的实力，遗憾的是大部分青铜器没有重量的记载，这个愿望落空了。接下来能做的是检视包括晋国在内的诸侯国青铜器的重量，看看它们之间究竟有什么不同，从一个方面来测知诸侯国的实力。将西周时期姬姓诸侯国的主要青铜器的重量数据列举如下。

方鼎：叶家山M111出土曾侯作父乙方鼎，通高49厘米，重22.2千克，无疑是目前所见分量最重的西周早期诸侯国国君的青铜器[4]。M28出土曾侯方鼎，通高20.8厘米，重2.45千克[5]。M28出土曾侯谏方鼎，通高23.6厘米，重2.71千克（《商周续编》0098）[6]。M65出土曾侯谏方鼎，通高23.6厘米，重2.84千克[7]。传世康侯丰方鼎，通高27.8厘米，重5.16千克（《商周》01575）[8]。

分裆鼎：叶家山M28出土曾侯谏分裆鼎两件，一件通高22.5厘米，重2.5千克（《商周续编》0096）；一件通高23厘米，重2.3千克（《商周续编》0100）。传世应公分裆鼎两件，一件通高18厘米，重1.75千克；一件通高18.4厘米，重1.69千克（《商周》01430、02071）。传世燕侯旨分裆鼎，通高20.4厘米，重1.9千克（《商周》02203）。

圆鼎：叶家山M28出土曾侯谏圆鼎，通高29.4厘米，重3.76千克（《商周续编》0099）。M3出土曾侯谏圆鼎，通高29.5厘米，重4.14千克（《商周续编》0101）。M65出土曾侯谏圆鼎，通高28.9厘米，重3.98千克[9]。传世燕侯旨圆鼎，通高17.2厘米，重1.16千克（《商周》01716）。平顶山应国墓地M84出土应侯圆鼎，通高21.6厘米，重2.8千克[10]。

甗：叶家山M28出土曾侯甗，通高50.6厘米，重17.34千克（《商周续编》0270）。平顶山应国墓地M84出土应侯甗，通高44厘米，重9.1千克[11]。

鬲：叶家山M28出土曾侯鬲，通高15.5厘米，重0.78千克[12]。1927年陕西宝鸡戴家湾墓地出土鲁侯熙鬲，通高17.1厘米（《商周》02876）。

簋：叶家山M65出土曾侯谏簋高17.5、口径22.4厘米，重3.53千克[13]。M28出土曾侯谏簋，高17.8、口径21厘米，重3.31千克（《商周续编》0338）。曾侯作媿簋，通高13.3、口径17.9厘米，重2.66千克[14]。传世应公簋两件，一件高12.8厘米，重2.14千克（《商周》04210）；一件高12.5厘米，重2.33千克（《商周》04211）。应侯再簋通高22.5、口径18厘米，重3.98千克[15]。应侯见工簋，通高25.5、口径21.5厘米，重7千克[16]。

盨：应侯盨通高23.8、长口22.6厘米，重6.25千克（《商周》05503）。平顶山应国墓地M84出土应侯再盨，通高22.4厘米，重7.5千克[17]。晋侯对盨，通高22.2、长口26.7厘米，重5.2千克（《商周》05630）。晋侯对盨，通高16.2~17.8、长口21.3~22.1厘米，重2.78~3.22千克（《商周》05647~05650）。

盂：叶家山M28出土的曾侯谏盂，通高30厘米，重4.59千克（《商周续编》0966）。琉璃河M1193出土燕侯克盂，通高26.8厘米（《商周》14789）。应侯盂，通高25.5厘米（《商周续编》0967）。

罍：叶家山M28出土的悬铃罍，通高44厘米，重7.4千克。虽然这件罍上没有曾侯的字样，但这样高大的器物应为国君所专用。琉璃河M1193出土的燕侯克罍，通高32.7厘米（《商周》13831）。

壶：叶家山M111出土带鋬曾侯壶，通高40.3厘米（《商周续编》0808）。M65出土曾侯壶，带提梁高44厘米，重5.94千克[18]。M28出土曾侯谏作媿壶，通高46.5厘米，重3.31千克[19]。传世应公壶通盖高27.1厘米，重2.79千克（《商周》12171）。应侯壶两件，一件通高54.3厘米，重15.5千克；一件通高55厘米，重16.1千克[20]。

卣：叶家山M111出土曾侯卣，通高36厘米（《商周续编》0857）。M28出土曾侯谏作媿卣甲，带提梁高43.4、通盖高39.6厘米，重7.85千克[21]。曾侯谏作媿卣乙，通高34.8厘米，重5千克（《商周续编》0872）。传世应公卣，通高20.8厘米，重2.7千克（《商周》13049）。燕侯旨卣，通高34.5厘米（《商周续编》0874）。平顶山应国墓地M84出土应侯再卣，通高20.6厘米，重2千克[22]。

尊：叶家山M28出土曾侯谏作媿尊，通高30.2、口径23.8厘米，重4.49千克（《商周续编》0781）。传世鲁侯尊，通高22.2、口径20.7厘米，重4.1千克（《商周》04955）。平顶山应国墓地M84出土应侯再尊，通高16.7厘米，重1.55千克[23]。

盘：曾侯盘，高11、口径30厘米（《商周续编》0918）。曾侯谏盘，高14.8、口径33.6厘米，重4.49千克（《商周续编》0927）。应侯盘，通高13.3、口径34厘米，重5.15千克[24]。

综上所述，将曾、卫、燕、应、晋、鲁等姬姓诸侯国国君的青铜器相比，曾侯的青铜器不仅高大许多，而且分量也重一些。虽然西周早期卫、燕、应、晋、鲁等姬姓诸侯的青铜器由于种种原因，发掘与存世的器物不多，但依据燕侯、应侯墓葬规模逊于曾侯犺墓葬的事实，卫、燕、应、晋等姬姓诸侯与曾侯青铜器之间存在着差距，应该是不争的事实。有些曾侯青铜器如方鼎、壶、卣要比卫、燕、应、晋、鲁等姬姓诸侯的器物高出十几甚至二十几厘米，说明曾侯青铜器尤其是曾侯犺的青铜器可能要高出一个层次。卫、燕、应、晋等姬姓诸侯之间的青铜器体量比较接近，但也有差别。相比而言，应国的青铜器重量要轻一些。究其原因，除了诸侯国的实力和受到周王室的重视之外，与青铜原料获得的难易程度也有关系。这一点在《再谈》中已经申论，不再赘述。

有一个现象值得注意，尽管姬姓诸侯国国君的青铜器多半铸造得比较好，也有一定的分量，但比较同时期朝廷大臣的青铜器，还是有相当大的差距。譬如康王时的大盂鼎通高101.9厘米，重153.5千克，比曾侯作父乙方鼎重多了。类似的例子数不胜数。显然这与当时周王朝奉行的"固本弱枝"的政策有关。

二、从重量分析青铜器发展的轨迹

在研究青铜器的时候，很重要的一点是了解每一类青铜器产生、发展以及衰落的轨迹。不仅器物的形态、花纹的变化有助于我们了解它们演进的基本线索，就是凭借器物的重量，也可以测知这一点。已经出版和尚未出版的《中国古代青铜器整理与研究》各卷本，在书稿中都附有各种表格，从中可以看到诸多器物的背景资料，如出土时间、地点、尺寸。遗憾的是有些书稿缺乏关于重量的记载。现将有较多重量记载的青铜器资料分析如下。

第一，从重量变化看青铜豆的发展历程。

张翀博士在《中国古代青铜器整理与研究·青铜豆卷》中将青铜豆的发展分为八期[25]。依次是：商代晚期，西周早期，西周中晚期，春秋早期，春秋中期，春秋晚期至战国早期，战国中期，战国晚期至西汉初期。我们将第一、二期归为第一阶段[26]。这是青铜豆产生和发展的初期，青铜豆不仅尺寸小，而且体量轻，如商代晚期的㠱豆重0.68千克（《商周》06101）、⿱父癸豆重0.88千克（《商周》06108）、江西新干大洋洲出土的浅腹豆重1.72千克[27]、子麔父丁豆只有0.38千克重（《商周》06111）。西周早期的豆体量与商代晚期差不多，如宝鸡竹园沟M13出土的史父乙豆只有0.65千克重（《商周》06109）。第二阶段包括三、四期，是青铜豆发展的过渡期，通高和重量都有变化，如西周晚期的周生豆重3.3千克（《商周》06141）。在西周中晚期，铺作为豆的一个分支出现了。铺的体量比较大，如西周晚期的姜休母铺重3千克（《商周》06120）、晋侯对铺重3.01千克（《商周》06153），春秋早期的虢季铺重2.5千克（《商周》06144），曾仲斿父铺重量达到4.72千克（《商周》06130）。第三个阶段从春秋中期到战国晚期进入第三阶段之后，青铜豆的地位发生显著变化，在墓葬出土青铜器组合中从配角变成主角，重量也随之增加不少。大部分青铜豆的重量在2千克以上，如太原金胜村M251出土的蟠虺纹豆4件，重量在2.12~2.53千克[28]，河北平山县中山王墓出土的左使车工豆重3.35千克（《商周》06118），曾侯乙墓出土的浅盘豆重4.2~4.5千克（《商周》06126、06127），同墓出土的兽形环纽豆更重达5.9千克（《商周》06125）。到了战国晚期，随着青铜器的衰落，青铜豆的重量也由此大减，如王子申豆只有2.26千克（《商周》06160、06161）、铸客豆重2.34千克（《商周》06133）。值得注意的是春秋中期的厚氏元铺两件，一件重7.24千克（《商周》06154），一件重7.56千克（《商周》06156），远超一般簋的重量，与方座簋的平均重量相伯仲，可见豆在春秋以后取代簋的地位是理所当然的。诚然，由于重量方面的资料极其欠缺，无法做比较细致的研究，但由以上几个例子也可以看出，重量对青铜豆发展的意义。

第二，从重量变化看青铜壶的发展历程。

我们依据青铜壶的发展态势，划分为三个阶段：第一个阶段从商代早期到西周早期，第二阶段从西周中期到春秋早期，第三阶段从春秋中期到战国晚期[29]。

青铜壶自商代早期开始出现，在重量方面就有不凡的表现。例如，1982年郑州向阳回族食品厂窖藏出土的兽面纹壶就有10.4千克之重。到了商代晚期，青铜壶分量进一步增加，如1976年安阳小屯M5出土妇好壶两件，重18.4千克（《商周》11999、12000），后𪓐母方壶两件（《商周》12031、12032），重量分别为35、31千克。青铜壶在发展的第一阶段就有那么重的分量，无疑提高了青铜壶在墓葬出土酒器组合中的地位，这为青铜壶日后取代其他酒器而一枝独秀积累了资本，奠定了基础。

青铜壶进入西周中期以后，数量虽然减少，但出现了一些大型青铜壶，在重量方面的表现引人注目。譬如1955年河南泌阳县前梁河村出土尚壶两件，重8.65千克（《商周》12302、12303）。1975年陕西岐山县董家村窖藏出土仲南父壶两件，重量分别为14.28、13.08千克（《商周》12329、12330）。1976年陕西扶风县法门乡庄白村窖藏出土三年痶壶两件，重量分别为26、26.7千克（《商周》12441、12442）；出土十三年痶壶两件，均重15.51千克（《商周》12436、12437）。以上青铜壶年代在西周中期。西周晚期的青铜壶有1960年陕西扶风县法门乡齐家村窖藏出土的两件几父壶，重量分别为16.86、17.25千克（《商周》12438、12439）。1976年陕西临潼零口乡西段村出土㝬车父方壶两件，重量分别为13.5、12.9千克（《商周》12237、12238）。传河南平顶山市应国墓地出土应侯壶两件，重量分别为15.5、16.1千克（《商周》12265、12266）。2003年陕西眉县杨家村窖藏出土单五父方壶两件，重量分别为25、25.5千克（《商周》12349、12350）。传世蔡侯壶的重量是30.75千克（《商周》12377），颂壶的重量是32.41千克（《商周》12451），与前述妇好墓出土青铜壶的重量相仿。如果将来发现西周周王及王室成员的青铜壶，其重量一定会超过商王室成员的青铜壶。所以不能简单地说西周中晚期是青铜壶发展的低谷期。

以往通常认为春秋早期是中国古代青铜器的低谷期，但实际上春秋早期是青铜壶的繁盛期，从青铜壶的数量、重量方面都可以得到印证。如1990年河南三门峡市虢国墓地出土虢季方壶两件，重10.5千克（《商周》12221、12222）。2007年陕西韩城市梁带村M26出土仲姜方壶两件，重14.92千克（《商周》12247、12248）。1966年湖北京山县苏家垄出土曾仲斿父方壶两件，重30.1千克（《商周》12285、12286）。2002年山东枣庄市东江小邾国墓地M2出土邾君庆壶两件，重11.8千克（《商周》12333）。传世器如芮公方壶两件，重量分别为9.21、9.45千克（《商周》12244、12245）。

春秋晚期到战国中期，是青铜壶发展的新的高峰时期，在重量方面也有极佳的表现。如1955年安徽寿县蔡侯墓出土的蔡侯申方壶两件，重量为24.85千克（《商周》12187、12188）。传世的莲鹤方壶两件，重量为64.28千克。以上是春秋晚期器。1933年安徽寿县李三孤堆楚王墓出土的曾姬无卹方壶两件，重量分别为25.14、28.34千克（《商周》12424、12425），是战国中期器。1977年河北平山县七汲村中山王墓出土的中山王壶重28.72千克（《商周》12455），也是战国中期器。最重的青铜壶可能是1978年湖北随县擂鼓墩曾侯乙墓出土的曾侯乙联壶两件，重量分别为106、99千克（《商周》12208），可称得上壶王，年代在战国中期。战国中期以后，随着青铜器的衰落，青铜壶也一蹶不振，再无大器出现，重量也每况愈下。

总而言之，青铜壶的发展随着壶的重量的增加节节攀升。从西周早期到战国晚期，青铜壶不仅始终是酒器组合中的核心，也一直是各个历史阶段墓葬出土青铜器组合中的核心，显示出青铜壶强大的生命力。

三、从大小轻重来区分不同的器类

在青铜器研究中，常常会看到将器类混淆的现象。例如，误将盆认作盂，或者将盂视为盆；将卣误为壶，或者将壶认作卣；将罍误作尊，或者将尊视为罍；将敦误作鼎，或者将鼎误为敦。研究者试图从形制、纹饰、铭文等各个方面，用各种方法将它们区分开来，但有时并不很成功。所以在这里，我们想提出另一种区分不同器类的方法，就是重量区分法。鼎、簋、爵、觚等每一类青铜器都有几十、几百甚至几千件，有大的也有小的，有重的也有轻的，似乎很难用大小重量来区分不同的器类。不过我们注意到，并非没有规律可循，不同的器类在重量方面有不同的倾向性表现，我们可以利用这种差别将它们区分开来。

譬如盂与盆的区分就颇为纠葛。何者为盂，何者为盆，学术界分歧很大。很多论著已注意到盂的体量较大，大部分盂高度在35厘米以上，而盆是一种较低矮的器类，高不过十几厘米，于是用尺寸来区分盆与盂。但是对于部分盂与盆来说，用尺寸来区分效果不明显，如果同时考虑到重量方面，区分起来就会容易一点[30]。

且将大家公认的盂的重量公布如下：

好盂（《商周》06201），32.9千克。亚长盂（《商周》06203），25千克。亚长盂（《商周》06204），12.9千克。寝小室盂（《商周》06205），41.8千克。伯盂（《商周》06206），12.2千克。燕侯盂（《商周》06209），6.45千克。丹叔番盂（《商周》06213），11千克。天盂（《商周》06218），34.5千克。伯盂（《商周》06222），35.8千克。永盂（《商周》06230），36千克。

且将大家公认的盆的重量公布如下：

吞盆（《商周》06251），5.75千克。微瘼盆（《商周》06252），5.996千克。曾太保庆盆（《商周》06256），2.23千克。曾孟羋谏盆（《商周》06264），2.014千克。善夫吉父盆（《商周》06223），7.6千克。

从以上数据可见：盂的重量在6.45~41.8千克，绝大部分在10千克以上。盆的重量在2.014~7.6千克，基本上在6千克以下。两者相比，很清楚，盂的重量通常是盆的两倍以上，甚至能达到10倍以上。

我们曾经论证所谓虢叔盂（《商周》06210），虽然自铭为盂，但实际上是盆[31]，一个原因也与重量有关。此器通高18.8、口径34.7厘米，在青铜盆中属于大器，但重量为4.98千克，还是在盆的重量范围内。相似的例子还有婁君盆，虽然其铭曰"自作馈盂"（《商周》06226），但还是盆。通高12.8、宽33.2厘米，尺寸也不算小，但重量只有2.28千克，即便在青铜盆中也只能算是小盆了，又如何称得上盂呢？虢叔盆和婁君盆之所以自称为盂，一是因为相生关系，与盂关联紧密[32]；二是因为这两件盆形体比较大，与盂接近，遂顶了盂的名字。

其次谈谈卣与壶的区分。

在《青铜器定名的新方法：组合关系定名法——以青铜卣的定名为例（代序）》[33]一文中，我们提出了区分壶与卣的六条标准。

第一，有提梁。凡是归为青铜卣者均有提梁。当然有提梁的未必都是青铜卣，因为提梁壶也有提梁。而青铜卣与提梁壶的区分，则可以用以下几个标准来区分。

第二，青铜卣形体矮胖，短颈硕腹。相比较，提梁壶颈部要长些，腹部要瘦些。

第三，青铜卣的盖为母口。而大部分提梁壶的盖为子口。

第四，青铜卣的口部、腹部横截面基本上是椭圆形，壶的口部、腹部横截面多为圆形。

第五，使用组合形式定名法。从尊与卣的稳定组合中去鉴别何者为卣，何者为壶。

第六，装饰手法有所不同。如壶上装饰十字环带纹，而卣不装饰这种纹饰。绝大部分卣在颈部装饰浮雕兽首，而壶的颈部很少装饰浮雕兽首。

其实除了以上六条标准，需要补充的是利用重量的差异也可以判断何者为卣，何者为壶。相对而言卣比较轻而壶比较重。为此我们收集了从商代早期到西周中期壶和卣的重量数据，制成两份表格（附表一、附表二）。

从附表一可知：商代晚期早段壶的总重量为104.45千克，平均重量为20.89千克。商代晚期晚段总重量为9.75千克，平均重量为4.88千克。西周早期总重量为43.79千克，平均重量为3.13千克。西周中期总重量为139.43千克，平均重量为13.94千克。32件壶的总重量为307.82千克，平均重量为9.62千克。

从附表二可知：商代晚期早段卣的总重量为4.6千克，平均重量为1.53千克。商代晚期晚段总重量为115.86千克，平均重量为3.62千克。西周早期总重量为174.24千克，平均重量为3.96千克。西周中期总重量为16.78千克，平均重量为2.4千克。86件卣的总重量为311.48千克，平均重量为3.62千克。

从以上两组数据不难判断：壶重而卣轻。前者重量是后者的两倍多。因为差距比较明显，所以可以用重量来判断某一件器物究竟是壶还是卣。

试以筒形提梁卣的归属为例。马军霞博士在《中国古代青铜器整理与研究·青铜卣卷》中认为筒形提梁卣是卣[34]，而裴书研博士在《中国古代青铜器整理与研究·青铜壶卷》中认为是壶[35]。王辉先生则表示筒形提梁卣不能算作卣，它与汉代的钲相仿，应命其为钲，从卣中排除出去[36]。我们认为应将筒形提梁卣归属为卣。前面我们已经指出：壶重而卣轻。有意思的是筒形提梁卣的重量比较轻，陕西宝鸡竹园沟M13出土的两件筒形卣的重量分别是3.33、1.95千克，远远低于青铜壶的平均值，与青铜卣的平均值接近。遗憾的是能提供重量数据的筒形卣太少，我们的结论还很粗浅。

再谈谈罍与尊的区分。2004年，张小丽在提交的硕士学位论文《出土商周青铜尊研究》（以下简称《张文》）中，将二里冈期和殷墟一期出土的小口、广肩、深腹的盛酒器归入青铜尊范围内[37]。2010年，王宏在提交的硕士学位论文《商周青铜罍研究》（以下简称《王文》）中，持不同意见，认为这种小口无耳折肩型式的盛酒器是罍而不是尊[38]。为此，我们曾经著文，用组合关系定名法来区分尊与罍[39]。如今我们想到也可以从重量方面来审视尊与罍的差别。考虑到尊与罍的数量很多，但有重量记载的不多，拟同时从高度与重量两个方面来考察罍与尊的不同。

首先，比较商代晚期出土的罍与尊在通高方面的差别。由于王宏的《中国古代青铜器整理与研究·青铜罍卷》（以下简称《青铜罍卷》）一书缺少关于罍的重量资料的整理[40]，所以我们只能通过罍与尊的通高数据来做比较。考虑到尊在西周初年以后高度有降低的趋势，与同时期罍的高度有明显差别，纳入比较范围可能有失公正，所以我们只是将商代晚期出土的罍与尊的高度进行比较。根据《青铜罍卷》统计的数据，商代晚期出土的罍共有54件，经我们计算，平均高度40.99厘米；根据《张文》统计的数据，商代晚期出土的尊共有76件，经我们计算，平均高度34.11厘米。罍的平均高度要超出尊6.88厘米。这是一个不小的差距，可供我们鉴别时参考。

考虑到圆罍与圆尊在形体上较为接近，可比性更高，故采用《商周》一书有关于商代圆罍和圆尊的通高和重量数据，做如下统计：

罍：

（1）爰罍（《商周》13706），高38.6厘米，重7.45千克。

（2）丙罍（《商周》13721），高43厘米，重13.29千克。

（3）㠱罍（《商周》13723），高46.5厘米，重13.22千克。

（4）亚址罍（《商周》13737），高44.8厘米，重14.2千克。

（5）甲罍（《商周》13755），高54厘米，重13千克。

（6）日癸罍（《商周》13756），高45.9厘米，重15.2千克。

（7）马危罍（《商周》13757），高42.5厘米，重8.35千克。

（8）冉父乙罍（《商周》13772），高44厘米，重9千克。

（9）山父己罍（《商周》13774），高43厘米，重9.7千克。

平均器高44.7厘米，重11.49千克。

尊：

（1）冉尊（《商周》11112），高22.7厘米，重3.11千克。

（2）串尊（《商周》11115），高23.4厘米，重3.69千克。

（3）庚丙尊（《商周》11118），高37厘米，重7.35千克。

（4）㗊尊（《商周》11158），高30.8厘米，重9.4千克。

（5）㗊尊（《商周》11161），高34.8厘米，重8.69千克。

（6）子渔尊（《商周》11205），高36.7厘米，重6千克。

（7）危耳尊（《商周》11246），高22.5厘米，重3.17千克。

（8）子束泉尊（《商周》11292），高32.5厘米，重8.5千克。

（9）子束泉尊（《商周》11293），高33.2厘米，重8.1千克。

平均器高30.4厘米，重6.45千克。

从上述资料可以清晰地看出圆罍与圆尊的区别：第一，高度有差别。罍与尊都是大型的盛酒器，但稍加分辨，就可以发现两者还是有区别的。圆罍高度在38厘米以上，而圆尊高度在38厘米以下。圆罍的平均高度是44.7厘米，圆尊的平均高度是30.4厘米，也就是说圆尊平均比圆罍低14.3厘米。第二，重量不一样。罍要比尊的分量重。圆罍重量在7千克以上，而大部分圆尊重量在8千克以下。圆罍平均重11.49千克，圆尊平均重6.45千克，圆罍比圆尊平均重5.04千克。

需要说明的是，妇好墓出土的两件圆尊即后粤母尊（《商周》11290）（《商周》11291）没有计算在内，因为它们是商王妃的器物，级别特别高，自然要比其他贵族的器物要高得多，也重得多。前者高47厘米，重23千克，后者高46.7厘米，重23.5千克。但即便计算在内，也不会颠覆我们的结论。计算结果是圆尊平均器高33.4厘米，重9.5千克。与圆罍相比，平均高度差11.3厘米，重量差1.99千克，差别还是不小的。

且以陕西汉中地区城固和洋县出土的商代晚期的圆罍与圆尊为例。

先看罍的通高与重量。1980年城固龙头出土罍1件（1980CHLTT：1），通高37.8厘米，重10.18千克[41]。1981年城固龙头出土罍两件，1981CHLTT：1，通高34厘米，重6.94千克；1981CHLTT：2，通高37.1厘米，重6.73千克[42]。1990年马畅安家出土罍1件（1990YMAT：6），通高36.7厘米，重9.36千克[43]。1981年洋县张村出土罍1件（YZHCT：1），通高39.2厘米，重6.81千克[44]。这些数据告诉我们，罍的高度在34～39.2厘米，重量在6.73～10.18千克。

再看尊的通高与重量。1980年城固龙头出土尊两件，1980CHLTT：2，通高23.8厘米，重3.21千克；1980CHLTT：3，通高24.1厘米，重2.93千克[45]。1974年五郎庙出土尊1件（1974CHWT：1），通高34.9厘米，重4.57千克[46]。1974年苏村塔冢出土尊两件，1974CHBSTT：1，通高39.2厘米，重5.87千克；1974CHBSTT：2，通高38.5厘米，重5.43千克[47]。尊的高度在23.8～39.2厘米，重量在2.93～5.87千克。

两相比较，尊的高度和重量普遍低于罍。尊的最大重量也没有罍的最小重量大。虽然有39.2厘米高的尊，但重量只有5.87千克，还不及37厘米高的罍的重量。可见，从重量区分尊与罍是有实实在在的依据的。

最后谈谈从重量区分敦与鼎。

1950年，河南洛阳市西宫出土一件铜器，盖、器同铭，各一字"轨"，被称为"轨敦"。也有学者读"轨"为"簋"，命其名为"轨簋"，认为这不是敦而是簋。根据谷朝旭的统计，类似"轨"敦的器物有15批次，30件，包括新近著录的一件"公敦"（《商周续编》0520），与"轨敦"（《商周》06051）的形态非常接近。迄今为止，学术界对这类器的命名看法不一，马承源先生将其归入敦类，称其为敛口扁圆体环耳三足式敦；高明先生也将其归入敦类，称其形似联裆鼎，是南方形式的敦受到了北方器形影响的产物。朱凤瀚先生将其归入鼎类，称为联裆鬲鼎。谷朝旭认为从形制、功用、纹饰等方面论证这些器物是鼎而不是敦[48]。除此，我们还想说，从器物的轻重方面也可以将它们区分开来。敦是盛食器，通常体量较小，而鼎是烹饪器，通常体量较大，尤其当鼎与敦同墓出土时，两者之间的差别是明显的。

先看看与鼎相近的鼎形敦的重量。《青铜敦卷》没有整理出重量方面的资料，我们只能从其他渠道寻找。在《商周》一书中，记录有重量的敦有大府敦（《商周》06055），重3.24千克；賸于嚻敦（《商周》06059），重0.92千克；荆公孙敦（《商周》06069），重1.58千克；益余敦（《商周》06072），重2千克。除了大府敦，其他器物的重量在1~2千克，与早期青铜簋的重量差不多，与一般鼎的重量显然有较大差别。

再来看看与敦相近的敦形鼎的重量。例如，山西太原金胜村M251出土敦形鼎6件，通高分别为22、24、25、26、30、32.8厘米，重量分别为5、6、6、8.5、10.5、15千克[49]。最小的敦形鼎是5千克，比上述敦要重得多。再举一个南方楚国的例子。河南淅川下寺M1出土鼎13件，最大者通高63厘米，重量76千克；最小者通高22厘米，重3.05千克。同墓出土敦1件，通高19厘米，重量3.3千克，与最小的鼎差不多。M3出土鼎6件，最大者通高46厘米，重量25千克；最小者通高27厘米，重6.4千克。同墓出土敦1件，残高19.5厘米，重量2.5千克。M7出土鼎两件，大者通高32厘米，重量9千克；小者通高28厘米，重5.85千克。同墓出土敦1件，通高18.3厘米，重量1.8千克[50]。这些敦比同墓最小的敦形鼎还要小得多。本节开头说到的轨鼎重3.46千克，比上述所有的敦都要重，所以轨鼎是鼎而不是敦。

综上所述，越是关注青铜器的重量，越发感到重量对青铜器研究的意义重大。殷切希望拥有青铜器的公私藏家，在建立数据库的时候，在发表青铜器资料的时候，不要忘了将青铜器称重，将数据存档和公布。

附记：表格的制作得到裴书研、马军霞博士的帮助，谨致谢忱。

注　释

[1] 张懋镕：《再谈随州叶家山西周曾国墓地》，《江汉考古》2016年第3期，第74~79页。

[2] 张懋镕：《吉金石刻编·序》，《古文字与青铜器论集》（第五辑），科学出版社，2016年，第386、387页。

[3] 刘树满：《中国古代青铜器整理与研究·晋南地区卷》，科学出版社，2016年。

[4] 关于此器的重量，相关资料没有公布，承蒙胡刚博士函告，谨表谢忱。

[5] 湖北省文物考古研究所、随州市博物馆：《湖北随州叶家山M28发掘报告》，《江汉考古》2013年第4期，第8页。

[6] 吴镇烽：《商周青铜器铭文暨图像集成续编》（简称《商周续编》），上海古籍出版社，2016年。

[7] 湖北省文物考古研究所、随州市博物馆：《湖北随州叶家山M65发掘简报》，《江汉考古》2011年第3期，第10页。

[8] 吴镇烽：《商周青铜器铭文暨图像集成》（简称《商周》），上海古籍出版社，2012年。

[9] 湖北省文物考古研究所、随州市博物馆：《湖北随州叶家山M65发掘简报》，《江汉考古》2011年第3期，第10页。

[10] 河南省文物考古研究所、平顶山市文物管理局：《平顶山应国墓地（上）》，大象出版社，2012年，第572页。

[11] 河南省文物考古研究所、平顶山市文物管理局：《平顶山应国墓地（上）》，大象出版社，2012年，第574页。

[12] 湖北省文物考古研究所、随州市博物馆：《湖北随州叶家山M28发掘报告》，《江汉考古》2013年第4期，第18页。

[13] 湖北省文物考古研究所、随州市博物馆：《湖北随州叶家山M65发掘简报》，《江汉考古》2011年第3期，第16页。

[14] 湖北省文物考古研究所、随州市博物馆：《湖北随州叶家山M28发掘报告》，《江汉考古》2013年第4期，第15页。

[15] 《保利藏金》编辑委员会：《保利藏金》，岭南美术出版社，1999年，第93页。

[16] 河南省文物考古研究所、平顶山市文物管理局：《平顶山应国墓地（上）》，大象出版社，2012年，第737页。

[17] 河南省文物考古研究所、平顶山市文物管理局：《平顶山应国墓地（上）》，大象出版社，2012年，第576页。

[18] 湖北省文物考古研究所、随州市博物馆：《湖北随州叶家山M65发掘简报》，《江汉考古》2011年第3期，第26页。

[19] 湖北省文物考古研究所、随州市博物馆：《湖北随州叶家山M28发掘报告》，《江汉考古》2013年第4期，第37页。

[20] 河南省文物考古研究所、平顶山市文物管理局：《平顶山应国墓地（上）》，大象出版社，2012年，第751页。

[21] 湖北省文物考古研究所、随州市博物馆：《湖北随州叶家山M28发掘报告》，《江汉考古》2013年第4期，第24页。

[22] 河南省文物考古研究所、平顶山市文物管理局：《平顶山应国墓地（上）》，大象出版社，2012年，第583页。

[23] 河南省文物考古研究所、平顶山市文物管理局：《平顶山应国墓地（上）》，大象出版社，2012年，第581页。

[24] 《保利藏金》编辑委员会：《保利藏金》，岭南美术出版社，1999年，第113页。

[25] 张翀：《中国古代青铜器整理与研究·青铜豆卷》，科学出版社，2015年，第40页。

[26] 张懋镕：《试论中国古代青铜容器器形演变与功能转化的互动关系》，《古文字与青铜器论集》（第四辑），科学出版社，2014年，第179、180页。

[27] 江西省博物馆、江西省文物考古研究所、新干县博物馆：《新干商代大墓》，文物出版社，

1997年，第62页。

[28] 山西省考古研究所、太原市文物管理委员会：《太原晋国赵卿墓》，文物出版社，1996年，第36~38页。

[29] 张懋镕：《青铜壶缘何一枝独秀——兼论商周青铜器的生命力问题》，《古文字与青铜器论集》（第五辑），科学出版社，2016年，第296~301页。

[30] 张懋镕：《青铜盆小议》，《古文字与青铜器论集》（第二辑），科学出版社，2006年。第128~132页；张懋镕：《再议青铜盆——从新发现的中市父盆谈起》，《古文字与青铜器论集》（第三辑），科学出版社，2010年，第164~169页。

[31] 张懋镕：《试论纹饰对青铜器定名的意义》，待刊。

[32] 张懋镕：《试论中国古代青铜器器类之间的关系》，《古文字与青铜器论集》（第二辑），科学出版社，2006年，第133~135页。

[33] 张懋镕：《青铜器定名的新方法：组合关系定名法——以青铜卣的定名为例（代序）》，《古文字与青铜器论集》（第五辑），科学出版社，2016年，第313、314页。

[34] 马军霞：《中国古代青铜器整理与研究·青铜卣卷》，科学出版社，2015年，第46页。

[35] 裴书研：《中国古代青铜器整理与研究·青铜壶卷》，科学出版社，2015年，第76、77页。

[36] 王辉：《卣之定名及其他》，《容庚先生百年诞辰纪念文集》，广东人民出版社，1998年，第382页。

[37] 张小丽：《出土商周青铜尊研究》，西北大学硕士学位论文，2004年。

[38] 王宏：《商周青铜罍研究》，陕西师范大学硕士学位论文，2010年。

[39] 张懋镕：《再论青铜器组合关系定名法——以尊、罍、瓿的区分为例（代序）》，《中国古代青铜器整理与研究·青铜罍卷》，科学出版社，2016年。

[40] 王宏：《中国古代青铜器整理与研究·青铜罍卷》，科学出版社，2016年。

[41] 西北大学文博学院、陕西省文物局：《城洋青铜器》，科学出版社，2006年，第1页。

[42] 西北大学文博学院、陕西省文物局：《城洋青铜器》，科学出版社，2006年，第27页。

[43] 西北大学文博学院、陕西省文物局：《城洋青铜器》，科学出版社，2006年，第162页。

[44] 西北大学文博学院、陕西省文物局：《城洋青铜器》，科学出版社，2006年，第176页。

[45] 西北大学文博学院、陕西省文物局：《城洋青铜器》，科学出版社，2006年，第2页。

[46] 西北大学文博学院、陕西省文物局：《城洋青铜器》，科学出版社，2006年，第58页。

[47] 西北大学文博学院、陕西省文物局：《城洋青铜器》，科学出版社，2006年，第77页。

[48] 谷朝旭：《中国古代青铜器整理与研究·青铜敦卷》，科学出版社，2016年。各家关于轨鼎的说法请参阅该书，不再一一注明出处。

[49] 山西省考古研究所、太原市文物管理委员会：《太原晋国赵卿墓》，文物出版社，1996年，第22页。

[50] 河南省文物研究所、河南省丹江库区考古发掘队、淅川县博物馆：《淅川下寺春秋楚墓》，文物出版社，1991年，第28、35、52~60、75、212~220、230页。

附表一　出土商周青铜壶重量统计表

序号	器物	时间地点	通高×口径/厘米	重量/千克	分期	资料来源	图像
1	兽面纹壶（H1∶11）	1982年郑州向阳回族食品厂	50×12	10.4	商代早期	《文物》1983（3），《全集》1.136	
2	妇好壶	1976河南安阳殷墟小屯	50.9×20.2	18.4	商代晚期早段	《妇好墓》P64图34.6,《美全》4.37,《商周》12000	
3	妇好壶	1976河南安阳殷墟小屯	52.2×20.5	18.4	商代晚期早段	《妇好墓》P65图34.9,《殷铜》P23图47.7,《商周》11999	
4	后鲁母方壶	1976河南安阳殷墟小屯妇好墓	64.4×（23.4×19.8）	35	商代晚期早段	《妇好墓》P64图38.6,《殷铜》P84图50.3,《铜全》3.93,《商周》12031	

青铜器轻重论——从诸侯国青铜器的轻重谈起

续表

序号	器物	时间地点	通高×口径/厘米	重量/千克	分期	资料来源	图像
5	后䟏母方壶	1976河南安阳殷墟小屯妇好墓	64×（23.5×19.5）	31	商代晚期早段	《妇好墓》P64图38.5,《商周》12032	
6	北单壶	1950河南安阳殷武官村北地一号商代大墓陪葬墓	25.4×7.3	1.65	商代晚期早段	《铜全》3.117,《商周》12542	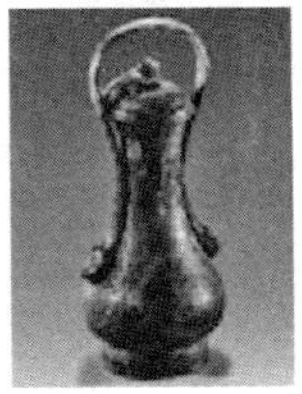
7	戈壶	2004河南安阳殷墟四盘磨村北商代墓	33.5	5.35	商代晚期晚段	《殷新》92,《商周》11953	
8	凡壶	1955陕西岐山县京当乡贺家村	34.9×10.9	4.4	商代晚期晚段	《陕青》1.21,《周青》10.2182,《商周》11971	

续表

序号	器物	时间地点	通高×口径/厘米	重量/千克	分期	资料来源	图像
9	耒册竹父丁壶	1975陕西扶风召李村	35.3×9.8	3.55	西周早期	《文物》1976（6），《陕青》3.33，《周青》7.1335，《商周》12139	
10	父已壶	1976~1980陕西宝鸡渭滨区竹园沟	36.3×10.5	3.25	西周早期	《宝鸡》P67图57.1、2，《新收》828，《商周》12072	
11	刺册父癸壶	1973山东兖州磁山区李宫村	33	3.4	西周早期	《文物》1990（7），《新收》1063，《商周》12099	
12	乙父乙壶	1988陕西麟游后坪村四岭山	23.3×7.1	1.6	西周早期	《考古》1990（10），《新收》847，《商周》12040	

续表

序号	器物	时间地点	通高×口径/厘米	重量/千克	分期	资料来源	图像
13	戈父癸壶	1991陕西泾阳兴隆乡高家堡	24.6×8.3	1.6	西周早期	《新收》786，《商周》12077	
14	万父己壶	1962山西翼城城关公社凤家坡西周墓葬	37×9	3.5	西周早期	《文物》1963（4），《考古》1963（4），《商周》12073	
15	趩父乙壶	1980陕西宝鸡竹园沟	33.2×（11.8×9）	2.9	西周早期	《宝鸡》P158图117.1、2，《文物》1983（2），《商周》12057	
16	顾首夔纹提梁壶	1966陕西岐山贺家村	31.3×（11.8×9.6）	2.77	西周早期	《周青》6.1098	

续表

序号	器物	时间地点	通高×口径/厘米	重量/千克	分期	资料来源	图像
17	圉壶	1975北京琉璃河黄土坡燕国墓地	25.4×11	2.5	西周早期	《琉璃河》P187，《商周》12299	
18	作宝彝壶	1974北京琉璃河黄土坡燕国墓地	31.8×13	3.6	西周早期	《琉璃河》P191，《商周》12083	
19	曾侯壶	2011湖北随州浙河镇蒋寨村叶家山	44×(14.8×9.2)	5.94	西周早期	《江汉》2011(3)，《商周》12132	
20	仲爯父壶	1984~1989山西曲沃天马—曲村	32×15.2	2.91	西周早期	《曲村》P440，《新收》955，《商周》12301	

青铜器轻重论——从诸侯国青铜器的轻重谈起 ·195·

续表

序号	器物	时间地点	通高×口径/厘米	重量/千克	分期	资料来源	图像
21	蠡骉壶	1981陕西长安斗门镇花园村	43.5×8.5	3	西周早期	《文物》1986（1），《商周》12256	
22	陇貴壶	2011湖北随州叶家山西周墓	45.2×10.4	3.27	西周早期	《文物》2011（11），《商周》12202	
23	考母壶	1964河南洛阳北窑庞家沟	31×8	2.2	西周中期	《文物》1972（10），《北窑墓》P218，《商周》12118	
24	散车父壶	1960陕西扶风召陈村西周窖藏	41×（11.1×14.6）	7.93	西周中期	《文物》1972（6），《陕青》3.123，《铜全》5.147，《周青》2.194，《商周》12404	

续表

序号	器物	时间地点	通高×口径/厘米	重量/千克	分期	资料来源	图像
25	散氏车父壶	1960年陕西扶风召陈村西周窖藏	41.2×（11.3×15.2）	9.57	西周中期	《陕青》3.124，《文物》1972（6），《周青》2.200，《商周》12359	
26	三年㝨壶	1976陕西扶风庄白一号窖藏	65.2×20.3	26	西周中期	《文物》1978（3），《铜全》4.662，《商周》12441	
27	三年㝨壶	1976陕西扶风庄白一号窖藏	65.4×19.7	26.7	西周中期	《文物》1978（3），《陕青》2.32，《商周》12442	
28	十三年㝨壶	1976陕西扶风庄白一号窖藏	59.6×16.8	15.51	西周中期	《文物》1978（3），《陕青》2.29，《周青》4.686，《商周》12436	

续表

序号	器物	时间地点	通高×口径/厘米	重量/千克	分期	资料来源	图像
29	十三年癹壶	1976陕西扶风庄白一号窖藏	59.9×16.8	15.51	西周中期	《文物》1978（3），《陕青》2.30，《周青》4.694，《商周》12437	
30	仲枏父壶	1975陕西岐山董家村一号窖藏	54.3×16	14.28	西周中期	《文物》1976（5），《陕青》1.177，《周青》3.377，《商周》12329	
31	仲枏父壶	1975陕西岐山董家村一号窖藏	53.8×15.6	13.08	西周中期	《文物》1976（5），《陕青》1.176，《周青》3.382、3.383，《商周》12330	
32	尚壶	1955河南泌阳县前梁河村	40.7×16	8.65	西周中期	《文物》1966（1），《商周》12302	

附表二　出土商周青铜卣重量统计表

序号	器物	时间地点	通高×口径/厘米	重量/千克	分期	资料来源	图像
1	弦纹卣（M2579:07）	1979年殷墟西区第一墓区	19×14	0.6	商代晚期早段	《殷青》227	
2	素面卣（SM101:1）	1959大司空村第一墓区	21.1（盖）	2	商代晚期早段	《殷墟报》P239	
3	史卣（GM2575:23）	1979年殷墟西区第一墓区	19	2	商代晚期早段	《殷青》177，《商周》12573	
4	妥龟卣（GM875:6）	1982年殷墟西区第三墓区	31.6×（10.6×13.2）	3.85	商代晚期晚段	《殷青》190，《全集》3.12，《商周》12716	

青铜器轻重论——从诸侯国青铜器的轻重谈起

续表

序号	器物	时间地点	通高×口径/厘米	重量/千克	分期	资料来源	图像
5	马危卣（M303：120）	2004年河南安阳大司空村	26×（10.7×13.8）	3.8	商代晚期晚段	《商周》12702、《学报》2008（3）	
6	马危卣（M303：119）	2004年河南安阳大司空村	26×（10.7×13.8）	3.8	商代晚期晚段	《商周》12703、《学报》2008（3）	
7	夔纹卣（HGH10：6）	1959年河南安阳后冈圆葬坑	32.8×（11×14.5）	4.5	商代晚期晚段	《殷墟报》P270、《殷青》239	
8	亚址卣（M160：172）	1990年河南安阳郭家庄	35.8×（13.5×15）	10	商代晚期晚段	《考古》1991（5）、《全集》3.120、3.121、《商周》12647	

续表

序号	器物	时间地点	通高×口径/厘米	重量/千克	分期	资料来源	图像
9	亚㠱卣（M1046：10）	1999年河南安阳刘家庄北	26.6×（10.3×13.4）	2.9	商代晚期晚段	《集刊》15，《商周》12648	
10	夔龙纹卣（M1046：5）	1999年河南安阳刘家庄北	19.7×（7.5×10.1）	1.6	商代晚期晚段	《集刊》15	与上器形制纹饰相同，大小有别
11	夔纹卣（M1：11）	1985年河南安阳刘家庄北地	27.8	3	商代晚期晚段	《华夏》1997（2），《全集》3.126，《安青》55	
12	冒纹卣（戚家庄东M269：10）	1984年河南安阳钢铁第四生活区	19.8	1.65	商代晚期晚段	《考报》1991（3），《中原》1986（3），《河青》（一），《全集》3.125	
13	亚盟卣（PNM172：3）	1963年河南安阳苗圃北地	29.5	4	商代晚期晚段	《殷青》67，《全集》3.123，《商周》12653	

续表

序号	器物	时间地点	通高×口径/厘米	重量/千克	分期	资料来源	图像
14	弦纹卣（小屯82M1:43）	1982年河南安阳小屯	22	1.4	商代晚期晚段	《殷青》234	
15	云雷纹卣（M1:15）	2007年河南安阳榕树湾	24×（?×18）	2.5	商代晚期晚段	《考古》2009（5）	
16	宁狗卣（M4:4）	2005年河南安阳殷墟范家庄	25.7×（12.7×11）	3.2	商代晚期晚段	《考古》2009（9），《商周》12704	
17	宁䉤卣（戚东M63:7）	1982年河南安阳殷墟戚家庄东	21.4×10	1.39	商代晚期晚段	《安青》60	

续表

序号	器物	时间地点	通高×口径/厘米	重量/千克	分期	资料来源	图像
18	戈䑱卣（戚东M235∶5）	1983年河南安阳戚家庄东	21.6×14.8	1.13	商代晚期晚段	《安青》66，《商周》12709	
19	珥须妇䴕卣	1952年河南辉县褚邱	25.3×(10.5×12.5)	2.93	商代晚期晚段	《文物》1978（5），《河青》（一）354，《商周》12938	
20	兽面纹卣（C3M230∶5）	1993年河南洛阳林业学校	37	9.33	商代晚期晚段	《文物》1999（3）	
21	祖辛卣	1965年河南辉县褚邱	25.7×(10.6×9.2)	3.13	商代晚期晚段	《文物》1979（7），《文博》1988（5），《商周》12664	

续表

序号	器物	时间地点	通高×口径/厘米	重量/千克	分期	资料来源	图像
22	夔纹卣（M1:3）	1973年陕西岐山贺家村西壕	31.2×(13.3×11.3)	3.64	商代晚期晚段	《考古》1976（1），《周青》6.1237	
23	丙卣	1976年陕西岐山贺家村西壕	21.6×(8.1×6.7)	1.8	商代晚期晚段	《考古》1976（1），《全集》4.168，《周青》6.1232，《商周》12612	
24	冂父辛卣	1988年陕西麟游县四岭山	30.4×(8.9×12.6)	4.2	商代晚期晚段	《考古》1990（10），《商周》12812	
25	夔龙纹卣	1988年陕西麟游县四岭山	20.1×(6.3×9.3)	1.9	商代晚期晚段	《考古》1990（10），《商周》12600	

续表

序号	器物	时间地点	通高×口径/厘米	重量/千克	分期	资料来源	图像
26	作大子丁卣（06FSM1:2）	2006年陕西扶风红卫村	23×（11×8.3）	2.25	商代晚期晚段	《考与文》2007（3），《商周》13082	
27	父辛卣（宝38）	1970年宝鸡岭泉	30×（10×13.5）	4.2	商代晚期晚段	《陕青》4.10，《商周》12805	
28	丙卣（M1:17）	1985年山西灵石旌介村M1	23.4×（10.2×8）	1.83	商代晚期晚段	《文物》1986（11），《商周》12614	
29	丙卣	1976年山西灵石旌介村M3	33.4×（15.8×12.1）	5.78	商代晚期晚段	《商周》12615，《文丛》3	

续表

序号	器物	时间地点	通高×口径/厘米	重量/千克	分期	资料来源	图像
30	亚伐卣	1978年河北灵寿西木佛村	22×(8×9.5)	2.2	商代晚期晚段	《文丛》5,《商周》12646	
31	兽面纹卣	1978年湖南宁乡	14.5×(14.5×10.7)	3.15	商代晚期晚段	《文物》1983（10）	
32	兽面纹卣	湖南宁乡横市镇	32×(11.9×14.6)	5.6	商代晚期晚段	《考古》1999（11）	
33	戈卣	1985年湖南衡阳市郊杏花村	33×(14.5×11)	3.6	商代晚期晚段	《商周》12948,《文物》2000（10）	

续表

序号	器物	时间地点	通高×口径/厘米	重量/千克	分期	资料来源	图像
34	天父乙卣	1976年广西兴安文化馆拣选	22.8×(15.3×11.8)	1.6	商代晚期晚段	《文物》1978(10),《商周》12764	
35	亚䰧皇析卣	1985年江西遂川	39×(15×18)	10	商代晚期晚段	《文物》1986(5),《全集》4.164,《商周》12939	
36	长子口椭圆卣(M1:129)	1997年河南鹿邑长子口	26.8×(19.4×12.4)	3.42	西周早期	《鹿邑》109	
37	长子口椭圆卣(M1:219)	1997年河南鹿邑长子口	20.7×(14.5×8.5)	1.3	西周早期	《鹿邑》110	

青铜器轻重论——从诸侯国青铜器的轻重谈起

续表

序号	器物	时间地点	通高×口径/厘米	重量/千克	分期	资料来源	图像
38	长子口椭圆卣（M1：224）	1997年河南鹿邑长子口墓	30.1×(13.5×10.8)	3.6	西周早期	《鹿邑》110	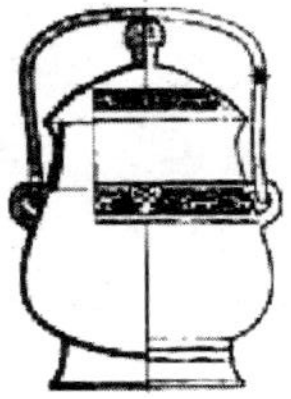
39	小方卣（M1：120）	1997年河南鹿邑长子口墓	17×(7×6.8)	0.77	西周早期	《鹿邑》113	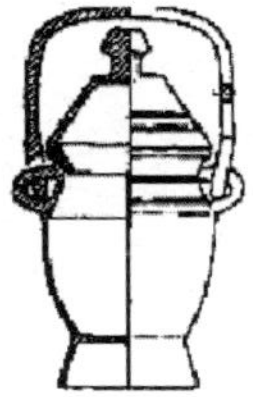
40	祖丁父己卣	1977年陕西陇县韦家庄	34×(15.1×11.7)	5.8	西周早期	《商周》12956	
41	申父庚卣	1975年陕西长安沣西乡	23.3×(7.5×9.5)	2.45	西周早期	《考与文》1990（5）、《商周》12854	

续表

序号	器物	时间地点	通高×口径/厘米	重量/千克	分期	资料来源	图像
42	丙父丁卣	1976年陕西长安马王镇	34×(12×15)	7.45	西周早期	《商周》12858，《文物》2002（12）	
43	戈卣	1971年陕西泾阳高家堡	25×(10.2×7.9)	2.95	西周早期	《文物》1972（7），《陕青》4.138，《全集》6.134、6.135，《商周》12706	
44	𩰲卣	1971年陕西泾阳高家堡	36×(14.8×11.6)	6.5	西周早期	《文物》1972（7），《陕青》4.137，《全集》6.136	
45	冂卣（M4∶28）	1991年陕西泾阳高家堡	31×(17.2×13.6)	4.5	西周早期	《商周》12640	

青铜器轻重论——从诸侯国青铜器的轻重谈起

续表

序号	器物	时间地点	通高×口径/厘米	重量/千克	分期	资料来源	图像
46	父卣（M4：17）	1991年陕西泾阳高家堡	22.1×(12.1×9.05)	1.7	西周早期	《商周》12639	
47	作宝尊彝卣（BZM8：6）	陕西宝鸡竹园沟M8	31.5×(9×12.8)	3	西周早期	《宝鸡》P178，《文物》1976（4），《商周》12968	
48	作宝尊彝卣（BZM8：5）	陕西宝鸡竹园沟M8	21×(8×10.3)	2.08	西周早期	《宝鸡》P178，《文物》1976（4），《商周》12967	
49	伯各卣（BZM7：7）	1980陕西宝鸡竹园沟	33.6×(10.4×12.6)	4.98	西周早期	《宝鸡》P104，《全集》6.173，《商周》13103	

续表

序号	器物	时间地点	通高×口径/厘米	重量/千克	分期	资料来源	图像
50	伯各卣（BZM7:6）	陕西宝鸡竹园沟M7甲组	27.5×(8.5×10.7)	3.17	西周早期	《宝鸡》P104,《全集》6.173,《商周》13104	
51	弦纹卣（BZM7:332）	陕西宝鸡竹园沟	17.5×(6.7×7)	0.8	西周早期	《宝鸡》P110	
52	夔凤纹卣（BZM13:1）	陕西宝鸡竹园沟	33.3×12.4	3.33	西周早期	《宝鸡》P63,《全集》6.176	
53	夔凤纹卣（BZM13:2）	陕西宝鸡竹园沟	27×10.1	1.95	西周早期	《宝鸡》P65	

续表

序号	器物	时间地点	通高×口径/厘米	重量/千克	分期	资料来源	图像
54	守卣（M1:3）	2012年陕西宝鸡石鼓山	21×(7.8×10.6)	1.94	西周早期	《文物》2013（1）	
55	户卣（M3:23）	2012年陕西宝鸡石鼓山	50×(14.5×18.2)	17.85	西周早期	《文物》2013（1）	
56	户卣（M3:20）	2012年陕西宝鸡石鼓山	36×(10.8×13.8)	8.92	西周早期	《文物》2013（1）	
57	单父丁卣（M3:17）	2012年陕西宝鸡石鼓山	39×(12.4×15.5)	8.78	西周早期	《文物》2013（1）	

续表

序号	器物	时间地点	通高×口径/厘米	重量/千克	分期	资料来源	图像
58	冉父乙卣（M3∶13）	2012年陕西宝鸡石鼓山	32×（11.7×14.6）	4.92	西周早期	《文物》2013（1）	
59	重父乙卣（M3∶30）	2012年陕西宝鸡石鼓山	21.6×（7.2×9.2）	1.85	西周早期	《文物》2013（1）	
60	商卣（76FZH1∶42）	1976年陕西扶风庄白	38.6×（16.7×20.6）	8.05	西周早期	《文物》1978（3），《全集》5.170，《周青》3.530，《商周》13313	
61	作旅彝卣（M6214∶45）	1984～1989年山西曲沃天马—曲村	20.1×17.6	1.41	西周早期	《商周》12880，《曲村》P411	

青铜器轻重论——从诸侯国青铜器的轻重谈起

续表

序号	器物	时间地点	通高×口径/厘米	重量/千克	分期	资料来源	图像
62	父戊卣（M251∶6）	北京琉璃河	31.2×15.2	6.59	西周早期	《琉璃河》P183，《商周》13047	
63	作宝彝卣（M65∶29）	2011年湖北随州叶家山	31.8×10	4.8	西周早期	《江汉》2011（3），《商周》12875	
64	鱼伯彭卣（M27∶12）	2011年湖北随州叶家山	35.6×（11.5×14.8）	6.87	西周早期	《文物》2011（11），《商周》13159	
65	辥卣（M60∶7）	1933年河南浚县辛村	28.2×（10.8×13.8）	4	西周早期	《浚县》P15，《商周》13128	

续表

序号	器物	时间地点	通高×口径/厘米	重量/千克	分期	资料来源	图像
66	玫瑰卣（长花M15∶17）	1980年陕西长安花园村	21×（11×13.5）	2.75	西周早期	《文物》1986（1），《商周》13209	
67	渔季卣（BZM4∶1）	1980年陕西宝鸡竹园沟	27.3×（12.8×15.6）	3.02	西周早期	《宝鸡》P156，《文物》1983（2），《全集》6.175，《商周》13101	
68	公卣（宝21）	1971年陕西宝鸡茹家庄	22.2×（13×8.8）	1.6	西周早期	《陕青》4.30，《商周》12889，《考与文》1980（1）	
69	憨季遽父卣（丰∶2）	1972陕西扶风刘家村丰姬墓	21.8×（11×8.5）	2.03	西周早期	《陕青》3.36，《周青》6.1182，《商周》13249	

续表

序号	器物	时间地点	通高×口径/厘米	重量/千克	分期	资料来源	图像
70	憎季遽父卣（丰：1）	1972陕西扶风刘家村丰姬墓	28×（14.5×11.2）	3.9	西周早期	《陕青》3.35，《周青》6.1179，《商周》13248	
71	作旅彝卣（76FYM20：7）	1976年陕西扶风云塘	28.6×（10.5×14.5）	3.11	西周早期	《文物》1980（4），《陕青》3.70，《商周》12877	
72	伯卣	1975年陕西扶风召李	20.6×（11×8.6）	1.93	西周早期	《文物》1976（6），《全集》5.173，《周青》7.1130，《商周》12997	
73	㝬卣	1980年山西曲沃天马—曲村6069号墓	22.4×13.6	2.2	西周早期	《商周》13189，《全集》6.56，《曲村》P349	

续表

序号	器物	时间地点	通高×口径/厘米	重量/千克	分期	资料来源	图像
74	叡卣（M6384:13）	1984～1989年山西曲沃天马—曲村西周墓地	23.2×13.2	2.71	西周早期	《商周》13282，《曲村》P495	
75	伯卣（M6081:64）	1980年山西曲沃天马—曲村	21.4×11	2.0	西周早期	《全集》6.55，《商周》13059，《曲村》P335	
76	揚卣（M6210:11）	1984～1989年山西曲沃天马—曲村	30.7×15.3	3.61	西周早期	《商周》13190，《曲村》P365	
77	叔䚄父卣	1978年河北元氏西张村	27×(15.5×13)	4.8	西周早期	《商周》13341，《考古》1979（1）	

续表

序号	器物	时间地点	通高×口径/厘米	重量/千克	分期	资料来源	图像
78	龙纹卣	1980年湖北随县羊子山	20	1.85	西周早期	《文物》1982（12）	
79	龙纹卣	1980年湖北随县羊子山	28×（10×13.5）	3	西周早期	《文物》1982（12）	与上器形制、纹饰相同，大小有别
80	辟卣	陕西长安铜网厂	19.2×（9.54×12.1）	2.42	西周中期	《考与文》1990（5），《商周》13192	
81	伯卣（M6231:23）	1984~1989年山西曲沃天马—曲村	21.4×10	1.53	西周中期	《商周》13001，《曲村》P429	
82	作宝尊彝卣	1948年陕西扶风黄堆乡齐镇村	22×（13.7×9.8）	3.1	西周中期	《商周》12966	

续表

序号	器物	时间地点	通高×口径/厘米	重量/千克	分期	资料来源	图像
83	作宝尊彝卣（78FQM19:51）	1978年陕西扶风齐家村	22×（13.7×9.8）	3.1	西周中期	《文物》1979（11），《陕青》3.53《商周》12965	
84	丰卣（76FZH1:44）	1976陕西扶风庄白村一号窖藏	21×（8.7×11.2）	2.53	西周中期	《文物》1978（3），《全集》5.174，《周青》4.620、621，《商周》13316	
85	遹卣（BRM1乙:3）	陕西宝鸡茹家庄	21×（11×9）	2.1	西周中期	《宝鸡》P301，《陕青》（四）P44	
86	甬卣（M84:103）	河南平顶山应国墓地	20.6×（12.3×8.7）	2	西周中期	《应国上》P583，《商周》13273	

简 称 说 明

图像

《新收》：《新收殷周青铜器铭文暨器影汇编》
《商周》：《商周青铜器铭文暨图像集成》
《全集》：《中国青铜器全集》
《河青》：《河南出土商周青铜器》
《陕青》：《陕西出土商周青铜器》
《安青》：《安阳殷墟青铜器》
《殷青》：《殷墟青铜器》
《殷新》：《殷墟新出土青铜器》
《周青》：《周原出土青铜器》

报告

《宝鸡》：《宝鸡強国墓地》
《妇好墓》：《殷墟妇好墓》
《鹿邑》：《鹿邑太清宫长子口墓》
《琉璃河》：《琉璃河西周燕国墓地》
《曲村》：《天马—曲村（1980~1989）》
《浚县》：《浚县辛村》
《殷墟报》：《殷墟发掘报告》
《应国》：《平顶山应国墓地》

期刊

《学报》：《考古学报》
《考与文》：《考古与文物》
《中原》：《中原文物》
《春秋》：《文物春秋》
《江汉》：《江汉考古》
《华夏》：《华夏考古》
《文丛》：《文物资料丛刊》
《集刊》：《考古学集刊》

（原载刘树满：《中国古代青铜器整理与研究·晋南地区卷》，科学出版社，2016年）

试论商周盛食器的兴衰

关于商周盛食器的兴衰，以往学者已经做了很好的研究[1]。随着新资料的大量涌现，《中国古代青铜器整理与研究·青铜簋卷》[2]《中国古代青铜器整理与研究·青铜豆卷》[3]《中国古代青铜器整理与研究·青铜敦卷》[4]《中国古代青铜器整理与研究·青铜簠卷》[5]又做了进一步的分析。本文拟利用这些经过整理的资料和研究成果，勾勒商周时期主要青铜盛食器类的发展轨迹，并探讨其兴衰的原因。这对研究夏、商、周三代其他青铜器的兴衰或许具有启示作用。

一、商周主要盛食器兴衰的基本态势

《青铜簋卷》《青铜豆卷》《青铜敦卷》《青铜簠卷》收集了大量关于这些器类在不同历史阶段和不同区域的数据资料，我们在此基础上列出两份统计表格，用具体数字来呈现这些盛食器各自发展的基本态势，以及相互之间的关系[6]（表一、表二）。

表一 各阶段盛食器数量统计表（包括传世器）[7]

时代＼器物	簋	豆	簠	盨	敦	小计
商代	602	12				614
西周早期	858	2	3			863
西周中期	477	9	3	22		511
西周晚期	597	13	54	167		831
春秋早期	211	17	118	17		363
春秋中期	88	42	133	2	95	360
春秋晚期	17	93	151	2	123	386
战国早期	38	70	34		73	215
战国中期	15	28	21		107	171
战国晚期	5	20	13		18	56
总计	2908	306	530	210	416	4370

表二　各区域出土盛食器数量统计表

时代 \ 器物	簋	豆	簠	盨	敦	小计
中原地区	349	121	198	25	131	824
关中地区	494	17	18	32	3	564
北方地区	49	36	9		21	115
海岱地区	77	56	51	8	64	256
长沙中下游地区	150	22	127	1	143	443
巴蜀滇地区	1	6	1		20	28
总数	1120	258	404	66	382	2230

从表一、表二中可以得出一些有意义的结论。

（1）最早出现的盛食器是簋，然后是豆。商代的盛食器主要是簋与豆两类。在整个商代400年间，盛食器有614件，说明盛食器在商代尚处于起步阶段。西周早期不到100年，盛食器数量突然升至863件，不仅大大超过商代，而且是盛食器数量最多的一个阶段，称得上盛食器发展史上的高峰期。到西周中期有所回落，降至511件。进入西周晚期，数量又一次攀上高峰，达到831件，与西周早期接近。鉴于从春秋早期开始盛食器数量持续走低，我们也可以将整个西周时期作为盛食器发展的高峰期。春秋早、中、晚三期盛食器的数量分别为363、360、386件，虽然数量远低于西周时期，但毕竟相互接近，可以说此时盛食器发展平稳。战国早、中、晚三期分别为215、171、56件，衰落的速度是很快的。

总而言之，我们可以将中国古代青铜盛食器的发展历程分为四个阶段。第一个阶段：初始期，商代早期至晚期；第二个阶段：繁荣期，西周早期至晚期；第三个阶段：平稳期，春秋早期至晚期；第四个阶段：衰落期，战国早期至晚期。

（2）从商代早期到战国末期的1300年间，青铜簋始终存在。数量有2908件，占主要盛食器总量的66.54%，即三分之二。即便在较为衰落的春秋中期，还有88件，几乎占到盛食器总量的四分之一，数量接近风头正盛的青铜敦。显然在商周盛食器中，簋是核心器物。

出土的青铜簋有1120件，占出土盛食器总量的50.22%，与前面所言全部簋占主要盛食器总量的66.54%要低一些，原因是传世簋中有铭文的簋更多一些，而有铭文的簋为历代鉴赏收藏者所偏好，更容易保存下来。所以说，无论从哪个角度来看，簋都是盛食器的核心器物。

（3）在商代400年里，青铜簋的数量是602件，还不抵区区西周早期青铜簋的数量。西周早期簋的数量突然升至858件，是数量最多的一个历史阶段，占到当时盛食器总量的99%以上，称得上青铜簋发展史上的高峰期。西周中、晚期的簋的数量分别为

477、597件，分别占当时盛食器总量的93.35%和71.84%。整个西周时期簋的数量是1932件，占全部簋的66.43%，即三分之二。周人的"重食"观念由此得到确切的证明。

（4）中原地区出土的盛食器最多，其中簋的数量名列第一，簠、敦的数量名列第二和第三，说明在商周时代中原地区始终处于首要地位。其次是关中地区，簋、盨的数量名列第一和第三，则是得益于这里是西周王畿的所在地。

（5）西周中期簋的数量降至477件，比西周早期少了很多。按说鼎簋相配的制度是从西周中期开始的，簋的数量应该比较稳定，不至于如此锐减。任雪莉博士认为有两个原因：一是昭王南征的失败导致铜原料的减少；二是此时开始流行的簠、盆等盛食器分担了簋的部分功能[8]。这个解释是对的，但应该还有其他原因。昭王南征失败之后，铜路受阻的现象一直持续到晚期。另外西周晚期的簠有54件，是西周中期簠的18倍，盨的数量是167件，是中期盨的7.6倍，应该说西周晚期的盨和簠分担了簋更多的功能，为何到了西周晚期簋反而多起来，达到597件？难道是统计数据有误？

为了验证表一的数据，我们又根据吴镇烽先生的《商周》与《续编》[9]，对有铭青铜簋的数量做了统计，列成表三。

表三　铭文簋数量统计表

时代 器物	簋	百分比/%	铭文簋	百分比/%
商代	602	20.70	409	18.76
西周早期	858	29.50	706	32.39
西周中期	477	16.40	519	23.81
西周晚期	597	20.53	422	19.36
春秋早期	211	7.26	86	3.94
春秋中期	88	3.03	1	0.05
春秋晚期	17	0.58	22	1.01
战国早期	38	1.31	12	0.55
战国中期	15	0.52	2	0.09
战国晚期	5	0.17	1	0.05
总计	2908	100	2180	100

为了便于比较，左起第二栏列出各阶段青铜簋的数量，第四栏列出各阶段有铭青铜簋的数量。为了更直观一点，在第三与第五栏列出百分比。在商代，铭文簋与全体簋的比率差两个百分点，可见差别不大。到了西周早期，差率升至三个百分点。这种差别可以理解，因为有铭文的器物总是比较容易受到青睐，从而较多地保存了下来。但是到了西周中期，情况发生了较大变化，差率超过七个百分点。耐人寻味的是，进入西周晚期，又回归了，差率在一个百分点左右。这无疑印证了表一的合理性，进一步说明在西周中期青铜簋的数量确实发生了不小的变化。

我们注意到，在《青铜簋卷》的第七章"青铜簋器用制度研究"中，作者列出西周早期和中期出土青铜簋的墓葬数量分别为49座和8座[10]，差别之大令人惊讶。我们不妨再举一个证据。《宝鸡強国墓地》附录一的第三小节是"青铜礼器组合与西周墓葬分期"[11]，作者统计第二期即西周早期出土青铜礼器的墓葬有84座，其中出土青铜簋的墓葬有54座；第三期即西周中期偏早（穆共时期）出土青铜礼器的墓葬有25座，其中出土青铜簋的墓葬有21座；第四期即西周中期偏晚（懿、孝、夷王时期）出土青铜礼器的墓葬有3座，其中出土青铜簋的墓葬有2座；第五期即西周晚期（厉、宣、幽王时期）出土青铜礼器的墓葬有9座，其中出土青铜簋的墓葬有1座。也就是说，西周中期总共只有28座出土青铜器的墓葬，比西周早期的84座少了56座，其中出土青铜簋的墓葬只有23座，比西周早期的54座少了31座。很明显，无论从出土青铜礼器的墓葬数量还是出土青铜簋的墓葬数量，从西周中期开始都发生了很大的变化，较之西周早期数量锐减。因此我们不能仅仅从各期簋的数量来分析问题，还要看到一个不容忽视的现象：西周中晚期实际上发现和发掘出土的青铜礼器的墓葬太少[12]。按照常理，西周社会在向前发展，人口在增加，中晚期的墓葬应该超过早期。以此类推，西周中晚期的青铜簋的数量不但不应比早期少，还有可能超越早期。顺理成章的原因应该是西周中晚期尤其是西周中期发现的墓葬太少，被盗掘的墓葬太多，导致无法对墓葬出土青铜器组合关系有比较可靠的估算。如果我们的推论可以成立，那么就能证明西周早、中、晚三期的簋的数量都较多，青铜簋的衰落是从春秋早期开始的。

（6）还有一点值得注意，在西周的各个时期，盛食器数量的变化大于青铜簋数量的变化。盛食器从早期的863件降至中期的511件，但到晚期又大幅度回升到831件。青铜簋从早期的858件降至中期的477件，晚期又升至597件。究其原因，与簠、盨以及豆的出现有关，这三类器的总数从西周中期的34件上升到西周晚期的234件，说明新的盛食器类确实起到了补充的作用。

（7）鉴于商代和东周王陵多有发现，而西周王陵至今不知所在，零星发现的西周王器如趩簋等数量也有限，因此西周盛食器的实际数量远不止现今的统计数据，要比商代和东周多得多，显然以上我们对于西周盛食器地位的评价还不够充分，不会有丝毫夸大。

（8）如前所言，我们将春秋时期称之为平稳期，早、中、晚三个阶段的盛食器数量为363、360、386件。其中簋的数量是持续下降，但豆、簠、敦的数量是持续上升，从而保持了盛食器的相对平衡。如果说西周时期簋几乎是一枝独放，那么春秋时期则有点百花齐放的意思，这和当时政治态势的特点似乎有一种契合。

（9）盛食器的衰落主要表现在簋的衰落。簋开始衰落在春秋早期，从西周晚期的597件降至211件，减少386件，64.65%，几乎减少了三分之二。第二次锐减在春秋中期，从211件降至88件，减少123件，一半以上。虽然在春秋早期以后盛食器依赖豆、簋、敦维持相对平稳的局面，但昔日的辉煌毕竟不会再现。

（10）簠、盨、敦是簋的派生物（下详），在某种意义上可以说是簋在不同历史阶段的代理者，或者称为簋类器。在春秋时期，虽然簋的数量较少，但簠和敦的数量很可观。从这个角度来看，簋类器在春秋时期并没有衰落，真正的衰落在战国时期。

二、商周主要盛食器兴衰的途径

以上这些盛食器是怎样产生的呢？除了青铜簋和青铜豆直接来自陶簋和陶豆，青铜簠、盨、敦的产生都与青铜簋有密切关系。关于这一点，十几年前我们在《试论中国古代青铜器器类之间的关系》[13]一文中已经做了初步论证，现将主要观点简述如下，并从器类兴衰的角度做一些新的解释。

如前所言，簋在西周早期步入兴盛时期，随之簋的派生物簠和盨相继出现，给盛食器的发展注入新的活力。春秋早期之后簋不再是盛食器的主角，作为簋的继承者，青铜敦异军突起，与簠、豆相伯仲，成为春秋战国盛食器的主导者。这是两周盛食器的基本格局。

簋与簠、盨、敦的第一种关系是派生关系，这也是西周新兴盛食器产生的主要途径之一。派生关系是指某种器类是在另一种器类的基础上衍生演化出来的，如盨、簠、敦，均由簋派生而来。

盨从簋派生出来，有直接的证明，盨的早期形态与簋很相似，而且早期盨在铭文中就自称是簋。盨的演化轨迹也和簋有惊人的相似之处。盨在初现时并没有附足。而后出现缺口圈足盨，缺口将圈足分割成四块，就像四个粗大的足，相当于短足的附足簋。如厉宣时期的克盨（《商周》05678）、伯宽父盨（《商周》05636~05638）。有一种型式的盨是圈足下设置四足，如晋侯对盨（《商周》05647~05650）。还有一种型式的盨没有圈足，四足直接连在盨的外底，看起来像鼎，如召伯虎盨（《商周》05518）、夨媵盨（《商周》05514）。由于盨有时候代替簋与鼎形成新的组合，免不了在形制方面受到鼎的影响。总体而言，真正的圈足盨只占少数，主流型式是有缺口的圈足盨和附足盨，由圈足盨发展到有缺口的圈足盨再到附足盨。附足盨晚于圈足簋，显然，盨在复制簋的演化模式。可以说盛食器中盨与簋最接近。西周中期的盨只有22件，西周晚期达到167件，而且主要出在中型及其以上的墓葬中，对簋起到一种补充作用。

最早的簠出现于西周早期，器口转角不是方折，而是略呈圆角，形近于簋。金文中簠簋连称，也说明二者功能极为接近。与盨一样，青铜簠也是簋的派生物，所以巧得很，青铜簠的足部演化轨迹与青铜盨非常相似。进入西周晚期后，簠的圈足中部开始出现长方形或果叶形缺口，与同时期盨的圈足缺口一样，如函交仲簠（《商周》05788）、虢叔簠（《商周》05813~05814）。到了春秋战国，圈足的缺口越来越大，原先所谓的圈足，看起来与四足差不多。典型器物如蔡侯申簠（《商周》05775）、楚王酓肯簠（《商周》05842~05844）。极端的做法如陈曼簠（《商周》05923、05924），圈足缺口无限大，留下的部分已经与一般的器足没有什么区别了。还有一种型式的簠，器底下不接圈足，直接接四短足，如默叔簠（《商周》05858）、京叔姬簠（《商周》05800）。可见，簠的演变规律和簋、盨很相似。

还有敦，年代最早、数量最多的敦，其形态与簋相仿。

最早出现的是平底敦，如洛阳中州路M2415:7敦，与簋很相似，以至于相互混淆，时间在春秋中期早段。相近的器物还有1976年湖北随县出土的息子行敦（《商周》06262）、河北唐县出土的归父敦（《商周》06066）。而后出现所谓盏式敦，在平底下伸出三小足，如楚王酓审盏（《商周》06056）、黄子婁盏（《商周续编》0523），以上两器年代均在春秋晚期，可见有足敦要晚于平底敦。至于标准的青铜敦即球形敦，与同时期鼎非常接近，俗称"西瓜鼎"，如昭之王孙即盏（《商周续编》0525）。有的下腹有三蹄足，足较长，如䣄于嗷盏（《商周》06059），年代较晚，多数在春秋晚期偏晚和战国时期。在敦中，平底敦较少，多数是上述的盏式敦和球形敦。由此可见，敦的发展也与簋、簠、盨相似，是先有平底（或圈足），再向有足器过渡。

显然，青铜簋的演进模式对派生物盨、簠、敦等盛食器的发展产生了深刻的影响。派生关系有利于盛食器新器类的诞生，从而摆脱了对陶器模仿的依赖，在盛食器的演进发展史上具有重要的意义。

第二种关系是相生关系。相生关系是指两类不同的青铜器在发展演进过程中，由于组合关系，或者形态、用途、功能相近的缘故，相互吸引，从而产生一种在形制上介于二者之间的新品种。例如，鼎、簋之间有蹄足敦，鼎、盨之间有鼎形盨，盂、簋之间有盂形簋，簋、豆之间有簋形豆与豆形簋。敦类中有的近于簋，或做两簋相合状，有的近于鼎，或做两鼎相合状。相生关系产生了一批新式样，从而造成盛食器面貌的多样化，大大丰富了盛食器的内容，对推动盛食器的发展起到了重要作用。

第三种关系是更替关系。更替关系是指两类青铜器在年代上有明显或不明显的早晚衔接关系，在形态、组合、用途、功能上有相似之处。例如，盂和盆，盂流行于商代晚期至西周中期，中期之后就很少见了，而盆肇始于西周中期，流行于西周晚期至春秋早期；在形态上，西周中期的盂与盆有相似之处，如虢叔盆，形态是盆，但自名为盂。盂的功能有盛食器与水器两说，而盆也有相同的两说。盂与盆之间存在着一种更替关系。

以上三种关系有时会互相交错，同时存在于某一类铜器上。例如，铜敦，它是簋的派生物；当敦兴起之后，在很长时期内（春秋中期至战国），在相当广大的地区，取代了簋，因此在这种意义上，它与簋又形成一定程度上的更替关系。对被派生物如盨而言，往往流行时间短，流行地区有限，在墓葬青铜器组合中不是常见之物，但敦不同，因为它除了派生关系外，又多了相生与更替关系，产生了很多新型式，更能适应环境的变化,因此能在较长的时间和较广的区域内生存下来。再譬如簠,它也是簋的派生物,在西周晚期,其数量不如簋的另一派生物——盨多,但春秋伊始,它逐渐超越铜盨,而在盨消失后,它不仅取代了盨,而且在范围不小的地区的墓葬铜器组合中取代了簋的地位,因此在这种意义上,它与簋又形成一定程度上的更替关系。这是铜簠较铜盨寿命更长一点的原因。

簠和盨不同于簋的一点是体量通常要大于簋,它们只出现在中级以上的贵族墓葬中,这无疑提升了簋类器在青铜礼器组合中的地位。

综上所述,派生关系催生新器类的诞生,相生关系催生新类型的出现,更替关系宣告旧器类的衰亡和新器类的产生。派生、相生、更替等关系使盛食器型式千变万化,非常丰富。正是这种变化,使盛食器在发展演进过程中更能适应礼制变化的要求,从而获得巨大的生命力。

需要补充的是,关于盛食器的更替关系,以前说得比较粗浅。就簋本身而言,数量庞大,型式多样,究竟是簋中的哪几个类型被取代?随着近年来研究的深入,我们可以谈得再具体一点。

如前所言,西周时期青铜簋数量多,型式丰富,西周早期出现的是方座簋、四耳簋、四足簋,中期以后更有圈三足簋、附耳簋、衔环耳簋、贯耳簋、豆形簋等。西周早期之后,很多型式的簋如四耳簋、四足簋、圈三足簋、衔环耳簋、贯耳簋、豆形簋等渐次消失或数量剧减,但是方座簋、附耳簋却留存了下来,一直到战国,而且保持着一定的数量和质量优势。可见青铜簋的兴衰也不能一概而论。

先说方座簋。据《青铜簋卷》统计,从西周早期方座簋出现,到战国晚期,共有202件,同时期全部簋的数量是2306件,即方座簋占8.76%[14]。西周时期的方座簋有135件,同时期全部簋的数量是1932件,方座簋占6.99%。这两组数据说明方座簋在两周时期所占比例并不大。前面已经说到青铜簋自春秋早期开始走下坡路,依次推理,东周时期的方座簋所占比例应与西周时期相近或更小,但情况恰恰相反,春秋早期到战国晚期方座簋的数量是67件,而同时期全部簋的数量是374件,方座簋占17.91%,比先前翻了一倍多,说明在簋整体衰落的情况下,方座簋仍然保持一定的发展势头。

再谈附足簋。据《青铜簋卷》统计,从西周早期附足簋出现,到战国晚期,共有615件,同时期全部簋的数量是2306件,即附足簋占全部簋的26.67%。西周时期的附足簋有427件,同时期全部簋的数量是1932件,附足簋占22.1%。前面已经说到青铜簋自春秋早期开始走下坡路,依次推理,东周时期的附足簋所占比例应与西周时期相近或更小,但情况恰恰相反,春秋早期到战国晚期附足簋的数量是188件,而同时期全部簋的数量是374件,附足簋占50.27%,比先前翻了一倍多,说明在簋整体衰落的情况下,附足簋仍然保持较强的发展势头。

《青铜簋卷》将簋分为三大类:甲类圈足簋、乙类方座簋、丙类附足簋。如上所言,乙类方座簋和丙类附足簋在簋走向衰落的时候还保持一定的发展态势,只有甲类圈足簋数量剧减、质量下降，从70.91%跌至31.82%。所以说，真正衰落的是甲类圈足簋。原因很清楚，只有甲类圈足簋与后起之秀的敦的形制最接近，被后者取代也就在情理之中。

在西周时期，簋无处不有，遍及大、中、小各个级别的墓葬中。进入春秋时期，情况发生变化，大夫级别以下的墓均不随葬簋。表面上看，似乎簋的地位上升了，但簋也因此失去了在更多中小型墓葬出现的可能，客观上造成行用层面的缩小，为衰落埋下伏笔。关于在春秋时期豆、簠如何取代簋的情况，我们在《试论中国古代青铜器器类之间的关系》[15]一文中已经有所介绍。《青铜簋卷》则更详细地分析了簠是如何取代簋以及簠、豆、敦之间相互取代的关系。譬如谈到三门峡上村岭虢国墓地出土青铜器组合时，指出在随葬簠、盨的情况下，簠不进入核心组合，鼎、簋、簠的组合等级和数量均高于鼎、盨、簠。详细情况请参考以上论著，本文不再赘言。

三、商周盛食器兴衰的原因

商周盛食器兴衰的原因很多，第一，主要是社会制度方面的原因。大部分盛食器是礼容器，是礼制的物化。在现实社会中，这些盛食器是主人身份等级的标志，在主人去世后，墓中也要随葬这些器物。不同时代、不同身份等级的贵族生前和死后拥有器物的种类、型式、数量、质量是不同的，所以礼制的变化是导致盛食器变化的根本原因。关于这方面的文献记载主要是三礼。其中与周代的用器制度关系密切的是《仪礼·士丧礼》和《仪礼·既夕礼》。陈公柔先生在《士丧礼、既夕礼中所记载的丧葬制度》[16]一文中将随葬器物的种类和组合分为六个时段。《青铜簋卷》则依据奠仪从始死到下葬所出现的用器情况分为九个时段，总结出三点看法。其一，不同仪式环节所用器物的内涵不同。始死奠是死者日常生活器和专给死者使用的丧器，小敛奠是日常祭祀器，大敛奠是享神祭祀器，朝夕奠是日常生活器，朔月奠和荐新奠是馈食器，迁祖奠是祭祀器，祖奠有明器、用器、祭器、燕乐器、役器和燕器，大遣奠是祭祀器和明器。其二，文献所说"大遣奠加礼一等"只适用于大夫以上的级别，并且所加之礼并非明器。墓主人随葬哪套器物或哪几套器物，根据身份等级和实际情形需要具体分析。其三，以往认为明器是器形矮小、制作粗糙不能使用的器物，而实际上只要是为了"致送鬼神"在下葬前铸造的、未经使用的器物均可称为明器。《青铜簋卷》举了不少例子来说明。譬如谈到山西侯马晋侯墓地时，解释晋侯为什么用五鼎四簋，引《礼记·玉藻》记载诸侯"朔月少牢，五俎四簋"，说明这套器物可能为朔月奠的礼器，表示身份的七鼎六簋或许仍陈设于宗庙并未下葬。河南三门峡虢国墓地中规模最大、级别最高的墓葬是M2011，随葬有七件列鼎，另有两件鼎形制、纹饰与列鼎有异，造成实际器物组合为九鼎八簋。《青铜簋卷》指出这就是文献所说的"大遣奠加礼一等"。擂鼓墩M2的器物组合有九鼎八簋和六鼎四簋两套。《青铜簋卷》认为鼎簋组合是祭器，根据"大遣奠加礼一等"表明其墓葬规格为诸侯级别。鼎簠组合是用器，应是墓主人实际身份的象征。包山M2有九组类型的鼎，青铜礼器主要放置在东室，遣册上称为"飤室"。《青铜簠卷》特别注意到器物在墓葬中的摆放位置，指出这种现象比较符合《仪礼·士丧礼》和《仪礼·既夕礼》的用器制度，使得文献与考古发现能够相互对应。这些看法虽然还需要更多的考古资料来证明，但对于我们了解礼制与随葬器物的关系无疑有启发作用。

第二，缘于社会的变革。第一次变革在商周之际，使盛食器走向繁荣，主要标志是簋的兴盛。商人重酒，周人重食，这已是学术界的共识。从重酒到重食的转变就在商周之际。我们在《西周重食文化的新认识》一文中，以殷墟为代表，指出商代晚期酒器在礼器组合中始终占据最大比例，而酒器中又以爵觚组合为核心。虽然殷墟晚期食器在组合中的比例有逐渐上升的趋势，但酒器所占比例仍逼近70%。这一点在级别较低的墓葬中，表现特别明显。殷墟也有只陪葬饪食器鼎、簋而无酒器的墓葬，但数量很少。与此相反，在宝鸡地区相当于殷墟三、四期的墓葬中，仅随葬食器而无酒器的就有12座，占总量的一半以上。显然这一地区下层贵族及平民墓葬的铜器组合是以鼎簋为核心的，表现出明显的重食文化特征。这一点在随葬陶器方面也有突出表现。在殷墟三、四期仅出饪食器而无酒器的墓中，陶器组合仍以酒器（觚爵）为主。在宝鸡地区相当于三、四期仅出饪食器而无酒器的墓葬中，陶器组合则以饪食器（罐鬲）为主。所以，在殷墟三、四期的墓葬中，虽然也有仅出饪食器而无酒器的现象，但文化性质不同于宝鸡地区。从宝鸡地区墓葬普遍随葬陶饪食器（罐鬲）可见，它不仅反映了殷周两种不同文化的差异，也告诉了我们造成这一地区重食的青铜文化的深层原因[17]。

第二次变革在两周之际，导致盛食器开始走向衰落。西周是一个相对统一的王朝，从而造就了青铜簋几乎一统天下的局面。进入春秋时期，周王室掌控诸侯国的能力日渐衰弱，列国往往自行其是。随着地方性增强，在青铜文化方面纷繁复杂，盛食器的发展呈现出多元化趋向。簋和豆、簠、敦相互竞争，势力此消彼长。但这次变革不同于第一次变革，春秋时期天下共主毕竟还是周王，在文化上是西周传统的延续，所以东周的盛食器与西周没有太大的差别，重食的传统并没有改变，改变的只是盛食器的种类。

第三，和地缘有关系。首先说簋。从数量看，关中地区最多，有494件，占总数1120件的44.11%，接近二分之一。这一地区善于用簋是有传统的。如前所言，在殷墟三、四期，在宝鸡地区仅随葬鼎、簋而无酒器的墓葬就有12座，占总量的一半以上。到了春秋时期，情况就不同了。簋在北赵晋侯墓地、三门峡上村岭虢国墓地、平顶山应国墓地还继续流行，但在有些区域，譬如晋中地区上马墓地，簋的使用受到限制，大夫级别以下的墓均不随葬簋而用簠。在春秋中晚期，上马墓地M13的饪食器组合是五鼎四敦、二鼎二簠两套礼器，M1004的组合是五鼎四豆，M5218的组合是五鼎二豆二簠。可见鼎豆组合是此时晋国中等级墓葬的核心，簠有时出现，而簋则不见踪影。

簋在海岱地区较多，有51件，超过关中和北方地区，这与海岱地区诸侯国对簋的重视有关。譬如在山东莒县小邾国墓地，M2是国君墓，墓葬器物放置于两个区域。A区有四鼎、四鬲、四簋、二圆壶。A区很重要，其组合表示身份等级，相当于五鼎四簋的大夫礼。M3是夫人墓，出土三鼎、二鬲、四簋、二圆壶，比国君墓低一级，也是簋取代了簠的地位。簋的数量不但多，而且与鼎组合形成礼器核心，显示出与中原诸侯国不同的文化面貌。

豆以中原地区为最多，有121件，占出土总量258件的46.9%，接近一半。商代晚期至西周晚期数量尚有限，主要在春秋早期以后，数量增加很多。特别是春秋晚期至战国早期，中原常以鼎豆壶的器物组合形式出现，豆成为墓葬出土青铜器组合中的核心器物。海岱地区出土豆也不少，仅次于中原地区，达56件，占总数的21.71%，五分之一强。这里是豆类器的老家，早在商代晚期就出土有豆，长清铜豆就很著名。出土数量多、范围大是山东地区铜豆的特点之一[18]。

我们以前论证过，盨首先出现在河南平顶山应国墓地，中原地区无疑是盨数量最多的地区。因为盨主要流行于西周中晚期，而此时的王畿在关中地区，所以作为一种只为中级及其以上贵族所有的器类，在关中地区常见[19]。鲁国是周礼的捍卫者，鲁国在海岱地区，所以海岱地区也有一些盨。盨在春秋早期以后就衰落了，所以此后发达起来的长江中下游地区自然是用不上。

敦的地区分布与以上所说器类的分布不同，中原和关中地区不再是数量最多的地区。长江中下游地区是出土铜敦数量最多的地区，据统计共有143件，约占出土青铜敦总量的37%。也是出土地点最多的地区。时代从春秋中期偏早一直持续到战国晚期。在组合上，春秋晚期以前，楚文化区主要流行"鼎、簠、敦"的饪食器组合形式。春秋晚期中叶后在中原地区流行鼎豆组合，而楚文化区则以簠取代豆，敦依然流行。战国早期豆退出组合，形成"鼎、敦"的基本组合。进入战国晚期后，其他地区的铜敦已近绝迹，楚文化区仍有少量发现。可见敦在这一地区始终存在[20]。

第四，族属的影响因素。西周时期簋的兴盛也与包括周人在内的西土国族的兴起有关。这一点前面已经谈到，不再重复。东周时期簋的一个类别方座簋比较多，有67件。其中曾国的方座簋显得很特别。先是在随州叶家山西周曾国墓地出土早期方座簋，M27与M50各出1件。而后在春秋中晚期有曾国的方座簋，如随州文峰塔M35出土曾叔旅方座簋4件，《商周》著录有曾仲㜅方座簋4件。战国早中期，湖北随州擂鼓墩一号、二号墓分别出土8件曾侯乙方座簋和蟠螭纹方座簋。看来曾国出土方座簋是有传统的。东周时期曾国的方座簋共有24件，占总数的35.82%，超过三分之一。曾国方座簋的持续发展与东周方座簋的渐趋衰落是相反的。其原因是曾国与周王室同为姬姓贵族，曾国青铜器一直受到西周王畿地区（包括宝鸡地区，那是方座簋的产地）青铜器的强烈影响[21]。

此外，同为姬姓诸侯国的方座簋还有至少17件：安徽寿县蔡侯墓出土8件蔡侯申方座簋（《商周》04393~04400），河南辉县琉璃阁卫国墓地出土6件无耳方座簋，山西长治分水岭三晋墓地出土3件小环耳方座簋。加上上述的24件，共41件，占总数的61.19%。这些簋不仅数量大，而且大部分品位高。由此可见方座簋在东周的流传主要在姬姓诸侯国[22]。

《青铜簠卷》指出楚地流行簠。譬如河南淅川下寺、和尚岭和徐家岭三处墓地是楚国䣵氏家族墓地，年代从春秋中期到战国中期。簠在䣵氏家族墓地基本都有出土，士墓多为二鼎二簠，有的大夫墓为四鼎四簠。二鼎四簠的组合形式与春秋早期小邾国墓地比较相似。上海博物馆藏䣵公䣄父簠称"余有融之子孙"，传世文献也称楚人芈姓是祝融八姓之后，由此可见簠的使用与祝融一族有着较深的渊源。这个现象为讨论青铜簠的流行与族属的关系提供了新的证据，很有意义。

第五，性别的影响因素。近年来，性别的考古学研究兴盛起来，讨论女性用器的特点[23]。已有学者注意到在青铜器类中，女性使用青铜盘和匜的比率较高[24]。10年前，在整理与研究青铜鬲时，我们就看到一个有趣的现象：青铜鬲与女性关系要较男性密切，在墓葬出土青铜器中，男性多用鼎，而女性多用鬲。有的夫妇墓葬，男性墓葬不出鬲，女性墓葬出鬲[25]。

为了进一步说明问题，考虑到有铭文的青铜鬲能准确反映器主的性别，我们依据《商周》收集的440件有铭文的青铜鬲，制成表四。

表四　铭文鬲作器性别数量统计表

时代＼性别	男性作器	他人为女性作器	女性自作器	小计
商代	27	3	1	31
西周早期	84	4	3	91
西周中期	15	25	10	50
西周晚期	70	68	34	172
春秋早期	37	33	8	78
春秋中期	2			2
春秋晚期	12			12
战国早期	2			2
战国中期	2			2
战国晚期				
总计	251	133	56	440

从表四可以看出青铜鬲发展的态势。商代数量较少，处于起步阶段。西周时期数量最多，是青铜鬲的兴盛期。春秋早期开始衰落。青铜鬲的发展态势与我们前面讲的饪食器的发展态势是一致的。不过有一点不同，即西周晚期青铜鬲的数量不仅大大超过西周中期，也大大超过西周早期。前面我们已经谈到西周中晚期由于铜路受阻，墓

葬数量较少，使得西周中晚期的器物数量少于西周早期。从表四来看，西周中期少于早期，这是正常的，但为什么西周晚期不减反而大幅度增加了呢？如果我们看男性作器一栏，早中期的比率是正常的，问题在后两栏。西周早期他人为女性作器和女性自作器总共只有7件，而中期达到35件，翻了5倍，晚期102件，是早期的14倍。是因为女性地位提高了吗？

我们曾在《商周之际女性地位的变迁——商周文化比较研究之二》中谈到西周晚期的女性自作铜器是西周中期同类器的2倍[26]，所以也有学者指出此时女性地位有所提高。朱凤瀚先生举出4件西周青铜器铭文资料（即庚嬴卣、县妃簋、尹姞鬲、虘钟）来说明西周中期以后，贵族家族内妇女有权参与家族重要祭祀，介入男性贵族的世袭领地，在家庭祭祀中居主要地位。此说很有新意[27]。

《商周青铜鬲研究》一文指出，青铜鬲中有很多是陪嫁用的媵器。我们上面所作的表格中也包含一些非祭祀用的媵器。不过这些媵器的存在，并不影响我们的结论。陈昭容先生在《两周婚姻关系中的"媵"与"媵器"——青铜器铭文研究中的性别、身份与角色研究之二》一文中，根据《金文文献集成》和《新收殷周青铜器铭文暨器影汇编》资料，作为媵器的青铜鬲与全部青铜鬲的比率是44：279，低于盘、簋、匜的比率，但高于鼎、簠、甗的比率[28]。这说明鬲与女性的关系超过鼎、簠、甗。

在《青铜簠卷》中，作者分析了很多考古资料来说明女性使用青铜簠的情况，对我们了解女性在青铜簠发展中所起的作用很有价值。在天马—曲村墓地，M5150和M5189为夫妻并列合葬墓。男性墓出土二鼎二簠，女性墓出土一鼎一簠。从随葬器物的等级看男性墓高于女性墓。在三门峡上村岭虢国墓地，青铜簠的级别比较高，出在较大的中型墓和大型墓里，但是规模最大、级别最高的M2011不随葬青铜簠。女性墓出土簠的比率高于男性墓。M2010和M2013是一组夫妻并列合葬墓。M2010出土五鼎四簋，M2013出土三鼎二簠，即男性墓用鼎簋组合，女性墓用鼎簠组合。由此看来，鼎簠组合的等级要低于鼎簋组合。

从《青铜簠卷》所举例子可以看出，从西周晚期到春秋早期，簠从士级到诸侯级的墓葬中都有发现，而且女性墓多于男性墓。其影响有两个方面：一方面女性多用簠，无疑扩大了簠的行用面，客观上促进了簠的发展；另一方面，簠还是没有上升到簋的高度，在更高的层面无法替代簋，限制了簠的作用，这也是簠衰落的原因之一。说到底，用簋还是用簠，表面上看有性别的区分，实际上还是等级的差异，礼制在起作用。

女性不仅多用簠，也多用盨。在天马—曲村晋侯墓地，有一组没有被盗的晋侯与其夫人的墓，即M91与M92很能说明问题。M91随葬七鼎五簋，M92随葬二鼎二盨[29]，可见簋的级别比较高，出在国君墓中，而盨的级别稍低，出在夫人墓中。这是西周晚期的例子。再看春秋时期的例子。在上村岭虢国墓地，男性墓如M2001、M2011随葬簋，但女性墓就不一定随葬簋，如M2006即随葬三鼎二盨一簠，以二盨代替二簋与三鼎相配置，显然盨的级别低于簋[30]。春秋早期之后，不仅男性墓葬连女性墓葬也不再随葬簋，从而导致簋的衰落。

　　第六，与盛食器器类本身的革新有关。突出的例子是豆与敦。从商代晚期到西周早期的青铜豆，主要是一种无盖浅腹豆，腹深多在5厘米左右。这种形制特征就决定了它的功能，即仅能盛放酱菜、调味品、干果之类的食品，或者小型的肉食品。这一阶段的青铜豆只有14件，占总数的4.58%，发展比较缓慢。

　　从西周中期到春秋早期，是青铜豆的一个转变期。腹部开始变深，高度和口径已经超过同时期大部分簋。据有些学者考证，某些豆的用途可以盛放稻粱，与簋的功能相近。这一阶段的豆有39件，占总数的12.75%，比上一阶段增加很多。预示一场豆替代簋的变革快要到来。

　　从春秋中期到战国晚期，是青铜豆形制发生显著变化的时期。腹部变得很深，而且多加盖。典型者如1983年河南光山县宝相寺黄国墓地出土黄夫人豆，通高29、口径24.2、腹深10.8厘米。深腹豆这一形制特征决定了它的功能，即可以像铜簋那样盛放粟、稷之类的食物。这种有盖深腹豆的形态与西周时期的有盖簋很接近，也与东周流行的敦相近。青铜豆具备了簋、敦的功能，因此在春秋中晚期至战国早期的墓葬出土青铜礼器组合中，逐步取代簋、敦的地位，与鼎、壶形成青铜礼器的基本组合形式。这一阶段的豆有253件，占总数的82.68%。

　　总之，在东周时期，青铜豆可以在不同地区、不同级别的墓葬中存在，反映了青铜豆具有极强的生命力。这一切均得益于青铜豆形态的变化，即适应了当时社会礼制的需要[31]。

　　春秋中期，随着簋的衰落，簠也开始走下坡路，敦则应运而生。最初的敦与簋相近，是一种形制相对简单的平底敦。稍晚出现盂形敦，通常叫盏式敦，那是楚地人对它的一种地方性称呼。似乎它是一个特点分明的类型，其实不然，自名为盏的敦的内涵并不纯粹。其中一类是球形敦，器盖相合呈球状，是标准的敦的形状，与敦的早期形态已相去较远。还有一类是所谓的盂形敦（即真正的盏式敦）。第三类是鼎形敦，是在敦成熟之后受鼎影响所致。下腹有三蹄足，足较长，与鼎相近。鼎形敦有两小类。第一小类是标准型敦。这一小类又可以分三型：扁球型、圆球型、竖蛋型。第二小类是非标准型敦。除此而外，还有豆形敦。所谓豆形敦就是形制像豆的一种敦，年代为春秋晚期。还有簠形敦，年代为战国早期。进入战国，盆形敦和盂形敦开始式微，标准型的球体敦继续发展。正因为敦的型式如此复杂，才能顺应不同时代的要求，不断发展壮大[32]。

　　前面说到东周时期簋整体衰落，但其中的方座簋、附足簋却有一定的发展，原因何在？一般青铜簋的高度在20厘米以下，体重在5千克以下，而方座簋绝大部分通高在20厘米以上，有近乎三分之一通高在30厘米以上，而且分量很重。如强伯方座簋通高38.7厘米，重13.45千克（《商周》04294）；追簋通高38.6厘米，重18.9千克（《商周》05251～05256）。更有59厘米高的厉王㝬簋，重60千克（《商周》

05372）。方座簋大多铸造精良，纹饰繁缛，有五分之四的方座簋是满花器，这个比例是相当高的。还有四耳的方座簋，形制奇特，做工精良。方座簋有时成套出现，如宰兽簋4件一组（《商周》收录两件，05376、05377），痶簋更是8件一组（《商周》05189~05196）。方座簋通常出土于较大的墓葬中，如北京琉璃河燕国墓地、山西侯马晋侯墓地、陕西宝鸡强国墓地、湖北随州叶家山曾国墓地。其主人有强伯、鄂叔、太保、宜侯、邢侯等，多为诸侯与王朝重臣。方座簋的出现，弥补了一般青铜簋的不足，提升了青铜簋在青铜礼器组合中的地位，满足了高级贵族乃至周天子的需要。这些都是一般的簋无法企及的。

值得注意的是，春秋早期之后，方座簋仍然保持西周时期的本色。如1955年安徽寿县蔡侯墓出土8件蔡侯申簋（《商周》04393~04400），通高36.5厘米，重7.2千克，年代为春秋晚期。湖北随州擂鼓墩一号出土8件曾侯乙方座簋（《商周》04473~04480），通高31.8厘米，重12.8千克，年代在战国早中期。《青铜簋卷》总结了五点：第一，出土方座簋的墓葬很大；第二，方座簋与列鼎一样，是饪食器组合的核心器物；第三，使用者都是身份显赫的大贵族；第四，女性贵族用器的比例远超西周；第五，在形制与纹饰方面有创新。第四与第五点是方座簋适应新形势的发展，可见它并非只是固守传统[33]。

方座簋的年代从西周早期一直持续到战国中晚期，流行区域从陕西宝鸡地区到中原大地，后来又遍及长江南北，可以说方座簋一直延续着青铜簋的辉煌。大概只有方座簋这样宏大的簋形器，才能多少压住其他盛食器的发展势头，即使在不景气的东周时期，也多少为青铜簋争得一点空间。

附足簋在东周持续发展的原因也与其特点有关。所谓附足簋就是在簋的外底或圈足下增加三足或四足，借以提高簋体的高度，与方座簋在圈足下增加一个方座，有异曲同工之妙。一般的圈足簋，高度在20厘米以下，甚至低于15厘米，重量不过一二千克，而附足簋的高度和重量则大大超过一般的圈足簋。在西周时期，通高超过25厘米的附足簋很多。西周早期器物有1974年北京琉璃河M53出土的攸簋，有盖，通高28.5厘米，重4.21千克（《商周》04813）。西周中期器物有1959年陕西蓝田寺坡村出土弭叔师察簋两件，有盖，通高26.6厘米，重7.75千克（《商周》05291、05292）。西周晚期的颂簋，有盖，通高30.1厘米，重13.2千克（《商周》05392）。

进入春秋时期，附足簋的高度与重量并未有多大变化。春秋早期的器物，如1970年山东历城北草沟出土鲁伯大父簋，有盖，通高25.4厘米，重5.28千克（《商周》04863）。春秋晚期的器物，如1978年河南淅川下寺M2出土郑子佣簋两件，有盖，通高30.5厘米，重16千克（《商周》04578）。

以上器物不少是成对成组出现，最多达8件一组，有利与同墓出土的青铜鼎相配置，形成西周特有的鼎簋制度。其主人不是国君就是大臣，说明附足簋受到当时社会贵族阶层特别是统治阶层的青睐。

相反的例子是盨，尽管盨刚出现时与簋很相似，有时替代簋与鼎形成出土青铜器组合中的核心器物，但终究因为缺少变化，在进入春秋后很快被淘汰了。

以上影响商周盛食器兴衰的六个方面是交互作用的，社会变革与族属有关，族属的影响与地域有关，在不同的地区性别的影响程度也不一样，性别的影响和族属的影响往往交织在一起。当然根本的影响是礼制的影响，这是无疑的。

商周盛食器的兴衰及其原因是一个很复杂的研究课题，本文只是做一点初步的探索，有些说法还有很大的推测的成分，需要今后去验证，请大家多多批评。

附注：本文系国家社科基金项目"夏商周青铜礼器的兴衰及其原因"（立项号15BKG007）的阶段性研究成果。

注 释

[1] 在这方面研究颇具特色的是陈芳妹先生，请参考她的论文：《商周青铜簋形器研究——附论簋与其它粢盛器的关系》，《商周青铜粢盛器特展图录》，台北"故宫博物院"，1994年，第29页；《簋与盂——簋与其他粢盛器的关系研究之一》，《故宫学术季刊》第1卷第2期，1984年，第89～110页；《盆、敦与簋——论春秋早、中期间青铜粢盛器的转变》，《故宫学术季刊》第2卷第3期，1985年，第63～118页。近年的研究可参考朱凤瀚先生的《中国青铜器综论》（上海古籍出版社，2009年）、路国权博士的学位论文《东周青铜容器谱系研究》（北京大学，2014年）的有关章节。

[2] 任雪莉：《中国古代青铜器整理与研究·青铜簋卷》（简称《青铜簋卷》），科学出版社，2016年。

[3] 张翀：《中国古代青铜器整理与研究·青铜豆卷》（简称《青铜豆卷》），科学出版社，2015年。

[4] 谷朝旭：《中国古代青铜器整理与研究·青铜敦卷》（简称《青铜簋敦》），科学出版社，2016年。

[5] 胡嘉麟：《中国古代青铜器整理与研究·青铜簠卷》（简称《青铜簠卷》），科学出版社，2018年。本文以下所引此书的观点不再一一注明。

[6] 需要说明的是，考虑到《青铜簋卷》《青铜豆卷》《青铜敦卷》《青铜簠卷》的成书和出版年份略有差异，引用资料的时间有所不同，所以近期请各位作者补充了一点新资料；至于青铜盨的数量，我们在十多年前做过统计，近期请孙晓鹏博士做了一些补充。由于各种原因，表中的数据会有一些误差，不过相信不会影响我们的结论。遗憾的是盂和盆的数量还没有统计出来，考虑到这两类器的数量不多，应该不会对研究产生较大的影响。以后将会弥补这点缺憾。

[7] 商周盛食器的总数是4370件，出土盛食器2230件，占总数的51.03%，换言之，有近乎一半的盛食器是传世器，因此我们在重视出土器的同时，也不能忽视传世器。

[8] 任雪莉：《中国古代青铜器整理与研究·青铜簠卷》，科学出版社，2016年，第269页。

[9] 吴镇烽：《商周青铜器铭文暨图像集成》（简称《商周》），上海古籍出版社，2012年；《商周青铜器铭文暨图像集成续编》（简称《商周续编》），上海古籍出版社，2016年。需要说明的是，本文对青铜簠的断代与《商周》和《商周续编》略有不同。

[10] 任雪莉：《中国古代青铜器整理与研究·青铜簠卷》，科学出版社，2016年，第172～182页。

[11] 卢连成、胡智生：《宝鸡強国墓地》，文物出版社，1988年，第492～529页。

[12] 朱凤瀚先生在《中国青铜器综论》里也谈到西周中期以后出土青铜器的墓葬较少。见氏著第1301、1309页，上海古籍出版社，2009年。

[13] 张懋镕：《试论中国古代青铜器器类之间的关系》，《古文字与青铜器论集》（第二辑），科学出版社，2006年，第133～141页。

[14] 任雪莉：《中国古代青铜器整理与研究·青铜簠卷》，科学出版社，2016年，第144页。

[15] 张懋镕：《试论中国古代青铜器器类之间的关系》，《古文字与青铜器论集》（第二辑），科学出版社，2006年，第133～140页。

[16] 陈公柔：《士丧礼、既夕礼中所记载的丧葬制度》，《考古学报》1956年第4期。

[17] 陕西师范大学中国青铜文化研究中心：《西周重食文化的新认识》，《古文字与青铜器论集》（第三辑），科学出版社，2010年，第148、149页。

[18] 张翀：《中国古代青铜器整理与研究·青铜豆卷》，科学出版社，2015年，第68～84页。

[19] 张懋镕：《两周青铜盨研究》，《古文字与青铜器论集》（第二辑），科学出版社，2006年，第95页。

[20] 谷朝旭：《中国古代青铜器整理与研究·青铜敦卷》，科学出版社，2016年，第68～71、74～78页。

[21] 张懋镕：《新出曾国青铜器琐谈》，《古文字与青铜器论集》（第四辑），科学出版社，2014年，第24～26页。

[22] 任雪莉：《中国古代青铜器整理与研究·青铜簠卷》，科学出版社，2016年，第146～149页。

[23] 〔美〕林嘉琳、孙岩：《性别研究与中国考古学》，科学出版社，2006年。

[24] 陈昭容：《周代妇女在祭祀中的地位——青铜器铭文中的性别、身份与角色研究（之一）》，《清华学报》新三十一卷第四期，台北"清华大学"出版社，2003年。

[25] 乔美美：《商周青铜鬲研究》，陕西师范大学硕士学位论文，2008年，第12～14页。

[26] 张懋镕：《商周之际女性地位的变迁——商周文化比较研究之二》，《古文字与青铜器论集》（第三辑），科学出版社，2010年，第245～269页。

[27] 朱凤瀚：《论商周女性祭祀》，《中国社会历史评论》（第一卷），天津古籍出版社，1999年。

[28] 陈昭容：《两周婚姻关系中的"媵"与"媵器"——青铜器铭文研究中的性别、身份与角色研究之二》，《"中央研究院"历史语言研究所集刊》第七十七本第二分本，2006年，第240页。

［29］ 北京大学考古系、山西省考古研究所：《天马—曲村遗址北赵晋侯墓地第五次发掘》，《文物》1995年第7期，第16页。

［30］ 河南省文物考古研究所、三门峡市文物工作队：《上村岭虢国墓地M2006的清理》，《文物》1995年第1期，第7页。

［31］ 张懋镕：《试论中国古代青铜容器器形演变与功能转化的互动关系》，《古文字与青铜器论集》（第四辑），科学出版社，2014年，第179~183页。

［32］ 张懋镕：《青铜敦：非仿陶青铜器产生、演进的典型代表》，《中国古代青铜器整理与研究·青铜敦卷》，科学出版社，2016年。

［33］ 任雪莉：《中国古代青铜器整理与研究·青铜簠卷》，科学出版社，2016年，第153页。

（原载胡嘉麟：《中国古代青铜器整理与研究·青铜簠卷》，科学出版社，2018年）

青铜器谱系研究的新成果
——读《东周青铜容器谱系研究》有感

2018年，路国权博士在其博士学位论文基础上完成的《东周青铜容器谱系研究》（以下简称《谱系》）一书由上海古籍出版社出版[1]，他希望我谈点看法。我慨然应允，因为其博士学位论文外审时，我就阅读过，即为其内容博大、思虑颇深而感慨。如今再读书稿，印象愈加清晰。窃以为《谱系》的出版，是青铜器谱系研究的新成果。

青铜器的谱系研究与以往比较纯粹的断代研究、区系研究不同，但又是以断代研究、区系研究为先导。如果说断代研究是青铜器的纵向研究，区系研究是青铜器的横向研究的话，那么谱系研究就是以青铜器的类别研究为纲，在型式分类的基础上，通过断代研究和区系研究，形成一种高屋建瓴的网状研究模式。在统计各类、型、式的空间分布范围和分布格局的基础上，与文献记载相印证，划出各类、型、式的文化属性，进而找到影响青铜容器演变的深层次原因。显然青铜器的谱系研究更符合新时期青铜器研究的目的和需要。

窃以为《谱系》的优长之处大致有以下四点。

第一，穷尽式地收集资料。《谱系》的亮点之一就是篇幅宏大，上下两册，共145.3万字。涉及类型学和分类学研究的东周青铜容器有鼎、鬲、甗、镬、鍪、釜、盂、盨、簠、簋、盆、敦、壶、尊缶、罍、盉、匜、盘、铈、浴缶、汤鼎、鉴22种器类5877件青铜器。与商代、西周不同，东周青铜容器资料分散、头绪复杂、数量巨大，整理的难度很大。以往很少人能做到这一点，所以谱系研究工作一直进展缓慢。只有穷尽式地收集资料才能比较准确地描绘出器物变化的轨迹和器类之间的亲疏关系。《谱系》对每一类型每一式在不同期别不同地点拥有的器物的数量都有统计，并用图和表来显示，读者可以比较清晰地看到各个类别的青铜器的时空特征、纵向的发展和横向的关联，因此具有很强的说服力。

第二，《谱系》将考古类型学、分类学研究同青铜器标准器和标准器群的研究有机结合，将青铜容器和其他器类（如车軎）以及陶器的研究有机结合。首先《谱系》的型式分类做得比较细致。例如，青铜鼎就分了九个亚类，然后在亚类之下再分型分式。在区分年代时，《谱系》的具体操作方法：首先，选取典型青铜器群，将数量多、特征明显的青铜器群编为若干个编年组；其次，依据编年组内青铜器的构成、型式变化以及共存陶器、车軎等变化情况，进一步划分为编年小组，初步进行分期；最后，利用编年小组内的标准器和标准器群，推断各编年小组的绝对年代，进而推求各期的绝对年代。这样就避免了以往偏重考古类型学研究或偏重青铜器标准器和标准器群研究带来的缺陷。

考古类型学擅长的工作是排出器物的先后次序，但不能解决器物的绝对年代问题。而做谱系研究，如同织一张网，需要一些固定的支点，这些支点就是年代明确的标准器。理想的情况是每一类别每一时段都有标准器，但实际上标准器太少，不能满足需要。怎么办？《谱系》按照断代精度的不同，将标准器划分为两个等级，第一等级是能自明年代的标准器，第二等级是具体作器年代不能确知，但依据铭文和文献可以推求其上限或下限。这和我们先前提出的标准器和次标准器的概念有相似之处[2]。正是因为《谱系》采用了一大批标准器，如晋姜鼎（前740年）、吴王夫差剑（前495～前473年）、蔡侯申簠（前518～前491年）、智君子鉴（前475～前453年）等，使东周的青铜器谱系研究有了强有力的支撑。

第三，区系研究达到一定的水平。《谱系》在第二章"系年——分期断代"中，列举山西组、豫西豫中组、豫南苏皖鄂组、山东组、陕甘组、豫北京津冀组，虽然重在分期，但已涉及区系研究。这种分组的做法，以前张辛教授也尝试过。在《中原地区东周陶器墓葬研究》一书中，他分为侯马组、洛阳组、郑州组、安阳组、邯郸组等组[3]。《谱系》在第三章"分域——空间分布和文化属性"中，详细分析了每一类青铜容器的空间分布情况，有时还能具体到某一型式的青铜容器空间分布情况。

第四，有别于以往的研究方法。《谱系》批评了以往机械的类型学研究方法，指出它们缺乏科学的分类学研究意识，表现在东周青铜容器的研究上，重在解决分期断代问题，而不能准确反映亲缘关系。《谱系》推崇奥地利生物学家贝塔朗菲提出的系统论，主张应用分类学研究方法，以系统思维方式，从整体和全局出发，构建东周青铜容器的型式分类系统和科学谱系，以期揭示东周青铜容器之间的相互联系、相互作用的本质和内在规律。类型学旨在研究相对年代，分类学旨在研究谱系关系，二者相辅相成，但不能相互替代。

《谱系》具备以上四个优长之处，因而有不凡的表现。我们举一个例子来说明。《谱系》在谈到东周青铜簠时，根据口部形态特征的不同分为二型。A型，折沿。B型，无沿。A型为周文化系统的青铜簠，东周时期主要分布在北方黄河流域，春秋早期数量最多，而后逐渐减少。B型为楚文化系统的青铜簠，可能源自A型，但流行区域和文化属性与A型青铜簠明显不同。从第二期开始，集中分布在楚文化核心区。以后随着楚文化的扩张，向北、南、东三个方向扩展，到达晋南、豫北、鲁南以及四川中部地区。A、B两型青铜簠的型式划分和流行区域的变化明确反映出周文化系统和楚文化系统势力此消彼长的互动关系。至此，青铜簠形态因年代、地域不同而变化的轨迹及其原因就一目了然了。

总而言之，对于断代研究来说，考古类型学分析是手段，目的是判断器物的年代；对于谱系研究来说，断代研究也只是手段，不是目的，目的是揭示器物背后的族属文化的变迁及其动因。换言之，谱系研究是更高层位的研究。《谱系》选择如此高难度的课题，值得推崇。顺便说一下，《谱系》的结构很明晰，第一章是分类——型式划分，第二章是系年——分期断代，第三章是分域——空间分布和文化属性，刚好与上述关于谱系研究的脉络和层次相吻合。

同时，《谱系》选择研究东周青铜容器，也是很有考量的做法。因为无论商代还是西周，尽管地方与王畿的青铜器有差异，但毕竟当时的天下只有一个中心，由中心向四方辐射，可以明显看到王畿对地方的影响，表现在青铜礼器（主要是青铜容器）上，双方之间差异不大。然而，东周就不同了。东周王室名存实亡，对地方的影响极为有限，因此不仅各地区、各诸侯国的青铜礼器与王畿地区的青铜礼器差别很大，诸侯国之间的差别也很大。《谱系》研究的目的是通过器物的千差万别来探索不同国族之间文化的异同，重在差别，而东周青铜容器就符合这样的条件，所以说，用东周青铜容器来做谱系研究无疑是上乘的选择。

《谱系》的成功，与作者的经历有关。国权博士系考古出身，在校期间，受到严格的学术训练，他不仅学习考古学，也涉猎文献学、古文字学。和非考古出身的研究者不同，他有条件更早更多地接触出土青铜器实物，而且懂得青铜器的出土环境，能结合同出的其他遗存、遗物做综合研究，对诸如墓葬主人及族属等问题有敏锐的感知力，学术视野开阔。这一切对于青铜器谱系研究至关重要。

《谱系》内容庞大，涉及面广，需要讨论的问题很多。难免存在一些不足的地方。在此我想从方法论的角度，谈一点不成熟的看法，供国权博士参考，并求教于各位专家学者。

第一，类型学和分类学的研究是谱系研究的基础，《谱系》在这方面还需要进一步完善。

早在2007年，胡嘉麟博士在他的硕士学位论文《两周时期青铜簠研究》（简称《胡文》）中就探讨过东周的青铜簠[4]。2018年他又在此学位论文的基础上写成书稿《中国古代青铜器整理与研究·青铜簠卷》（以下简称《青铜簠卷》）出版[5]，有了更明确的表述。《青铜簠卷》对簠的类型学研究与《谱系》的分析角度有所不同，可以相互参照。

窃以为可以将《谱系》和《青铜簠卷》关于簠的型式分析的优长之处结合起来。揆其大要可粗分为四种类型。A型是以三晋为代表的中原式，或曰周式，主要特征是口沿为折沿和圈足为非全蹼足（借用《谱系》的语词，指全蹼足以往的形态，包括凹蹼足、凸蹼足、瓣蹼足），典型的周式簠如芮太子白簠（《商周》05847）（图一）[6]、薛子仲安簠（《商周》05855）、鲁伯俞父簠（《商周》05860）、邿公子害簠（《商周》05907、05908）、陈侯簠（《商周》05937~05940）、䣙公諴簠（《商周》05942）、原氏仲簠（《商周》05947~05949）。B型是楚式簠，主要特征是无沿和全蹼足，典型的楚式簠除了明确的楚国族铜簠外，如楚子弃疾簠（《商周》05835）（图二），还有如曾子义行簠（《商周》05854）、宋公䜌簠（《商周》05904）、彭公之孙无所簠（《商周》05906）、何此簠（《商周》05952~05954）、上鄀府簠（《商周》05957）、申公彭宇簠（《商周》05958）、许公买簠（《商周》05965、05966）等。C型和D型是混合式，即处于A型和B型之间，部分像周式簠，部分像楚式簠。C型是无沿和非全蹼足，如许子妆簠盖（《商周》05962）（图三）；D型是折沿和全蹼足，如养伯受簠（《商周》05941）（图四）、上鄀公簠（《商周》05970）、襄阳沈岗2009M1022：3簠[7]、太原金胜村1988M251：537簠[8]。其中A型和B型数量最多。这样做的理由是典型中原式簠具备两个条件：折沿、非全蹼足，换言之，具有折沿、非全蹼足特征的簠一定是典型中原式簠；典型楚式簠也具备两个条件：无沿、全蹼足，换言之，具有无沿、全蹼足特征的簠一定是楚式簠。这样做的目的是将类型分析与文化属性研究尽可能吻合起来，并企图了解类型之间演变的途径和原因。下面我们用实例来看看中原式的簠是如何一步一步演变为楚式簠的。

图一　芮太子白簠

图二　楚子弃疾簠

图三　许子妆簠盖

图四　养伯受簠

先来看看养国。考古发现证明，春秋时期养国的都邑在今桐柏月河左庄村一带。考古发掘的2001M4和2001M22年代较早，在春秋早期，未出土楚式器。94NTM1年代较晚，在春秋晚期，出土具有典型楚式青铜器特征的浴缶、盆和盘[9]。可见养国青铜器原本属于中原周文化系统，后受到楚文化的强大影响，出土楚式器。1970年湖北江陵岳山春秋楚墓出土的养伯受簠，如上所言，是D型簠的典型器物，具有多元文化因素。同出有典型楚式青铜器特征的浴缶、敦和盘[10]，也佐证了这一点。养伯受簠铭曰："作其元妹叔嬴为心媵饎簠。"从器的出土地点可知其妹嫁给了楚国贵族，这也道出了养伯受簠受楚文化影响的途径。

与养国青铜簠相似的还有都国的青铜簠。春秋早期的都公諴簠（《商周》05942）（图五），口沿为折沿，圈足非全蹼形，属于标准的A型簠。到了春秋中期，上都公簠（《商周》05970）（图六）圈足演化为全蹼形，但口沿仍为折沿，属于D型簠。再晚一点，上都府簠（《商周》05957）（图七）演化为B型簠，无沿，圈足为全蹼形，与典型楚式簠并无二致。耐人寻味的是，上都公簠1979年出土于河南淅川下寺楚墓，上都府簠1972年出土于湖北襄阳山湾楚国墓地，可见其受楚文化影响之烈。通婚联姻是文化相互渗透、融合的主要方式。上都公簠铭曰："铸叔芈番改媵簠。"说明了这一点。从都公諴簠到上都公簠再到上都府簠[11]，可以清楚地看到周式簠（A型簠）是如何通过中介（D型簠）一步一步转变为楚式簠（B型簠）的。

图五　都公諴簠

图六　上都公簠

图七　上都府簠

且不论养国和都国是非姬姓国族，即便是姬姓的许国也受到楚文化的影响。许国初封地在今河南许昌，公元前576年因郑国逼迫迁都于叶，即今叶县。此地属于楚国，许国实际上沦为楚的附庸。此时的许国青铜器已类似楚器。稍早一点的许子妆簠（《商周》

05962)（图三），属C型，已是无沿，但圈足为非全蹼足，还保留一点中原风格。再看许公簠（《商周续编》0510、0511）[12]和许公买簠（《商周》05965、05966）（图八），已属B型，无沿和全蹼足，形制与楚式簠一致。曾国也是姬姓诸侯国，早在西周初年就来到湖北随州，所以受楚文化的影响更早。在春秋早期，曾国的青铜簠上就存在两种文化的因素。曾孟嬴簠（《商周》05834）（图九），属于A型簠，是周式；曾伯霖簠盖（《商周》05979）（图一〇），属于B型簠，是楚式，可见早在春秋早期曾国就受到楚国的影响。春秋晚期以后，曾国的青铜簠再也看不到中原文化的痕迹了。如春秋晚期的曾子义行簠（《商周》05854）（图一一）、曾仲夷簠（《商周》059330、059331），战国早期的曾侯乙簠（《商周》05784～05787），完全是楚式簠的模样。

图八　许公买簠

图九　曾孟嬴簠

图一〇　曾伯霖簠盖

图一一　曾子义行簠

从上述实例可知，通过类型学和分类学研究，我们不仅了解了不同类型青铜簠之间的横向关联，也看到了型与型之间的演变关系，不同类型青铜簠代表的文化内涵，不同文化之间的交流以及造成器物盛衰的原因。而这些正是青铜器谱系研究的目的，或者说是收获。从最终寻找器物背后族属文化的目的出发，去进行考古类型学和分类学研究，将有助于类型学和分类学研究水准的提升。从谱系研究的角度来看，以往的青铜器研究更多在意纵向的研究，因为由此出发解决青铜器的年代问题毕竟是当务之急。虽然区系和国别的研究也涉及青铜器的横向研究，但还是不够细致。所以，今后的谱系研究恐怕要加强横向研究。

第二，某些器物的分类欠妥。

如前所言，谱系研究既然以器类研究为本位，则划出器类之间的界限当是首要任务。弄清楚每一类青铜容器的来龙去脉，正本清源，至关重要。

《谱系》将以往界定的青铜盏、敦、豆、盒归为一类，敦划分为四个类型：A型，平底敦，或者矮圈足（盆形敦）；B型，三足扁腹敦（盏形敦）；D型，球形敦；C型，带柄敦（豆形敦）。《谱系》希望将这些有关联的器物整合成一类，用意是好的，但这种观点值得商榷。

从年代早晚可知A型敦出现最早，B型和D型是在A型的基础上衍生出来的。从最初的平底敦到圈足敦再到三足或四足敦，显示了敦的基本演化过程。我们曾经说过，在夏商周青铜盛食器簋、盨、盆、盂、敦、簠的演化过程中，会看到一个基本规律：从开始的平底器，或者圈足器，渐渐变为三足或四足器。尽管它们之间形态千差万别，功能也不一样，但这种变化却惊人的一致[13]。然而这一切都与豆以及它的柄部没有关系。

《谱系》说C型豆形敦是在A型盆形敦的基础上在底部添加柄演变来的，缺乏证据。豆与敦差别很大。首先是形制不同。区分豆（包括铺）与敦的标准在于豆有柄，而敦恰恰没有柄。其次是功能不同。有柄的豆是盛食器，而无柄的敦不仅仅是盛食器，有些敦还具有鼎的炊煮功能。形制不同导致功能不同，反过来，功能的不同决定了形制的不同。再次是两者的来源不同。关于敦的来源，虽然学术界有不同说法，但都认为它与簋、盆、盂有关系，然而没有人认为它与豆有关。豆早在商代晚期就出现了，一直发展到战国晚期。在这一千多年的演变过程中，尽管有各种各样的变化，但万变不离其宗——柄部始终存在，只是粗细有所不同。

我们也曾谈过豆和簋（可以理解为敦的前身）的关系，代表器物是豆形簋。豆形簋是豆和簋相互影响下产生的新品种。虽然它有点像豆，但稍加分析，它更接近簋。豆形簋与豆的区分主要看体量，前者大而后者小。豆形簋流行时间不长，自商代晚期始出，主要见于西周时期。春秋早期以后，随着青铜豆体量的增大，形态与功能趋近豆形簋，于是后者就逐渐消失了[14]。可见豆曾经和簋有过交集，但是春秋早期以后，豆和簋就没有形制上的关联了，所以豆和敦很难成为一类器物。

真正的豆形敦只有1件，就是《中国古代青铜器整理与研究·青铜敦卷》中披露的方形铜敦，系2008年河南省南阳市八一路楚彭氏家族墓地一号墓出土[15]（图一二）。形制很特别，腹部如同一只皮箱，与同

图一二　方形铜敦

时期的方豆形制很接近，显然是受到方豆的影响，但无柄部而有四足，与豆有本质的差别。

第三，未能高度重视和充分利用青铜器铭文的价值。

尽管相对于西周而言，东周青铜容器上的铭文较少，但铭文毕竟是青铜器三要素之一，对于研究青铜器类相互之间的关系来说，铭文起着举足轻重的作用。

自名是当时古人给青铜器的命名，更能反映古人的思想。譬如明明器形为鼎，却自名为鬲，器形为盨，却自名为簋，器形为盆，却自名为盂，器形为盉，却自名为盘，凡此种种，都揭示了器类之间纷繁复杂的关系，对于我们的谱系研究非常有用。我们曾经提出器类之间的三种关系：派生关系、相生关系和更替关系[16]。论证这三种关系，主要依靠铭文资料。鉴于有些器物的名称还未能准确释读，利用铭文研究器类横向联系的空间还很大。当然，这里有一个如何正确看待自名现象的问题。《谱系》将豆归属敦，以梁伯可忌豆（《商周》06152）为例（图一三）。固然这件豆自名为敦，但并非真正的敦。我们已经著文说明这种名不副实的现象是器类之间相生关系的反映，不能盲从自名来定名，梁伯可忌豆是豆而不是敦[17]。

图一三　梁伯可忌豆

以上所论只是借《谱系》的出版谈一点感想。可以说真正的青铜器谱系研究工作才刚刚开始，有待于我们继续努力。无论如何，《谱系》为新世纪的青铜器谱系研究鸣锣开道，这是值得庆贺的。

注　释

［1］　路国权：《东周青铜容器谱系研究》，北京大学博士学位论文，2014年；路国权：《东周青铜容器谱系研究》，上海古籍出版社，2018年。

［2］　张懋镕：《周原出土西周青铜器分期断代研究》，《古文字与青铜器论集》（第二辑），科学出版社，2006年，第209～218页。

［3］　张辛：《中原地区东周陶器墓葬研究》，科学出版社，2002年。

［4］　胡嘉麟：《两周时期青铜簠研究》，陕西师范大学硕士学位论文，2007年。

［5］　胡嘉麟：《中国古代青铜器整理与研究·青铜簠卷》，科学出版社，2018年。

［6］　吴镇烽：《商周青铜器铭文暨图像集成》，上海古籍出版社，2012年。

［7］　襄阳市文物考古研究所：《湖北襄阳沈岗墓地M1022发掘简报》，《文物》2013年第7期，第5、6页，图八、图九。

［8］　山西省考古研究所、太原市文物管理委员会：《太原晋国赵卿墓》，文物出版社，1996年。

［9］　河南省文物考古研究所、桐柏县文物管理委员会：《河南桐柏月河墓地第二次发掘》，《文

物》2005年第8期。

[10] 荆州地区博物馆：《江陵岳山大队出土一批春秋铜器》，《文物》1982年第10期，第16、17页，图版伍，3。

[11] 当时鄀国分为上鄀和下鄀两个小国。鄀公諴簠属下鄀国器，上鄀公簠和上鄀府簠属上鄀国器，由于资料不足，在此将两国青铜簠放在一起讨论。当然也考虑到两国青铜器格调很接近，不至于影响我们的分析。

[12] 吴镇烽：《商周青铜器铭文暨图像集成续编》，上海古籍出版社，2016年。

[13] 张懋镕：《青铜簠：仿陶青铜器器类演进的典型代表（代序）》，《中国古代青铜器整理与研究·青铜簠卷》，科学出版社，2016年。

[14] 张懋镕：《关于青铜器定名的几点思考——从伯湄父簠的定名谈起》，《古文字与青铜器论集》（第三辑），科学出版社，2010年，第139~145页。

[15] 谷朝旭：《中国古代青铜器整理与研究·青铜敦卷》，科学出版社，2016年，第45、102~104页。

[16] 张懋镕：《试论中国古代青铜器器类之间的关系》，《古文字与青铜器论集》（第二辑），科学出版社，2006年，第133~141页。

[17] 张懋镕：《青铜敦：非仿陶青铜器产生、演进的典型代表（代序）》，《中国古代青铜器整理与研究·青铜敦卷》，科学出版社，2016年。

（原载《中国文物报》2019年8月2日第6版，收入本集时有增补）

后　　记

本文集是我的第六本论文集,所收论文18篇,主要是2016年以来发表的论文。

出版第一和第二本论文集时,曾蒙李学勤老师赐序,深感荣幸。2010~2016年出第三至第五本论文集时,也曾多次想请老师赐序。那时老师年事已高,且工作繁忙,尽管如此,当有人来请他作序时,他还是一如既往地应允下来,不会谢绝。但看到老师日益衰弱的身体,我已不忍心再给他添一丁点麻烦,几次话到嘴边,又咽了回去。听师母说,去年老师在病重住院期间,还在为一位中年学者的书稿口述序言。而今老师驾鹤西去,我再也没有向老师请益的机会了,悲伤,惆怅,不能自已。值此新的论文集出版之际,再次向老师表达深深的谢意和哀悼之情。

这18篇论文中,有13篇是为已出版的《中国古代青铜器整理与研究》(30卷本)的13部书稿写的序和代序。这些序和代序每篇在一万字以上,希望能结合书稿存在或提出的问题,和年轻的作者们做进一步的讨论。我已年过古稀,不再奢望自己还能在学术研究的道路上走多远,出于长期在大学担任教职的本能,考虑到我年轻时曾得到包括李学勤老师在内的前辈学者的提携,我始终心怀感恩,所以希望能在有生之年给年轻人一点鼓励和批评。

青铜器及其铭文的研究,是中国考古学的重要组成部分。进入21世纪以来,中国古代青铜器研究与考古学研究的关系更加紧密,一方面是伴有青铜器的考古遗存的性质的判断越来越依赖青铜器研究的成果,另一方面是青铜器的深入研究越来越依赖考古学研究的成果。作为考古专业的毕业生,我很有兴趣通过青铜器的研究来解释考古现象,譬如收入本文集的《叶家山墓地出土非主流青铜礼容器研究》《西周姬姓诸侯国青铜礼容器的比较研究》两篇文章,这也成为本文集的一个特色。

本文集的出版经费,照例得到陕西师范大学的资助,所以我要深深地感谢陕西师范大学暨历史文化学院的领导和同事们,同时还要感谢科学出版社王琳玮编辑。

作　者
2019年8月28日